法学文库 主编 何勤华

出土法律文献研究

张伯元 著

商务印书馆
2005年·北京

图书在版编目(CIP)数据

出土法律文献研究/张伯元著. —北京:商务印书馆,2005
(法学文库)
ISBN 7-100-04335-2

I.出… II.张… III.法学—研究—中国 IV.D920.0

中国版本图书馆 CIP 数据核字(2003)第 045331 号

所有权利保留。
未经许可,不得以任何方式使用。

上海市哲学社会科学重点项目

CHŪTŬ FĂLÜ WÉNXIÀN YÁNJIŪ
出土法律文献研究
张伯元 著

商 务 印 书 馆 出 版
(北京王府井大街36号 邮政编码 100710)
商 务 印 书 馆 发 行
北京瑞古冠中印刷厂印刷
ISBN 7-100-04335-2/D·362

2005 年 6 月第 1 版　　开本 880×1260　1/32
2005 年 6 月北京第 1 次印刷　印张 11¼
印数 4 000 册
定价:20.00 元

总　　序

商务印书馆与法律著作的出版有着非常深的渊源，学界对此尽人皆知。民国时期的法律著作和教材，除少量为上海法学编译社、上海大东书局等出版之外，绝大多数是由商务印书馆出版的。尤其是一些经典法律作品，如《法律进化论》、《英宪精义》、《公法与私法》、《法律发达史》、《宪法学原理》、《欧陆法律发达史》、《民法与社会主义》等，几乎无一例外地皆由商务印书馆出版。

目下，商务印书馆领导高瞻远瞩，加强法律图书出版的力度和规模，期望以更好、更多的法律学术著作，为法学的繁荣和法治的推进做出更大的贡献。其举措之一，就是策划出版一套"法学文库"。

在当前国内已出版多种法学"文库"的情况下，如何体现商务版"法学文库"的特色？我不禁想起程树德在《九朝律考》中所引明末清初大儒顾炎武(1613—1682)的一句名言。顾氏曾将著书之价值界定在："古人所未及就，后世所不可无者"。并以此为宗旨，终于创作了一代名著《日知录》。

顾氏此言，实际上包含了两层意思：一是研究成果必须具有填补学术空白之价值；二是研究对象必须是后人所无法绕开的社会或学术上之重大问题，即使我们现在不去触碰，后人也必须要去研究。这两层意思总的表达了学术研究的根本追求——原创性，这也是我们编辑这套"法学文库"的立意和目标。

具体落实到选题上，我的理解是：一、本"文库"的各个选题，应是国内学术界还没有涉及的课题,具有填补法学研究空白的特点;二、各个选题,是国内外法学界都很感兴趣,但还没有比较系统、集中的成果;三、各选题中的子课题,或阶段性成果已在国内外高质量的刊物上发表,在学术界产生了重要的影响;四、具有比较高的文献史料价值,能为学术界的进一步研究提供基础性材料。

法律是人类之心灵的透视,意志的体现,智慧的结晶,行为的准则。在西方,因法治传统的长期浸染,法律,作为调整人们生活的首要规范,其位亦尊,其学亦盛。而在中国,由于两千年法律虚无主义的肆虐,法律之位亦卑,其学亦微。至目前,法律的春天才可以算是刚刚来临。但正因为是春天,所以也是一个播种的季节,希望的季节。

春天的嫩芽,总会结出累累的果实;涓涓之细流,必将汇成浩瀚之大海。希望"法学文库"能够以"原创性"之特色为中国法学领域的学术积累做贡献;也真切地期盼"法学文库"的编辑和出版能够得到各位法学界同仁的参与和关爱,使之成为展示理论法学研究前沿成果的一个窗口。

我们虽然还不够成熟,

但我们一直在努力探索……

何 勤 华

2004 年 5 月 1 日

General Preface

It's well known in the academic community that the Commercial Press has a long tradition of publishing books on legal science. During the period of Republic of China (1912—1949), most of the works and text books on legal science were published by the Commercial Press, only a few of them were published by Shanghai Edition and Translation Agency of Legal Science or Shanghai Dadong Publishing House. Especially the publishing of some classical works, such as on *Evolution of Laws*, *Introduction to the Study of the Law of the Constitution*, *Public Laws and Private Laws*, *the History of Laws*, *Theory of Constitution*, *History of the Laws in European Continents*, *Civil Law and Socialism* were all undertaken by the Commercial Press.

Now, the executors of Commercial Press, with great foresight, are seeking to strengthen the publishing of the works on the study of laws, and trying to devote more to the prosperity of legal science and the progress of the career of ruling of law by more and better academic works. One of their measures is to publish a set of books named "Jurisprudential Library".

Actually, several sets of "library" on legal science have been published in our country, what should be unique to this set of "Jurisprudential Library"? It reminded me of Gu Yanwu's(1632—1682) famous saying which has been quoted by Cheng Shude(1876—1944) in *Jiu Chao Lv Cao* (*Collection and Complication of the Laws in the Nine Dynasties*). Gu Yanwu was the great scholar of Confucianism in late Ming and early Qing Dynasties. He defined the value of a book like this: "the subject covered by the book has not been studied by our predecessors, and it is necessary to our descendents". According to this principal, he created the famous work *Ri Zhi Lu* (*Notes on Knowledge Accumulated Day by Day*).

Mr. Gu's words includes the following two points: the fruit of study must have the value of fulfilling the academic blanks; the object of research must be the significant question that our descendants cannot detour or omit, that means even if we didn't touch them, the descendants have to face them sooner or later. The two levels of the meaning expressed the fundamental pursuit of academy: originality, and this is the conception and purpose of our compiling this set of "Jurisprudential Library".

As for the requirement of choosing subjects, my opinion can be articulated like this: Ⅰ. All the subjects in this library have not been touched in our country, so they have the value of fulfilling the academic blanks; Ⅱ. The scholars, no matter at home and or abroad are interested in these subjects, but they have not published systematic and concentrated results; Ⅲ All the sub-subjects included in the subjects chosen or the initial results have been published in the publication which is of high quality at home or abroad; Ⅳ. The subjects chosen should have comparatively high value of historical data, they can provide basic materials for the further research.

The law is the perspective of human hearts, reflection of their will, crystallization of their wisdom and the norms of their action. In western countries, because of the long tradition of ruling of law, law, the primary standard regulating people's conducts, is in a high position, and the study of law is also prosperous. But, in China, the rampancy of legal nihilism had been lasting for 2000 years, consequently, law is in a low position, and the study of law is also weak. Until now, the spring of legal science has just arrived. However, spring is a sowing season, and a season full of hopes and wishes.

The fresh bud in spring will surely be thickly hung with fruits; the little creeks will coverage into endless sea. I hope "Jurisprudential Library" can make great contribution to the academic accumulation of the area of Chinese legal science by it's originality; I also heartily hope the colleagues in the area of legal study can award their participation and love to the complication and publication of "Jurisprudential Library" and make it a wonderful window showing the theoretical frontier results in the area of legal research.

We are not mature enough

We are keeping on exploring and seeking

He Qinhua

May 1st, 2004

序

研究我国古代法制，除存世的法律古籍，如历代法典、历代刑法志等之外，在地下考古发掘所取得的丰硕成果中，诸如甲骨卜辞、钟鼎碑石、简牍帛书、敦煌写本、吐鲁番文书等载体所记录的法律史料，特别是近年来新出土的大量秦汉律令简牍，为我国古代法律史的深入探索和研究提供了极其宝贵的第一手资料。然而，据我所知，以往在法史学界研究这一繁难而枯燥课题的学者寥若晨星。其原因虽是多方面的，但其中一个重要原因是与法史学界对研究这一课题的重要性和紧迫性认识不足，有密切关系。

在我结识的朋友中，华东政法学院法律史研究中心研究员张伯元先生是热心于法制简牍研究的一位。他的新著《出土法律文献研究》即将出版，我不仅为他能取得新的成果而高兴，而且，更为他在秦汉法制与出土简牍相结合的研究方面做出的努力而感到由衷的敬佩。《出土法律文献研究》一书共22篇，侧重于秦汉，涉及银雀山简、睡虎地简、居延简、张家山简……讨论的面相对较宽；此书的写作主要采用了考据的方法，有法律语词的解说，有简牍的编联排序，有案例的复原，有对秦汉律令条文的诠释等等；全书求真务实，贵在创新。虽然是涓涓细流，但新见迭出，发人未发，启人深省。也许有些问题还不很成熟，有些问题还可以商榷，但他的这种探索精神无疑是值得我们学习和发扬的。

法律史研究要求我们开阔视野，要敢于走向法律史研究的前沿。从狭义理解，可将秦汉简牍视为出土文献。出土法律文献较早引起学术界轰动的是湖北云梦睡虎地秦律的出土。那时候我们得力于考古、历史学界先期打下的解读基础，从而廓清了秦国、秦朝法律的面貌。1983年，张家山汉简《二年律令》、《奏谳书》的出土，又将汉律的研究推到了法律史研究的前沿。其后，陆续不断地有官文书发现，如1987年湖北荆门包山2号墓出土战国包山楚简，1996年10月湖南长沙走马楼出土三国吴简，2002年4月湖南龙山里耶古城址一号井发现大批秦简等等。我们如何从法律史的层面上来审视和研究这些官文书，是一个全新的课题。学海无涯，需要我们高瞻远瞩；学术之途未有穷期，我们须上下而求索。

我们寄希望于青年学者，希望老一辈专家学者提携和带动年轻的学者，形成老中青三结合的梯队结构，使出土法律文献研究后继有人，长盛不衰。对青年法史学者而言，重要的是夯实多学科综合的知识和提高赅博融通的研究能力。近些年来国内外许多大学、研究机构组织了出土简牍的研读班，毫无疑问它是一种切磋砥砺和集思广益的好办法。对青年法史学者自身而言，除了拥有坚实的专业基础知识外，还应尽可能兼通考古、历史、古文字、古文献等相关学科的知识，不断提高法律史的研究能力和水平。我衷心祝愿可畏后生，后来居上！

《出土法律文献研究》是一个方兴未艾和举步维艰的课题，张伯元先生在担任繁重的教学工作之馀，又潜心撰写出颇有难度的力作，诚属难能可贵。在此我特向法律史界的同仁推荐这本书。是为序。

谢 桂 华 *

2004年盛夏 于北京

---

* 谢桂华，中国社会科学院历史研究所研究员、简帛研究中心主任、中国秦汉史学会副会长。

Preface

Studying on Chinese ancient legal systems, besides existing ancient law books, such as statute books and criminal documents of the past dynasties, many other materials recorded on historical relics were found in the dirt archaeology excavation, such as oracle inscriptions on tortoiseshells, inscriptions on ancient bronze objects and tablets, bamboo slips (Jian) and silk manuscripts (Bo), hand-written books of Dun Huang, and scriptures of Tulufan. In particular, the large amounts of laws and decrees recorded on recently unearthed bamboo slips in the Qin and Han Dynasties' have provided uncommonly found first-hand documents for an in-depth study on Chinese ancient law history. And yet, as far as I know, in the academic community of law history, scholars working on the intricate subject of ancient legal systems are not in the majority. Many factors may contribute to this, and one important reason is that the academic community has not attached due importance on this subject.

Among all my friends, Mr. Zhang Boyuan, a fellow researcher working with research center of law history in the East China University of Politics and Law is dedicated to the study of law documents recorded on bamboo slips, also his newly-written book entitled *Study on Disentombed Law Documents* will be published soon. I am not only very pleased with the fruitful results he has achieved on this area, but also sincerely admire his efforts to study disentombed bamboo slip manuscripts with the legal systems in the Qin and Han Dynasties. The new book encompasses 22 chapters, focusing on the study of laws in the Qin and Han Dynasties. The study of bamboo slips (Jian) written in ancient china has been touched upon. For example, Yinqueshan Jian, Shuihudi Jian, Juyan Jian and Zhangjiashan Jian, have provided an extensive area for discussion. This book has employed an approach of textual research to explain legal terminologies, to number the bamboo slips (Jian), to reproduce ancient legal cases, to expound legal provisions in the Qin and Han Dynasties. The arguments of this book primarily derive from archaeological facts while combined with innovative ideas. It delineates the argument bit by bit with new insights, which provokes readers to have a deep thought. However, it is possible that some minor details need to be deliberately considered. But the exploring spirit of the writer on this particular subject will be a perfect example for us to follow and carry forward.

  This study demands us to broaden our vision and encourage ourselves to lead the research in the law history. In a narrow sense, bamboo slips of the Qin and Han Dynasties are deemed as disentombed historical documents. And the earliest law documents that evoked great repercussions in the academic community are the bamboo slips of the Qin Dynasty found in Shuihudi in Yunmeng, Hubei province. Thanks to the solid foundation built by the community of archaeologists and historians that we can distinguish legal systems from the Qin Empire to the Qin Dynasty. The documents of *laws and de-*

crees enacted in the 2nd year of the Han Dynasty and *collection of convicted cases in the Qin Dynasty* excavated in Zhangjiashan in 1983, have highlighted the importance of the study of laws in Han Dynasty. And then, other governmental documents were discovered one after another, among all those are bamboo slips in Baoshan of the Chu Empire unearthed in Jingmen Baoshan Grave No. 2 in Hubei province in 1987, bamboo slips in Wu Empire of the Three Kingdoms discovered in Zoumalou, Changsha Hunan province on Oct. 1996, bamboo slips in the Qin dynasty found in the ancient City of Liye at Well No. 1 in Longshan, Hunan province on April 2002. Hence, how to study these governmental documents from the perspective of law history is a newly developed subject for us to delve into. The way of learning is endless, and we need to take a broad and long-term view, work hard and look forward to achieve tremendous progress.

  We hope that elder professionals and experts can educate and instruct young researchers to establish a study team formed by the elder, the middle aged researchers and the youngsters, and train youngsters to be qualified successors. We also hope that young researchers will have a comprehensive multidisciplinary knowledge, further improve their research abilities between interdisciplinary subjects. Nowadays, many universities and research institutes home and abroad have organized their own working teams in studying on disentombed bamboo slip manuscripts, and this can be regarded as an effective method to brainstorm and pool different ideas. For young researchers themselves, besides a full command of their professional study, they should also extend their knowledge to archaeology, history, ancient

Chinese characters, and ancient documents so as to polish their researching abilities. I sincerely wish that the youngsters themselves can gain enormous achievements to outdo the last generation.

Study on Disentombed Law Documents is a new subject with paramount importance. This is an uphill struggle. However, Mr. Zhang Boyuan has delved into this area. He has completed this book outside his tight teaching schedule. His endeavor on this study is commendable. I would like to take this opportunity to seriously recommend this book to all counterparts in the academic community of law history and write this as a preface to this book.

Xie Guihua[①]
Written in Beijing
Summer of 2004

[①] Xie Guihua, professor in history research institute of Chinese Social and Scientific Academy, director of research center in bamboo slips and silk manuscripts, deputy chairman to the association of Chinese history in the Qin and Han Dynasties.

由赵继君英译。

前　言

　　除传世的法律文献外,近百年来地下考古发掘出土了大量的简牍,其中不乏法律史料。特别是近二三十年来,秦汉律令的发现,填补了秦汉法制史上的许多空白,为中国法学研究开辟了一个崭新的天地。

　　以往的秦汉法制研究,大都囿于纸本文献之上、法学史界之内,画地为牢,孤军奋战,而如今,古代法制史的研究成了热门的课题,不仅有法史学界的学者参与,而且许多历史学界、考古学界的专家也在潜心整理和研究着出土法律文献,不仅为研究法制史的学者提供了最好的释文文本,而且许多高质量的专题学术论文不断涌现,形成了一个蔚为壮阔的研究热潮。①

　　王国维曾经说过,"中国纸上之学问,赖于地下之学问者,固不自今日始矣。"(《最近二三十年中中国新发见之学问》)陈寅恪先生也说:"一代之学术,必有其新材料与新问题。取用此新材料,以研求问题,则为此时代学术之新潮流。""此古今学术之通义,非彼闭门造车之徒所能同

---

① 曾记得1975年湖北云梦睡虎地出土秦律(包括《语书》《秦律十八种》《秦律杂抄》《法律答问》《封诊式》等多种)的当年,学术界热烈而亢奋的研讨场景还如在目前。1978年文物出版社就出版了平装本《睡虎地秦墓竹简》,其后又出了精装本(印刷两次);1981年中华书局出版论文集《云梦秦简研究》,在论文集的前言中这样说:"参加过睡虎地秦墓竹简整理小组的李学勤、裘锡圭、张政烺、于豪亮、高恒、刘海年、舒之梅、唐赞功、李均明等同志,曾对与秦简有关的各个方面的问题做过一些研究,写出了一些专题论文。另外,没有参加秦简整理小组的马雍、吴荣曾、吴树平、熊铁基、王瑞明、高敏等同志,也利用秦简进行了一些研究,写出了一些专题论文。"其涉及面之广、其阵容之强、其水平之高,同类文献的研究无法与之相比。法学界有代表性的《秦律通论》(栗劲著)应运出版,填补了法制史上秦律研究的空白。

喻者也。"(《陈垣〈敦煌劫余录〉序》)

  作为法史学界的一员,参与出土法律文献的研究是义不容辞的责任,要把纸本历史文献与出土法律史料结合起来,将中国古代法制历史、古代法律思想的研究引向深入。这是法史研究的必由之路,是今后数十年乃至更长期的法制史研究的重要课题之一。我想,这方面的工作还刚刚开始,最显著的例子是张家山汉简出土至今已有 20 年,而其中《二年律令》526 枚竹简的编联问题还正在讨论中,编联问题没有解决,律目的次序、律条的归属不落实,其后续研究也就可能出现偏差,日后返工,事倍功半。

  我们今天所处的时代是大变革的时代,各方面都可以用日新月异来概况,对地下发掘来说更是这样,有人说自 1901 年斯文赫定在新疆汉代遗址中发现简牍以来,简牍与甲骨文、敦煌写本和内府档案并称为二十世纪东方文明的四大发现。但不管是几大发现,我认为,这是当代人的幸运,两三千年以后的今天有如此大量的发现是前无古人的大福分,也恐怕是后无来者的大机缘。特别是最近 30 年的简牍发现,数量惊人,举世瞩目。举以近期出土的秦汉法制简牍之大者言,就有 1973 年继三十年代发现居延汉简之后又出土竹木简 2 万多枚,即《居延新简》,1979 年 1 月四川青川县郝家坪出土的秦更修为田律木牍,1981 年甘肃武威磨嘴子出土的西汉晚期的《王杖诏书令》,1983 年 12 月湖北江陵张家山 247 号墓出土西汉早期的《奏谳书》、《二年律令》,1987 年湖北荆门包山 2 号墓出土战国包山楚简文书,1989 年冬湖北云梦龙岗 6 号墓出土《秦律》,1993 年湖北江陵荆州镇郢北村王家台出土秦简《效律》,1996 年 10 月湖南长沙走马楼仓井出土吴文书,2002 年 4 月湖南龙山里耶古城址一号井发现大批官文书等等。据传,还有新的出土法律文献正在整理,尚待公布。

  会不会享受到这种福分,能不能抓住这份机缘,是需要眼力和勇气的。我们的前人在出土文物的研究方面做出了巨大的贡献,诸如甲骨卜辞、钟鼎碑石、敦煌写本等领域,著作丰富,功勋卓著。但是他们主要是从考古学、历史学、文献学、语言文字学的角度做出的研究,对出土文献与法制的关系及影响,关注还是不够的,事实上,传统法制的起源、发展乃至嬗变都有它自身的特点和规律,要求考古学、历史学、文献学、语言文字学等学者来解决法制史的问题是不切实际的,也实在是强其所难。这还是要靠法学界研究法制史(包括相关边缘学科)的学者通力合作来逐步完成。责无旁贷,应该有"舍我谁与"的志愿。

《出土法律文献研究》一书的写作本意是试图在梳理已见出土简牍的基础上,结合传统的法制史史料和历史背景资料,做综合性的考察和研究。然而力不从心,事与愿违,较多的只是在阅读出土法律文献的过程中针对一些零星的问题谈了自己的粗浅看法。《出土法律文献研究》全书共22篇,谈得最多的是张家山汉简《二年律令》,有语词的解说,有竹简的编联,还有与传统文献的比较等。书中论文的内容主要涉及以下几个方面,简介如下:

1. 张家山汉简的研究

(1) 与《汉律摭遗》的比较研究　从四个方面加以比较:律目的比较;同一律目内容的比较;《汉律摭遗》有而《二年律令》所无的律目内容比较;《二年律令》有而《汉律摭遗》所无的律目内容比较。通过比较对汉律的认识前进了一步。

(2) 法律术语的解释　例如,与唐律"过致资给"一语相近意思的,在《二年律令》中则是"通饮食馈遗",文章分析了它们的同和异。在《说文解字》中曾引有汉律一条,但是对这条律文中的"妇告威姑"解释得并不妥帖,经过考证,其实它是"妇告威公"之误,威公,就是舅姑(公婆)的意思。"爵戍"是不是衍文?经过考证,认为"爵戍"就是用爵级来抵偿戍边惩处的意思。

(3) 竹简编联方面的问题 对《二年律令》简的编联提出了几点看法:认为盗律应放在《二年律令》之首;具律中分出的不是囚律而是告律;厩、兴、户在汉律中的位置应是厩、户、兴;津关令的位置不应在《二年律令》末尾。

2. 秦汉律特征的考察

主要是通过秦律、汉律的比照,从法制的层面上明确对"汉承秦制"的认识。汉律对秦律有继承的一面,也有发展和新创的一面,不能一概而论。

3. 居延简的研究

居延汉简的发现较早,专家们已做过广泛而深入的研究。本书中有关居延简的4篇,都带有很大的探索性,发人未发,自觉有启人思维之效。

(1)《"先令券书"简解析》 "先令券书"就是我们现在说的遗嘱,这是较早的遗嘱继承实例,时间是五凤二年三月,即汉宣帝时,公元前56年3月。这一时间比仪征胥浦一〇一号汉墓出土的朱凌"先令券书"要早60年。

(2)《居延"言变事"案复原》 从A8破城子出土的杂乱木简中疏理出与"言变事"案相关的简14枚,考察了"言变事"案的当事人,串联出事件的前经后过,推断出"言变事"案的结果。

(3)《夏侯谭、原宪斗殴案编序》 对原编序做了调整,摆出了调整的若干理由。

(4)《张宗、赵宣赔偿纠纷案解说》 对张宗、赵宣赔偿纠纷案中,诸如"□书"所指可能是爰书等6个问题做了释疑。

4. 睡虎地简、银雀山简等的研究

一篇是关于秦简的研究。从《法律答问》的角度着眼,看秦时的"律说"(法律解释)的特点,应该说它是汉律说的前奏。

一篇是关于银雀山简的研究。仅取两则:一公人与刑处。联系《二年律令》及有关历史记载,对"公人"概念做了考证,及其刑处特点。二作务。在《龙岗秦简》、《睡虎地秦简》、《二年律令》中都出现有"作务"一词,应如何界定,有何特征,本文做了较全面的考察。

再有一篇是由庄子的《盗跖》篇谈到秦汉时期对盗贼所采取的法律手段等等。

5. 简牍制度、文书特点的研究

三篇。由"三尺法"谈简牍制度,从"如律令"看文书特征,从木简实物看契券特征和用途等。

6. 附录:《出土法律文献简表》

本书题名《出土法律文献研究》,诚然是一个外延比较宽的题目。考虑到本书中较多文章是谈秦汉法制的,因此多位专家提议在题名前加上"秦汉"二字。意见是可取的,只要稍作调整就行。不过,书题是申报课题定的,再作改动为课题申报规章所不允。我想,这本书只是就重要的,或者更确切地说是个人感到有点新意的,与古代法制相关的出土简牍做了些探索和研究,零打碎敲,难免缺乏系统性、针对性。

介绍了内容之后,再想谈一下论文作法的几点体会:

一、本书的写作主要采用了考据学的方法。考据,也称考证,是指对古籍的文字音义及古代名物典章制度等进行考核辨证。我是主张历史文献的研究必须采用考据学的方法的。尽管没有做好,总算是有个努力的方向;尽管有时会被人嗤笑为"断烂朝报"、"只见树木不见森林",我却始终认为法制史的研究与文史的考据有着紧密的联系,而且应该把文史考据法的掌握看做是法制史研究者的基本功。

二、文贵出新。我之所以由对传世历史文献的整理研究步入对出土法律文献的研究,其中一个原因恐怕就是因为它是"新"的东西,是二三千年以来无人搬弄过的"新"史料;不过,有亘古未有的新史料,有趋新求奇的好古之心,并不一定能写出有新见的文章来。人贵有自知之明，自知在许多方面是需要做更多的补课的。比如居延汉简的发现早在上世纪30年代，1973—1974年又整理出居延新简2万余枚，专家们做了深入的研究。但学术无止境，本书中有关居延简的4篇，如《居延"言变事"案复原》、《"先令券书"简解析》等都带有很大的探索性，贻笑大方，恳请读者诸公多提宝贵意见。如果说"新"为猎奇，"新"而无据，那就失去了甚至亵渎了"新"的意义了。

三、在学习、吸收前人研究成果的基础上，融会贯通。古人云，人之能力主要有两种，一强识，一通悟。二者相比，通悟者上，非如我辈学人所能企及。然而，吸收前人研究成果，充分把握相关历史资料，博采众长，博古通今，毫无疑问是文献研究的必要前提之一。即使是研究全新的出土文献，也自有融通的必要。出土文献有其特定的历史背景，出土简牍也只是其承上启下的某一阶段的文字记录，何况还有相同或相近的历史遗存存世，局促一隅，井蛙则无与语大海。刊于1912年的《汉律摭遗》，是法学家沈家本先生晚年的一部力作，他没有见到秦简、汉简，却能从浩繁的史料中勾画出汉律律令的大致面貌（约计30万言），完全是他淹博融通的结果。尽管《汉律摭遗》中有些汉律条文可以从《二年》中得到印证，但是《二年》中的大部分律文内容尚须我们做深入的考察和研究。本书《〈汉律摭遗〉与〈二年律令〉比勘记》一文，凭借识记和资料，也只是试作补充而已。

在写作《出土法律文献研究》的同时，我也担任教学工作，以上数点体会主要是对我的学生谈的，不足与方家道也。

作　者

2004年6月8日

于华东政法学院法律史研究中心

法律古籍整理研究所

目　录

总　序 ································· 何勤华
序 ··································· 谢桂华

前　言 ·································· 13

《汉律摭遗》与《二年律令》比勘记 ············· 1
读《二年律令》札记 ························ 39
《二年律令·津关令》与汉令之关系考 ··········· 50
《二年律令》编联札记（四则） ················· 66
"爵戍"考 ······························· 93

秦汉律中的"亡律"考述 ····················· 102
秦汉律中的"收律"考述 ····················· 121
秦汉法制中的尊卑等级 ····················· 140
秦汉律令中的"廷行事" ····················· 156
秦汉律刑处述略 ·························· 171
说"辜"二题 ····························· 185

"先令券书"简解析 ························ 190
居延"言变事"案复原 ······················ 197
夏侯谭、原宪斗殴案编序 ··················· 208

张宗、赵宣赔偿纠纷案解说 …………………………………… 215
汉简法律术语零拾(四则) …………………………………… 223

《法律答问》与"秦律说" ……………………………………… 234

"三尺法"与律令简牍 …………………………………………… 252
"如律令"的再认识 ……………………………………………… 268
有关契券的几个问题 …………………………………………… 285
银雀山汉简《田法》二题 ………………………………………… 298
《盗跖》篇与盗、贼律 …………………………………………… 307

附录:出土法律文献简表 ………………………………………… 326

后　记 …………………………………………………………… 328

Contents

General Preface

Preface

Introduction ··· 13

Contrast between "Miscellanea of laws in the Han Dynasty" and "Laws and decrees enacted in the 2nd year of the Han Dynasty" ·· 1

Reading Notes on "Laws and decrees enacted in the 2nd year of the Han Dynasty" ··· 39

Study on the relationship between "Laws and decrees enacted in the 2nd year of the Han Dynasty, provisions of establishing fortress and ferry" and the Han Dynasty Laws ····················· 50

Reading notes (four notes) on numbering "Laws and decrees enacted in the 2nd year of the Han Dynasty" ························ 66

Research on "Servitude Remission through Degrading the rank of Nobility" ··· 93

"Law of Decamping" in the legal system of the Qin-Han Dynasty ·· 102

"Law of Confiscating" in the legal system of the
    Qin-Han Dynasty 121
Grade of nobility stipulated in the criminal law of the
    Qin-Han Dynasty 140
Case law in the legal system of the Qin-Han Dynasty 156
Criminal Punishment in the Qin Han Dynasty 171
Two arguments in studying "The limited effective duration
    to judge the corresponding injure" 185

Analyzing the slips of "testament" 190
Case reproducing of "Ju Yan's proposal in reform" 197
Case reproducing of "Fighting and brawling between
    Xiahoutan and Yuan Xian" 208
Explanation to the case of "Zhang Zong and Zhao Xuan's
    dissension in compenstation" 215
Abstractive notes on legal glossary for the
    Han Dynasty slips 223

"Questions and Answers in Law" and
    "Study on Qin's Law" 234

"Laws entries written on 3 rules length slips" 252
New argument on "legally proceeding" 268
Several issues about "agreement" 285
Two arguments in the Han Dynasty "Land Laws" disentombed
    in Yin Que Shan 298

Article of "One robber named Zhi" and
   laws against robbers 307

Appendix
Index of the disentombed law documents 326

Postscript 330

《汉律摭遗》与《二年律令》比勘记

《汉律摭遗》是清末大法学家沈家本(1840—1913)潜心著述的一部扛鼎之作,成书在他的晚年,于1912年刊行。在《汉律摭遗》自序中他说:"《唐律》之承用《汉律》者不可枚举。"认为探求《唐律》的根源,不能不研究《汉律》。但可惜的是《汉律》早已亡逸,它散见在史书中的也百不存一。为此,沈家本摭拾遗编,穷搜博征,"搜罗排比,分条比类,按律为篇,其大凡亦可得而考见焉。"使后人得见汉律的大概面貌。其功卓然,自不待言。

前人对汉律研究的成果有杜贵墀的《汉律辑证》、张鹏一的《汉律类纂》等,①沈家本在他们研究的同时对汉律遗文重新做了编次和考订,他说:"目之可考者,取诸《晋志》,事之可证者,取诸《史记》及班、范二书,他书之可以相质者,亦采附焉。"在当时他唯能据纸本文献见到《汉律》遗文的片言只语,他在《摭遗》中先罗列出律目、律小目,在律小目下再一条一条地引录原始史料,然后加上按语,在按语中,沈家本多有辨析或考证。他穷搜苦索,采取了最原始的勾稽考据方法,这也确实是一种十分科学的历史研究方法,为恢复汉九章律律令收到了切实效果。《汉律摭遗》(以下简称《摭遗》)凡22卷,首列律令目录41目,其中律目

---

① 还有薛允升的《汉律辑存》。据《自序》云,此书经"庚子之变,为某舍人所得,匿不肯出,百计图之,竟未珠还,良可惋惜。"当时,此书沈氏未能得见,故有此叹惋。今见于杨家骆主编:《中国法制史料》,台湾鼎文书局1982年版。在《中国法制史料》一书中还有清人孙清凤编纂的《集汉律逸文》、清人汪之昌编纂的《汉律逸文》等。

22,令名 19。此外,还有科、品式、章程等。然后,再按盗律、贼律、囚律等律令名目分别编列,资料详实,考辨谨严。

1983 年在湖北荆州张家山 247 号汉墓出土了《二年律令》、《奏谳书》等汉简文献。《二年律令》(以下简称《二年》)共有竹简 526 枚,简文含有 27 种律和 1 种令。它是吕后二年(前 186)之前施行的法律,简文是汉律的主要部分。《奏谳书》共有竹简 228 枚,它是议罪案例的汇编。

沈家本呕心沥血,穷竟日之力,在《掫遗》中勾勒出了汉律律令的大致面貌,然而他毕竟没有像今人这样幸运能见到诸如《二年》、《奏谳书》等汉墓竹简,尽管《掫遗》中少许汉律条目可以从《二年》中得到了印证,但是《二年》中的大部分律文内容尚须我们做深入的考察和研究。

下面,我们将从以下几个方面做出比勘:一、律目的比较;二、同有律目内容的比较;三、《掫遗》有而《二年》所无的律目内容;四、《二年》有而《掫遗》所无的律目内容。

一、律目的比较

先列表比较如下:

	律目	二年律令	汉律掫遗	备注(括号内为页码)
1	贼律	V	V	
2	盗律	V	V	
3	具律	V	V	
4	告律	V		
5	捕律	V	V	
6	亡律	V		
7	收律	V		
8	杂律	V	V	杂令(《埤雅》)、禦律(汉 249)

续表

9	钱律	V	V	
10	置吏律	V		
11	均输律	V		
12	传食律	V		
13	田律	V	V	为田律（青川）、田令（睡虎）
14	□市律	V		
15	行书律	V		
16	复律	V		
17	赐律	V		赐令（汉3304）
18	户律	V	V	
19	效律	V		
20	傅律	V		
21	置后律	V		胥后令（史2446）、公令（汉3269）
22	爵律	V		
23	兴律	V	V	
24	徭律	V		
25	金布律	V	V	金布令甲（汉3278）、仓库令（汉65）
26	秩律	V		秩禄令（汉105）
27	史律	V		
28	津关令			
29	厩律		V	
30	傍章		V	
31	越宫律		V	宫卫令（史2753、汉2309）
32	酎金律		V	
33	尉律		V	
34	田租税律		V	
35	上计律		V	
36	大乐律		V	祠令（史416）

续表

37	尚方律		√	
38	挟书律		√	
39	囚律		√	
40				篁令（汉 149）、水令（汉 2630）、功令（汉 3596）（合校 45·23）

合计一下，以上总共有律目 38 目，其中，《摭遗》21 目，《二年》27 目；二者都有的律目凡 10 目。10 目中，合于汉律"九章"的仅有贼律、盗律、具律、捕律、杂律、户律、兴律 7 目，《二年》中无厩律和囚律。《二年》的抄录者很可能是有所选择的，缺漏某些律目律条是可能的。不过，《二年》27 目中除共有的 10 目外，还有 17 律目为《摭遗》所未收，也就是说在《史记》及班、范二书、《晋书·刑法志》，乃至其他史书中均未见这些汉律的律文材料，这些新见的律目律条为我们研究汉律提供了较为充分的第一手材料，它是法史学界研究秦汉法制历史的最为坚实的基础。

二、同有律目内容的比较

从上一节的比较表中可以看到《摭遗》与《二年》有同有律目者依次为：贼律、盗律、具律、捕律、杂律、钱律、田律、户律、兴律、金布律，凡 10 目。分别考述如下：

贼　律

《二年·贼律》："及谋反者，皆腰斩。其父母、妻子、同产，无少长皆弃市。"在《摭遗·贼律》中首列"大逆无道"一目，沈氏将"谋反"与"大逆无道"合在一起，指出谋反为贼事之最重大者。认为如淳所引律文缺

"无少长"三字,今《二年》证实汉律中此条律文的确不当缺"无少长"三字。这是汉承秦制,汉初继续施行连坐之法。

在《摭遗·贼律》"降敌"一目的按语中说:"汉之族陵(李陵)家,乃用《谋反律》,而陵事与谋反不同,《汉律》殆无谋叛专条。"究竟有无谋叛专条?今《二年·贼律》有"以城邑亭障反,降诸侯……及谋反者,皆腰斩。"条,降诸侯的行动实际上就是谋叛行为。证实谋叛与谋反条合在了一起,确未单列谋叛专条。

《二年·贼律》:"矫制,害者,弃市;不害,罚金四两。"①在《摭遗·贼律》中列有"矫制"一目,沈氏依据如淳注将"矫制"分成大害、害、不害三等,今据《二年》可证汉初"矫制"目下仅有害与不害二等之分。

《二年·贼律》:"诸上书及有言也而谩,完为城旦舂;其误不审,罚金四两。"在《摭遗·贼律》中列有"谩"一小目,沈氏区分清了欺谩与诈伪的不同性质,一对于君上,一对于人民;但未见律文,无从辨别。今见《二年》,可知"谩"确是对于君上的欺诳,且分出了故意和不审两种情况,作区别对待。谩者,《说文》云:"谩,欺也。"《汉书·季布传》:"单于尝为书嫚吕太后,太后怒,召诸将议之。"季布不赞同樊哙的意见后说:"今哙奈何以十万众横行匈奴中,面谩!"师古注曰:"谩,欺诳也。"《晋书·刑法志》上说:"违忠欺上谓之谩"即是。在沈氏所引《汉书·王子侯表》中有离石侯绾"坐上书谩,耐为鬼薪。"这一例证,可见在汉律中对"上书及有言也而谩"除"完为城旦舂"的处断外,还有"耐为鬼薪"的刑处,在《二年·贼律》中未有明示,可能是抄录者所略,或者是后来的补充条款。

《二年·贼律》:"贼杀伤人畜产,与盗同法。畜产为人牧而杀伤。"

---

① 矫制的"矫",在张家山汉简《二年律令》的第11号简上原写作"挢"。也有写作"桥"的,见第66简。

在《摭遗·贼律》中列有"杀伤人畜产"一目,沈氏以《后汉书·第五伦传》为例证,引有"律,不得屠杀少齿。"一条,可见随时间的推移汉律自身在起着变化。沈氏认为:杀牛之禁,汉法本严,特日久法弛耳。其实,并非日久法弛,而是社会情况起了很大的变化,对杀伤行为要求做出具体的分析,是杀伤少齿,而不是羸弱牲口。《第五伦传》上所说的事主要出自多有淫祠,以牛祭神而使百姓困匮的缘故,而不是"为人牧"。此外,《流沙坠简》有简云:"言。律曰:畜产相贼杀,参分偿和。令少仲出钱三千及死马骨肉付循,请平。"(疏480)这是牲畜自相残杀的情况,与人杀伤牲畜不同。

《二年·贼律》:"亡印,罚金四两,而布告县官,毋听亡印。"在《摭遗·贼律》中列有"诸亡印"一目,以《汉书·王子侯表》祝兹侯延年"坐弃印绶出国"为引例,以免侯处分。显然,对列侯亡印的处理与一般下级官吏的亡印有所不同。

盗 律

在《摭遗·盗律》中,首列"盗事之重大者",即重大的犯盗行为,如"盗宗庙服御物者弃市"、"盗天牲"、"盗园中物"、"侵庙地"等11小目。然后列出九种盗律律目,即劫略、恐吓、和卖买人、持质、受所监、受财枉法、勃辱强贼、还赃畀主、贼伤。不过,相比之下,《二年》所涉11目重大犯盗行为的律文较少,这是否表明汉代初期皇权的强化力度相对而言较小。

《二年·盗律》:"受赇以枉法,及行赇者,皆坐其臧为盗。罪重于盗者,以重论之。"在《摭遗·盗律》中列有"受财枉法"一目,在这一目下又分别勾稽出"受赇枉法"、"听请 为人请求枉法"、"行赇"、"请赇"四小目。对照之下,在"受财枉法"一目中,"听请为人请求枉法"、"请赇",在《二年》中尚无抄录。在《摭遗·盗律》"受财枉法"一目下,还提及"行言许取财",并引如淳注云:"律,诸为人请求于吏以枉法,而事已行,为听行者,皆为司寇。"同样性质的律文,如敦煌简有云:"行言者若许,多受赇以枉法,皆受臧为盗,没入(官)□□行言者本行职□也。"(疏339)这些都是"行言许取财"的律条遗存,但在《二年·盗律》中未见抄录,未及"行言"情节。

《二年·盗律》:"恐猲人以求钱财,……皆磔。"在《摭遗·盗律》中列有"恐猲"一目,在这一目下沈家本又从《汉书·王子侯表》中分别勾稽出"恐猲受赇"、"恐猲取财"二小目,前者"坐缚家吏恐猲受赇,弃市。"后者"坐恐猲取(人)鸡,以令买偿免,复谩,完为城旦。"量刑都轻于《二年》,原因之一是罪行严重程度不同;原因之二是宗室;原因之三是时间稍后,前者元鼎三年(前114)、后者元狩三年(前120)。沈氏按语称,恐猲人以求钱财"必有枉法",所以得从重论处。这是有道理的。但是,从《二年·盗律》"恐猲人以求钱财"与"群盗及亡从群盗"合作为一条看,将"恐猲"自为一章似乎并无必要。

《二年·盗律》:"略卖人若已略未卖……皆磔。""智(知)人略卖人而与贾,与同罪。不当卖而私为人卖,卖者皆黥为城旦舂;买者知其情,与同罪。"沈氏在《汉律摭遗·盗律》中列有"和卖买人"条,加按语云:"秦时和卖买人,在所不禁。《汉律》特立'和卖买人'之条,此力矫秦之弊俗,乃世辄谓汉法皆承于秦,非通论矣。"这一按语很有见地,的确,我们在《睡虎地秦墓竹简》(以下简称《睡虎》)中也未发现有"略卖人"、"和卖买人"性质的条目。但是是不是说在秦时人口可以任意买卖?就如沈氏所引《王莽传》上所说的"置奴婢之市,与牛马同蘭。"恐怕也不是的,即使是奴隶也不能。在《睡虎·封诊式》中有一则爰书上是这样说的:"某里士五(伍)甲缚诣男子丙,告曰:'丙,甲臣,挢(骄)悍,不田作,不听甲令。谒买(卖)公,斩以为城旦,受价钱。'"大意是,因为奴隶丙骄横强悍,不干活,不听使唤,就请求卖给官府,请官府给个价钱。沈氏说

"卖人、略人《汉律》本在一条",从上引《二年》中的两条律文看这倒是很正确的推断。①

《二年·盗律》:"盗盗人,赃,见存者皆以畀其主。"沈氏在《撼遗·盗律》中列有"还赃畀主"条,而此条在《唐律》归入《名例》中,云"诸以赃入人罪,正赃见在者,还官主"。"还赃畀主"此条在汉律中未入《具律》,而唐律将它置于《名例》内,提升了它定性量刑的普遍意义。

《奏谳书》中有云:"律:盗赃值过六百六十钱,黥为城旦。"(第72、73简)此条律文被应用于实际司法中,它同见于《二年律令》第55简;只是缺一"舂"字。"令:吏盗,当刑者刑,毋得以爵减、免、赎。"(第73简)这是高祖七年(前200)发生的一件吏盗案例。表明在汉初"律"与"令"是同时存在的两种法律形式;《奏谳书》提供了部分断案成例,与秦律中的"廷行事"作用相类。②

具　律

将"具律"作为律目,早在《法经》上"具法"就列于六法的末尾。对照《张家山汉墓竹简》书末附录一、二的《竹简整理号与出土号对照表》、《竹简出土位置示意图》,看《具律》简的位置它们大多在《贼律》简的下层。这表明《具律》已从原有的末尾位置前移而突出了它的重要性,以致后代法典中的"名例律"诸如魏律、晋《泰始律》,直到唐律"名例"居于卷首。如是,可见对《具律》作用的认识在逐步提升。

---

① 附带说明一下:《唐律·贼盗》"诸略人、略卖人为奴婢者,绞。"中"略人"、"略卖人"中的"略"字,应如何解释? 在《唐律》的原夹注称"不和为略",表示有违背别人意志,强迫他人接受支配的意思。然而,在《唐律》"疏议"中有"略人者,谓设方略而取之"的解释。《明律·贼盗》中也有"凡设方略而诱취良人,及略卖良人为奴婢者,皆杖一百、流三千里"条。显然,"略"又含"方略"义,侧重于"诱取"。由此可见,"略"所包含的"强取"、"不和"之义,也包括"诱取"在内。

② 参见本书《秦汉律中的"廷行事"》一文。

此外,《二年》有条律文可与史载文献相比对。第 82、83 简云:

上造、上造妻以上及内公孙、外公孙、内公耳玄孙有罪,其当刑及当为城旦舂者,耐以为鬼薪白粲。公士、公士妻及□□行年七十以上,若年不盈十七岁,有罪当刑者,皆完之。

这一条律文在《汉书·惠帝纪》中也有引录,其云:

上造以上及内外公孙耳孙有罪当刑及当为城旦舂者,皆耐为鬼薪白粲。民年七十以上若不满十岁,有罪当刑者,皆完之。

二者文字基本一致。上造是二十级爵的第二级,公士是二十级爵的第一级。相对应于"公士、公士妻"之处《惠帝纪》作"民",似乎将二十级爵中第一级的公士排斥在"爵"之外,笼统说成"民"恐怕不行;公士可比佐史,"百石以下有斗食、佐史之秩,是为少吏。"(《汉书·百官公卿表》)此外,《二年》作"不盈十七岁"以下,与《惠帝纪》的"不满十岁"有忤。究竟应该以哪一个年龄为限?一般都以为"十岁"可能免去刑罚的可能性大,一老七十岁以上,一小十岁以下;何况《二年》还有"(答)有罪年不盈十岁,除。"一条律文。其实不然,律文中说"有罪当刑者,皆完之。"所谓"完",轻刑的一种,《汉书·惠帝纪》注云:"不加肉刑,髡鬓也。"《说文》"而"部段注云:"按耐之罪轻于髡。髡者鬓发也。不鬓其发,仅去须鬓,是曰耐,亦曰完。谓之完者,言完其发也。"十岁孩童无须鬓可言,看来以"十七岁"为限不误。

还有"爵戍四岁"的"爵戍"一语,整理小组认为有可能是衍文。其实不然。在《奏谳书》第 18 例中有"夺爵令戍"一语,与此义同。见另文。①

捕　律

《睡虎·秦律杂抄》有"捕盗律"简二枚:

---

① 参见本书《"爵戍"考》一文。

●捕盗律曰：捕人相移以受爵者，耐。

●求盗勿令送逆为它，令送逆为它事者，赀二甲。①

上面说的"捕盗律"也就是"捕律"；以盗窃犯作为"捕"的主要对象。不过，把"捕律"写成"捕盗律"，不会是抄录者的笔误；据此，我们可以说秦律中就有"捕盗律"一目。以往都只说六律中有"捕律"一目，而不知"捕律"也有称作"捕盗律"的，从《秦律杂抄》上这两条秦律律文可以看出它的客观存在，明确捕的对象，与"捕亡"相区别。

《摭遗》卷一按语说："《捕律》之目，《晋志》无文，无以考之。"今《二年》列出了9条，汉律中捕律的大致面貌由此可见。另外，居延简有见捕律律文一条："捕律：禁吏毋夜入人庐舍捕人，犯者其室殴伤之，以毋故入人室律从事。"（合校395·11）《周礼》郑注："引郑司农云，若今时无故入人室宅庐舍……其时格杀之无罪。"《唐律·贼盗》云："诸夜无故入人家者，笞四十。主人登时杀者，勿论。若知非侵犯而杀伤者，减斗杀伤二等。"汉律此条不论是吏还是民，汉、唐对格杀"无故入人室"者的情节分析及量刑已有很大不同。

杂　律

现代人都把"襍"字看做是"雜"的异体字，其实，"襍"早出于"雜"（"杂"的繁体），是雜的本字，我们理应把"雜"字看做是"襍"的异体字才对。《襍律》即今所说的《杂律》。杂律的"杂"《说文》："襍，五彩相合。"本义是指各种颜色相配合。我们往往会把"杂律"的杂理解作"杂糅"的意思，其实这是不对的。杂，也表示有"共"义，如：《国语·越语下》："其事是以不成，襍受其刑。"注："襍，犹俱也。"在《二年》的第328号简有云："恒以八月令乡部啬夫、吏、令史相襍案户籍，副藏其廷。"整理者注

---

① 《睡虎地秦墓竹简》，文物出版社1978年版，第147页。

云:"襗,共。"孙奭《律音义》云:"(杂律)撼诸篇之遗,糅群罪之目,匪类匪次,杂成此篇。"它是除其他各篇律文之外的补充规定。

在《撼遗》"杂律"下列有假借、不廉、呵人受钱令乙、使者验赂科小目,另列出李悝"杂法"之律小目七。除去前后律目重复者,还有轻狡、越城、博戏和淫侈。

《撼遗》杂律"假借"目下有"取息过律"条,引有《汉书·王子侯表》,称旁光侯殷于元鼎元年(前116年)"坐贷子钱不占租,取息过律,会赦,免。"在《二年》中有"吏六百石以上及宦皇帝,而敢字贷钱财者,免之。"旁光侯殷是王子侯,因"取息过律"而免侯。师古注云:"以子钱出贷人,律合收租,匿不占,取息利又多也。"这是发生在武帝时的事,而在吕后二年以前,按上引律条可以看出,当时相对武帝时要严,无论占租与否、是否取息过律,都得免职。

关于轻狡,奸也在其中。《二年·襗律》中有"强与人奸者,腐以为宫隶臣"(第193简)。明示宫刑这种残酷刑罚的存在。而且,"诸与人妻和奸,及其所与皆完为城旦舂。其吏也,以强奸论之。"以强奸论处就意味着当处以宫刑。对吏加重了处罚。沈氏引《尚书大传》称:男女不以义交者其刑宫。但是,沈氏从史书中举出的案例却不是会赦免侯,就是耐为鬼薪而已,都没有实际处以宫刑者。原因是他所举例的罪犯不是王子侯就是功臣,如果是百姓或吏,情况恐怕就不会是这样了。在《睡虎·法律答问》中早有何谓"赎宫"一问,"其有腐罪,赎宫。"意思是:如有应处宫刑的罪,可赎宫。在吕后时期有否"赎宫",《二年》中未见;《二年》中虽然未见"赎宫",但是《睡虎》、《二年》中有"宫隶"、"宫隶臣"一词,可见秦汉之间宫刑的存在。

钱 律

在《撼遗》中列有《钱律》一目,称:汉文帝时听民铸钱,所以在文帝五年废除了《钱律》(一称《盗铸钱令》),①而到了景帝时又恢复禁民铸钱。的确,《二年》表明在汉初制订有《钱律》。按《张家山汉墓竹简(247号墓)》整理所示,《钱律》共有14条。对钱的规制和行用、盗铸钱及同伙的不同量刑、对盗铸钱的举报、对官吏捕获盗铸钱者多寡的奖惩等多种情况做了严格的界定。在这里我们还可以将《二年·钱律》与《睡虎》中秦律的某些条文做些比较说明。

《二年·钱律》中规定:"敢择不取行钱、金者,罚金四两。"而在《睡虎·秦律十八种》中称:"毋敢择行钱、布;择行钱、布者,列伍长弗告,吏徇之不谨,皆有罪。"行钱,流通的钱币;后者择行钱、布,意为对铜钱和布两种货币(称量货币和实物货币)有所选择。那么,前者"敢择不取行钱、金者"的意思又是什么?是不是表示在当时流通的钱币中既有铜钱,又有黄金?应该说是这样的。在《钱律》中有"金不青赤者,为行金。"指的就是黄金;《二年》中更有"为伪金者,黥为城旦春。"的规定。在《摭遗》卷十七《金布律》中,沈氏对"古人赎罪悉皆用铜"的旧说做了辨析,明确提出"汉法则以黄金不以铜,故罚金以二两、四两为率。《晋志》金等不过四两,是四两为其重者。赎死亦止二斤八两耳。"而且,根据律文所示,他认为"凡物之平贾皆当以黄金为程矣。"的确如此。在《二年》的《具律》中对赎金就有这样的规定:"赎死,金二斤八两。赎城旦春、鬼薪白粲,金一斤八两。"等。而在《睡虎》秦律中虽有赎罪之名但未见具体的赎金数额,当然,未见并不能说没有,既然罪行可赎推想也必有赎金数额规定。在《二年》的《盗律》中有云:"诸盗□,皆以罪(?)所平贾(价)直(值)论之。"在《金布律》中有"购金二两"、"罚金一两"等赏罚规定,这也就是平贾后的数额。确实,"物之平贾皆当以黄金为程

---

① 沈家本:《历代刑法考》第三册,第1380页。另见1440页《汉律摭遗》卷四,有关盗铸钱的内容放在《贼律二·诈伪》中:中华书局1985年版。

矣"。

在秦时,制钱的工艺相对而言还不发达,铸钱的铜锡成分把握不准,所以有"缺铄"、"殊折及铅钱"之类。在秦时就在《金布律》中规定"百姓市用钱,美恶杂之,勿敢异。"①以致到汉初规定更明确,"敢择不取行钱、金者,罚金四两。"这里前一个"金"字指的是黄金,后面罚金的"金"当是指用钱折合的一个数目。西汉后期,有"黄金重一斤,直钱万。"(《汉书·食货志》)之说。汉初《二年·捕律》有悬赏二万钱、赏赐万钱的条文:"捕从诸侯来为间者一人,拜爵一级,有购二万钱。不当拜爵者,级赐万钱,有行其购。"《二年·爵律》有赐爵"级予万钱"的条文。这些都表明黄金与钱之间存在着一个折算的比率,概而言之是"黄金一斤直万钱。"具体说来,不同的时期有不同的比率。我们虽不能确切了解当时黄金与钱折算的比率,但从同时出土于247号墓的《数算书》中我们可以读到这样一条算式:"金价两三百一十五钱,今有一铢,问得钱几何。曰得十三分钱一"(《算数书》第46简)。姑且用此比价计算,可得一斤黄金为五千零四十钱。相对"黄金一斤直万钱"而言只值它的一半。是当时"钱重"现实状况的反映。尽管说这是一道算式,不能作史实看,但它也并非没有参考价值,因为算式的拟制也是有一定现实基础的,不会与现实出入太大,不会出得太离谱。② 何况,黄金与钱的折算比率也时常在变动之中,我们能取一个大致比率也就能说明问题了。试列金与钱的折算比率对照表如下:

金	折合钱	举　　例
1两	315钱	(盗赃)不盈廿二钱到一钱罚金一两

---

① 《睡虎地秦墓竹简·秦律十八种》,文物出版社1978年版,第55页。
② 又如,《算数书》"程禾"一题假设舂米的比率恰与睡虎地秦简《秦律十八种·仓律》的算式大致相同。表明算数的题目不会离现实生活太远。这也可作为上述例子的旁证。

续表

2两	630钱	盗侵巷术……罚金二两
4两	1260钱	(盗赃)不盈百一十钱到廿二钱罚金四两
8两	2520钱	赎迁,金八两
10两	3150钱	捕?亡人略妻……弃市罪一人,购金十两
12两	3780钱	赎耐,金十二两
1斤	5040钱	赎劓黥,金一斤
1斤4两	6300钱	赎斩腐,金一斤四两
1斤8两	7560钱	赎城旦舂、鬼薪白粲,金一斤八两
2斤8两	12600钱	赎死,金二斤八两

在《二年》中一般写成"罚金二两"、"罚金四两"等,但是,也有写作罚黄金多少多少的,如《田律》"道有陷败不可行者,罚其啬夫、吏主者黄金各二两。"紧接在这一句下面的是"□□□□□及□土,罚金二两。"在同一枚简上同样是罚金,为何一作黄金,一作金呢?又如《田律》中的"入顷刍藁"一条:"令各入其岁所有,毋入陈,不从令者罚黄金四两。"一则写金,一则写黄金,有区别没有?有说"西汉所说的'金'和'黄金'实为两事。"①此说源出《汉书·惠帝纪》晋灼注,注云:"近上二千石赐钱二万,此言四十金,实金也。下凡言黄金,真金也。不言黄,谓钱也。《食货志》黄金一斤直万钱。"如果照此看,"罚黄金四两"与"罚金四两"是有区别的。又如《汉书·惠帝纪》师古注所云:"诸赐言黄金者,皆与之金。不言黄者,一金与万钱也。"诚然,我们也理当这么看。不过,上面引文只是大抵而言,是不是会有一些特例?问题是:看"罚其啬夫、吏主者黄金各二两","不从令者罚黄金四两"两条中的"黄金"指的是不

---

① 钱剑夫:《秦汉货币史稿》,湖北人民出版社1986年版,第94页。文中说有这样一段话:"不过,这里还存在一个值得研究的问题,即是西汉所说的'金'和'黄金'实为两事。大抵凡言'黄金'的才是真正的金子,只说'金'的则为用钱折合的一个数目,不必即是真正的黄金。"

是真正的金子。这两条都出于《田律》，而且都有所本，前一条本于秦武王二年的"更田律"，后一条源出《睡虎地秦墓竹简·秦律十八种》中的"田律"，而且都没有言及罚金。无法比对（当然没有言及不等于没有）。不过，正由于它们都有所本，照本传承下来，律文的语言组织也大抵相同，就是没有言及罚金，既没有提到"金"也没有提到"黄金"。《睡虎》中无论是《秦律十八种》还是《法律答问》又都未出现有"黄金"一词，[①]这是不是正表明"黄金"一词很大可能是后加的。虽然说在实际的货币流通中，"黄金"、"金"与"钱"的比率是一样的，但是从特别加上"黄金"二字表明在汉初已是两事。

从《钱律》与《秦律十八种》中金布律条文的对照看，钱和金替代了钱和布（还有甲盾），可以这样认为：在秦汉交替之际原本用作实物货币交易的"布"已基本上退出了市场过程。货币及其交换手段的改变是经济突飞发展的需要（暂时我们把"布"看做是实物货币，没有把它看做是交易中与货币相折算的标尺"程"，其实秦律律文"钱十一当一布"就是这种标尺"程"，两种交易功能是同时存在的）。

居延简中见有："元康元年十二月辛丑朔壬寅，东部候长长生敢言之，候官官移大守府，所移河南　　都尉书曰：诏所名捕及铸伪钱盗贼亡未得者牛延寿、高建等，廿四牒书到，廋。"（合校20·12A）元康元年，即公元前65年，宣帝时事。汉文帝五年后听民放铸。景帝中元六年"定铸钱伪黄金弃市律"。武帝时私铸伪钱自在禁令中。又如，居延新简 EPF22·37 至 22·41 数枚木简就是光武帝时禁吏民私铸钱例。

---

① 在《睡虎地秦墓竹简》中仅有两处出现"金"字："其出入钱以当金、布，以律。"注云："金，黄金。"（第56页）"府中公金钱私贷用之，与盗同法。"译文将"金钱"看做一词。（第165页）另外，有4处提到"当购二两"，有注云："二两，指黄金二两。"（第208、209页）上述"金钱"中的"金"可视作黄金看，其他似乎都只能看作"金"仅是用钱折合的一个数目。

田　　律

《撫遺》卷一引有《周礼·秋官·士师》"五禁"注："今野有《田律》。"并加按语说，《田律》谓田猎之律，非田亩之事也。[①] 沈氏的看法可能是出于对春秋时期蒐田之法的认识。而幸运的我们能看到秦律和汉初的《二年律令》，在这些法律文本中有"田律"一目，它们是关于农田生产、牲畜管理方面的律文，而不是纯粹指田猎。

沈家本在《撫遺》卷十八另列《田租税律》和《田令》二目，以示与田猎之律的《田律》相区别。只是有关租税方面的法律并不见于今存之秦汉《田律》中。

《二年·田律》中最引起学术界激动的是它有一条与青川木牍《为田律》内容基本相同的律文。这一条律文出现在汉初，表明秦汉田土规制的一脉相承，自井田制破坏之后，田制相当稳定，这种稳定说明农业生产方式得到普遍的认同。

还有一个"入顷刍稾"问题。原律文如下：

入顷刍稾，顷入刍三石；上郡地恶，顷入二石；稾皆二石。令各入其岁所有，毋入陈，不从令者罚黄金四两。县各度一岁用刍稾，足其县用，其余令顷入五十五钱以当刍稾。刍一石当十五钱，稾一石当五钱。（《二年·田律》）

入顷刍稾，以其受田之数，无垦不垦，顷入刍三石，稾二石。刍自黄䅽及历束以上皆受之。入刍稾，相输度，可也。（《秦律十八种·田律》）

拿《二年》与秦律比较，我们会发现这样几点不同：1. 每项田地应缴纳的刍稾，在秦律中无论田地的肥瘠，而在《二年》中对地恶的上郡减少

[①] 《历代刑法考》第三册，中华书局1985年版，第1380页。

芻一石,而且对实在不能耕种的田地可以退还,"田不可耕而欲归,毋受偿者,许之。"(第244简);2.对芻藁的质量要求不同,秦时缴纳的芻不论是干叶还是乱草只要够一束以上都收,而《二年》规定"毋入陈,不从令者罚黄金四两。"处罚还不轻;3.秦律中未见以钱抵缴芻藁的规定,但在《二年》中则明确可以用钱抵缴,而且须根据县上的需要:"县各度一岁用芻藁,足其县用,其余令顷入五十五钱以当芻藁。"其比价是:"芻一石当十五钱,藁一石当五钱。"这里是一个实物地租向货币地租转换的过程。除上述3点不同之外,最大的不同恐怕是《二年》删除了"以其受田之数,无垦不垦"一句。这一句的删除关系重大,因为"入顷芻藁"所缴纳的芻藁实际上是地方政府的地租,在秦时是按照所受田地的数量缴纳的,如果汉初延续这条律文也照此执行的话,那么,有爵位的就可能承受不了。因此《二年》又规定"卿以上所自田户田,不租,不出顷芻藁。"(第317简)把给人租种与自己耕种区别开来的同时,明确了"卿以上"即左庶长以上各爵级的特权,免除了自耕田的"入顷芻藁"。

户　律

沈家本在《摭遗》卷十四《户律》的按语开头就说:"《户律》目无可考,其事以赋役为重要,今故以赋役居先。"在不能见到《户律》律文的情况下,他只得依照《唐律·户婚》的次序编录有关资料。幸运的是,我们今天看到了《二年·户律》,据整理者编排,《户律》凡22条,其中有少数几条断简。现在应该说《户律》律文内容大致可考。

《二年·户律》抄存的主要内容是户籍、田宅方面的。从所抄存的律文内容看,《户律》并不以赋役为先,看重的是田土。按爵级的不同所授田土和宅地也有所不同,见第310至316简。其间的差距是相当大的。封建的等级制度的法律化,田土和宅地配置的合法化,在这种情况下,农民很少,或没有自己的土地,被雇佣者所受到的地租剥削必然成为他们的沉重负担。秦时贫者无立锥之地的境况不仅不能改变,反而将愈演愈烈。

在《二年》中另有"爵律"一目。按爵级的不同配置田土和宅地,可以说是爵律,也可以说是田律的内容。不过它与《睡虎》中的《军爵律》不同,《军爵律》专指军功爵。

《二年》中的《户律》主要是田宅和户籍方面的法律条文。那么,《撼遗·户律》中关于算赋、更赋、复等方面的法律规范,在《二年》中的情况又怎样?

关于算赋,在《撼遗》卷十四引《汉书·高帝纪》云:四年八月,"初为算赋。"如淳注云:"《汉仪注》,民年十五以上至五十六出赋钱,人百二十为一算,为治库兵车马。"实为军赋。《二年》中没有算赋的简文,但是在《二年·亡律》中提到:"奴婢为善主欲免者,许之,奴命曰私属,婢为庶人,皆复使及算,事之如奴婢。"(第162简)"皆复使及算"一语表明当时确实存在算赋之征。只是在律文中没有出现算赋的具体规定,原因可能是未抄录,甚或当时还没有正式列入法律。查对《汉仪注》,在"民年十五……"句之前还有"又令"二字,显然在当时它还只是作为诏令的形式下达的。《二年·田律》中规定:"卿以下,五月户出赋十六钱,十月户出刍一石,足以县用,余以入顷刍稾律入钱。"(第255简)这里是按户征赋,不是按人丁稽征,在《二年·金布律》中明确有"户赋"一语(第429简)。"卿以下"即左庶长以下各爵级。这里所说出赋,当指算赋,出赋十六钱,加上刍一石,当时的比价是刍一石当十五钱,合计三十一钱。这与高帝初为算赋时的"人百二十为一算"相比只有它的四分之一,与文帝时的"出赋四十,三岁而一事"①相比较也略轻。问题是这里说的是"户出赋",并没有指丁口,若是这样的话那就不能说重。

---

① 《汉书·贾捐之传》及如淳注。

按《汉书·惠帝纪》上有"减田租,复十五税一"的记载。对此,邓展注云:"汉家初十五税一,俭于周十税一也。中间废,今复之也。"如淳又注曰:"秦作阿房之宫,收太半之赋,遂行,至此乃复十五而税一。"颜师古认同邓展的看法。不过,这是在惠帝即位之时,以示施惠布德,有它的特殊性,不能作永制看。

关于徭役,在《二年·史律》中提到:"史、卜年五十六,佐为吏盈廿岁,年五十六,皆为八更;六十,为十二[更]。五百石以下至有秩为吏盈十岁,年当睆老者,为十二更,践更□□。畴尸、茜御、杜主乐皆五更,属大祝。祝年盈六十者,十二更,践更大祝。"(第484至486简)更,不在《徭律》之中,为什么?免老、睆老,理当都是减免徭役的内容。减免徭役的内容今见《二年·傅律》。①

卒更,本卒自行服役。践更,本卒出钱雇人代为服役。过更,本卒交钱给官府,官府以给戍卒服役者,即所谓更赋。《摭遗》卷十四《户律》"更赋"小目之下,沈氏按语云:"卒更、践更以月计,过更以日计耳。"《汉书补注》引何焯注,过更作"以岁计"。又,《史记·吴王濞传》、《史记·游侠列传》引有如淳注,注中有云:"《律说》,卒更、践更者,居县中五月乃更也。后从《尉律》,卒践更一月,休十一月也。"

关于税收。先引录《二年·金布律》中的一段:

诸私为卤盐煮,济汉及有私盐井煮者,税之,县官取一,主取五。采银租之,县官给橐,□十三斗为一石,□石县官税□□三斤。其□也,牢橐,石三钱。租其出金,税二钱。租卖穴者,十钱税一。采铁者五税一;其鼓销以为成器,又五税一。采铅者十税一。采金者租之,人日十五分铢二。民私采丹者租之,男子月六斤九两,女子四斤六两。(192页)

---

① 《张家山汉墓竹简(247号墓)》,文物出版社2001年版,第181页。

上面引录的是《二年》中有关煮盐开矿方面的税制。

还有"平贾"问题，"平贾"这个术语在秦律中尚未出现。"平贾"即平价，今见于《二年律令》。如《二年·金布律》："亡、毁、伤县官畜产，……皆令以平贾（价）偿。""亡、毁、伤县官器财物，令以平贾（价）偿。"《盗律》："诸盗□，皆以罪（?）所平贾值之。"《田律》中有云："刍稾节贵于律，以入刍稾时平贾（价）入钱。"注云："平价，平均价格。"那么，平贾是指"平均价格"。《摭遗》卷十七《金布律》有"平庸"一小目，沈氏认为：平者，评也，《唐律》所谓市司评物价也。在《汉书·沟洫志》苏林注云："平贾，以钱取人作卒，顾其时庸之平贾也。"如淳曰：《律说》，平贾一月，得钱二千。"沈氏认为："今按古者力役之征本与佣雇不同，无应给之贾，因治河事亟特予平贾，优之也。""女徒顾山月止出钱三百，当为汉世平时之佣价，平贾月得二千，优之至矣。"从这些地方看来，平贾还不只是取一个平均价格的问题，而且，它还是官府调节佣价、优待力役者的一种有效手段。

在《金布律》中对官府入钱都有比较严格的财务规定和监督："有罚、赎、债，当入金，欲以平贾（价）入钱，及当受购、偿而毋金，及当出金、钱县官而欲以除其罚、赎、债，及为人除者，皆许之。各以其二千石官治所县十月金平贾（价）予钱，为除。"而且，罪犯罚金也按平贾论定："诸盗□，皆以罪（?）所平贾（价）值论之。"（《盗律》）平贾（价）则以黄金为比价的标准，正如上文"钱律"一小节中所提到的"凡物之平贾皆当以黄金为程矣。"

兴　律

《二年》列有《兴律》9条，其中还有断简数枚，能明确表达律意的实际上只有6条。

金 布 律

在《摭遗》卷十七的《金布律》中有"毁伤亡遗失县官财物"、"罚赎入责呈黄金为价"、"平庸"、"坐赃"4 小目，主要是针对官府府库管理方面的法律。与《二年》"金布律"中提到"县官"的 9 条律文，有县官及徒隶袍绔的规定等与沈氏所摭遗的《金布律》律文相合，主要是对官吏管理方面权利和义务的规范。由此可见，这里的"金布"指的不是货币而是仓库钱粮，犹如明清律中的"仓库"和"钱债"那样。不能把它说成是关于货币的法律。再回过来看《秦律十八种》中的《金布律》关于货币方面的法律条款，实际上主要也是针对官府管理而言的。

居延简有见"初元五年四月壬子,居延库啬夫贺以小官印行丞事,敢言□"(合校 312·16)，小官，也称稗官。见《汉书·艺文志》注：稗官为"小官"。《二年》金布律有规定："□□□□□吏□□□□告官及归任行县道官者，若稗官有印者，听。"(第 426 简)并"券书上其廷"以封藏。此"以小官印行丞事"即为实例。小官印，为四字方印，与私印的作用相同。

三、《汉律摭遗》有而《二年律令》所无的律目内容

《摭遗》有而《二年》所无的律目有：囚律、厩律、傍章、越宫律、酎金律、尉律、田租税律、上计律、大乐律、尚方律、挟书律，凡 11 目。虽然我们无从一一对勘，但是，还是能看到这 11 目律文的部分内容在《二年》相关条目中的情况，就像上文中我们将田租税律与《二年·田律》相比照的做法那样。在无法逐条加以比照的情况下，我们还是想做些勾稽和综合的考察。现分别考述如下：

囚　律

囚律在《撼遗》卷六，内容多于《捕律》。沈氏在《囚律》中列有：诈伪生死、诈自复除、告劾、传覆、系囚、鞫狱、断狱等七小目。从七小目的标目名称来看，有些律文的归类尚欠妥当。《二年》中虽然没有单列"囚律"一目，但有内容可在其他律目中见到。如《二年·贼律》中有"诸诈增减券书"条（第14、15简）；《二年》有《复律》律目及其律文（第279、280简）；《二年·具律》中有"劾人不审，为失"条（第112简）、"治狱者各以其告劾治之"条（第113简），有"鞫狱故纵、不直"条（第93至98简）等有关告劾、传覆、鞫狱、断狱方面的律文。另外，还专列有《告律》律目。由此可见，在汉律中原本并无"囚律"一目，之所以沈氏列此名目，主要一是受《法经》六法、"汉律九章"说的影响；二是出于对《唐律》律目的参照。沈氏在《撼遗》卷一《囚律》目下加按语说："《汉律》本于李悝，其篇目之次第，必当遵悝之旧。"

居延简中见囚律律文一条："囚律：告劾毋轻重皆关属所二千石官"（新简EPT10·2A）关者，通也。告劾必须上移文给所属二千石官。此条告劾内容明确归属囚律，而在目前所见的《二年》中并无"囚律"之目。

厩　律

厩律在《撼遗》卷十三，沈氏加按语说："厩亦事律也，自以厩事为主。"在《睡虎》秦律中也称为"厩苑律"，或称厩律。仅2条。1989年在湖北龙岗六号墓出土的秦简大致也多为"厩苑律"的律文残简。[①] 管理苑囿和牲畜饲养方面的法律理当不可或缺，或许厩苑律的内容与《二年》抄录者的实际需要关系不大，未有抄存。饲养牲畜方面的部分内容

---

① 《龙岗秦简》，中华书局2001年8月。

为官府的职责,所以在《金布律》内。

傍　章

傍章,不当作律目看,即沈氏所谓"律所不及者"。①

越宫律

越宫律,为张汤所制。《晋书·刑法志》:"张汤《越宫律》二十七篇。"无疑它制于吕后二年之后。

酎金律

酎金律,《撼遗》卷十七《酎金律》沈氏按语云:"酎金之制,丁孚云文帝所加,②张晏属之武帝。"既然为文帝或武帝之创制,吕后时期无有此律在情理之中。

尉　律

沈氏在《撼遗》卷一中引《说文》序、段注等之后,他说:"'尉律'之义,段氏以尉为廷尉之尉,而律即萧何《九章》之律。桂氏之说略同。惟小徐以为《汉律》篇名,段、桂皆不从之。惟许序所引律文乃汉初取人之法,不专指廷尉。"并引董彦远所云"《尉律》四十九类"之后说:"则其目必多,今已无考。"至此,《尉律》所指,沈氏并未明确,只是在《撼遗》卷十七中引了"太史试学童"、"学僮十七已上始试"等若干史料,归入《尉律》目下。纵观所引史料,大凡属于《二年》中的《史律》目下的律文内容。如:《史律》有:"史、卜子年十七岁学"、"试史学童以十五篇"等条,与《撼

---

① 《历代刑法考》第三册,中华书局1985年版,第1377页。
② 《汉仪》:"《酎金律》,文帝所加,以正月旦作酒,八月成,名酎酒。因合(一作令)诸侯助祭贡金。"见《汉官六种》,中华书局1990年版,第218页。

遗》卷十七所引相近。因此,这些《撫遗》卷十七所引的史料当属于《史律》。

田租税律

田租税律,已在上一节"田律"一目下略做说明。

上 计 律

上计律,按沈氏的说法,"疑此律为《朝律》之一目"。(《撫遗》卷一)史称《朝律》为赵禹所作。《晋书·刑法志》:"赵禹《朝律》六篇。"如是,《上计律》当做于吕后二年之后。今"上计"一语出现于《二年》,有云"谒任史、卜,上计脩法。"(第484简)"以为卜上计六更。缺,试脩法,以①六发中三以上者補之。"(第478简)此二律条均在《二年·史律》中,因计吏而进于朝,显然,谒任史、卜,践更对象都是上计内容的一部分,可补史记之不足。其实,上计考绩之制早在先秦时期就已存在,只是是否列入法律,尚不可知。

在《撫遗》卷十八《上计律》目"计偕"条下,沈氏加按语云:"计偕之制,始于孝武,乃用人之事,无关上计者。"然而,"计偕"一语今见于《睡虎·仓律》"县上食者籍及它费太仓,与计偕。"即与各县每年的账簿同时上报。事实上,"计偕之制"早建于秦,非孝武方始有;②指用人之事,但也并非纯指用人之事。

居延简中有见"奏闻趣报至上计☐"(合校484·39)"命者县别课与计偕,谨移应书一编,敢言之"(合校47·6A)等有关上计内容的木

---

① 对照《二年律令》图版,此"以"字仅留一小横,当是"卜"字之残余。作"以",误。
② 《撫遗》卷十八《上计律》"计偕"目下引有《汉书·武帝纪》"县次续食,令与计偕。"句,句中"续食"之续,《补注》认为当做"给"。其实,"续食"不误,相继给食是也。睡虎地秦简《秦律十八种·属邦》就有"受者以律续食衣之"一语,并非"义不可通"。

简,尽管说《宣帝纪》中说,上计簿具文而已;而事实表明上计之制在正常的施行中。

大 乐 律

大乐律,沈氏取此律目于《周礼》注:"汉《大乐律》曰,卑者之子不得舞宗庙之酎。"①律目有据,惜无遗存。在《睡虎·内史杂》中有"下吏能书者,毋敢从史之事。"条:下吏者,指一种罪犯,这种下吏与隶臣、城旦同工,社会地位低下,即使能够书写,也不能从事史的事务。此理与"卑者之子不得舞宗庙之酎"同。

尚 方 律

尚方律,沈氏云:"无事可证,缺之。"此律目秦汉史籍中无有记载,沈氏取义于《宋书》,但无法证实它的曾经存在,所以沈氏又说:"《宋书》所言当考。"②

挟 书 律

挟书律,《汉书·惠帝纪》云:四年(前191),"除《挟书律》。"张晏注云:"秦律敢有挟书者族。"挟书者族是否列入秦律,至今未有确证;即使秦时制订有挟书律,在惠帝四年则已废止。吕后时期必无此律。

四、《二年律令》有而《汉律摭遗》所无的律目内容

《二年》有而《摭遗》所无的律目有:告律、亡律、收律、置吏律、均输

---

① 《历代刑法考》第三册,中华书局1985年版,第1716页。
② 见于《历代刑法考》第三册,中华书局1985年版,第1717页和第1381页。

律、传食律、□市律、行书律、复律、赐律、效律、傅律、置后律、爵律、徭律、秩律、史律，凡17目。它们虽为《摭遗》所无，但绝不能说就没有可互补、互证的内容。有哪些互补、互证的内容呢？现试做考述如下：

告　律

有关诉讼方面的法律，在《摭遗》卷六《囚律》中有"告劾"、"传覆"、"鞫狱"、"断狱"诸小目，可供比勘。

在《告律》中，"告人不审"的处断与秦律有所不同。《睡虎·法律答问》对"告人不审"行为的分析相当细密，而且早有"廷行事"为参照。如"甲告乙盗牛，今乙贼伤人，非盗牛也，问甲当论不当？不当论，亦不当赎；或曰为告不审。"其中一种观点认为应作为"告人不审"即控告不实论处。"告人不审"按成例"赀二甲"罚二甲。而汉初《二年律令》则对此种情况不作"告人不审"论处，律文是这样的："告人不审，所告者有它罪与告也罪等以上，告者不为不审。"（第132简）所告者，如同乙盗牛；有它罪，如同乙贼伤人，乙贼伤人之罪一般在盗牛之上，判断为"告者不为不审"。《摭遗》无记录。

《二年》有律文云："杀伤大父母、父母，及奴婢杀伤主、主父母妻子，自告者皆不得减。"指出对自告必须做具体分析，不能一概而论。

鞫狱、断狱的律文，《二年》在《具律》中。

居延简中有"移人在所县道官，县道官狱讯以报之，勿征逮，征逮者以擅移狱论。"（新简 EPS4T2·101）一简，从内容和文字形式看，此简可能是当时告律条文的遗存。《昭帝纪》"坐收系郡邸狱"如淳注云："谓诸郡邸置狱也"。告律规定不允许擅自移狱。

亡　律

《二年》中既有捕律又有亡律，后代合而为一，为"捕亡律"。

在秦律中对服劳役刑的人逃亡了,监管不力者将处"赀一甲"及至"耐"(《法律答问》第 127、128 简),西汉后期处理也不轻,见居延简:"□□□□,□部卒亡不得,罚金四两。"(《合校》27·24)

《二年·亡律》云:"匿罪人,死罪,黥为城旦舂,它各与同罪。其所匿未去而告之,除。诸舍匿罪人,罪人自出,若先自告,罪减,亦减舍匿者罪。所舍"(第 167 简)。这是一条有关犯窝藏罪的法律条文。《汉书·高惠高后文功臣表》上有任侯张越在高后三年(前 185)"坐匿死罪,免。"平悼侯嗣执在孝景中五年(前 145)"坐匿死罪,会赦,免。"的记载。在《汉书·王子侯表》上还记载有武帝时元封四年(前 107),毕梁侯婴"坐首匿罪人,为鬼薪。"这些都是在吕后二年以后发生的犯窝藏罪的实例。表明《二年》上的这条律文相沿用的时间很长,约有将近百年;而且从增加"为鬼薪"的刑处看,可能后来还有过补充或修订(也许原本就有,只是《二年》没有抄录)。沈家本在《摭遗》卷七中对毕梁侯婴"坐首匿罪人"提出疑问:"此罪人不知何罪?"①所藏匿罪人罪行的性质与藏匿者应负的法律责任有着直接的关系。在秦律中早有"与盗同法"、"与同罪"的法律规定。② 在这里,汉初也有同样性质的规定,只是程度上有所不同。《二年·亡律》上是明确的,藏匿犯死罪的罪人,处以"黥为城旦舂";除死罪外,藏匿罪人的人与被藏匿的罪人同罪。

在《睡虎·封诊式》"□捕"的爰书中有这样一段记载,罪犯丙有杀伤人罪而逃亡在外。昨天白天男子甲(犯有盗牛罪)发现丙隐藏在市庸里面,于是将他捕获,前来自首。③ 在这里隐藏在市庸里面的丙被人雇佣着,这样也就存在有雇佣丙的雇主,雇主就是舍匿罪人者。可惜在这份爰书中未能涉及到这个问题,只表明这类问题秦时也同样是存在的,

---

① 《历代刑法考》第三册,中华书局 1985 年版,第 1506 页。
② 《睡虎地秦墓竹简》,文物出版社 1978 年版,第 159 页。
③ 原文是:"丙坐贼人□命。自昼甲见丙阴市庸中,而捕以来自出。"

法律的关注和适用如何,只能暂付阙如。

还有一个"过致资给"问题。《唐律·捕亡律》云:"诸知情藏匿罪人,若过致资给,令得隐避者,各减罪人罪一等。罪人有数罪者,止坐所知。"在这里已明确分出知情与不知情,并对藏匿罪行轻重不同的罪人做区别对待。

收　律

收律,关于收捕人的法律规定。5条。秦商鞅变法造连坐之法,《史记·商君列传》:"(秦孝公)卒定变法之令,令民为什伍,而相收司连坐。"[①]汉初《收律》主要内容是收孥,将罪犯家属收入(以及没收家财)官府为奴隶。如《收律》律条云:"夫有罪,妻告之,除于收及论;妻有罪,夫告之,亦除其夫罪"(第176简)。家属告发了,可以免除没收或判刑;反证,可知罪犯家属或者被连坐而判罪或者被收孥。

沈氏在《撼遗》卷十《具律二》"收孥相坐"条的按语中说:"汉初之法,未知与秦制是否相同?观诏文特举父母妻子同产言,可见汉法并未全袭秦制。第文帝已尽除之,何以武帝以后仍有父子兄弟夫妻相坐之狱?"现在看来,《二年·收律》表明汉初之法承袭秦制不止父母妻子同产言,如"有罪当收,狱未决而以赏除罪者,收之。"(第178简)汉简《二年》列有"收律"一律目,而秦律中则无。是没有抄录,还是秦律中本来就没有将"收律"列入法典? 都有可能。在文帝废除肉刑的同时也把收孥及连坐之法废除了,但不久到了景帝后又恢复了肉刑,至于"收律"的法律文本是否沿用,尚不可知,但是,收孥之法的实际存在,是无可置疑的。

---

① 引文中的"收"字,《张家山汉墓竹简(247号墓)》第175页注(三)"相司"条引作"牧"。对此历来说法不一,今见《二年律令·收律》条文,似以"收"字为正。

置吏律

与《睡虎》秦律一样,《二年》有《置吏律》一目。《睡虎》的《置吏律》仅存 3 条,而《二年》抄录有《置吏律》10 条,比《睡虎》为详。

均输律

均输律,关于管理交通运输方面的法律。仅存有 1 条,还有残简一枚,留有五六字。后世有"津关律",当与此相类。《二年》又存有《津关令》20 条,大多以诏制的形式颁发,与《均输律》不同,与"津关律"(假设当时存在)也有不同的分工。律与令有着不同的性质和法律适用。

传食律

与《睡虎》秦律一样,《二年》也有《传食律》一目。它是关于驿传供应饭食的法律。《睡虎》的《传食律》仅存 3 条,而《二年》抄录有《传食律》4 条,内容比《睡虎》为详。

敦煌简有见"律曰:诸使而传不名取卒甲兵——禾稼簿者皆勿敢擅予"(疏 838)此律条可归属于传食律。

□市律

□市律,律目中的缺字是不是个"关"字?现见的是 2 条关于市贩方面的法律。与《睡虎》秦律中《关市》相近。由此可以推知律目中的缺字很大可能是个"关"字。如《韩非子·外储说左上》所云:"卫嗣公使人为客过关市"之关市,即关津上的集市;《关市》则是管理关和市的税收等事务的法律。

《睡虎》秦律中《关市》仅有的"为作务及官府市,受钱必辄入其钱缿中,……"一条,与《二年·金布律》"官为作务、市及受租、质钱,皆为缿,封以令、丞印而入,与参辨券之,辄入钱缿中,上中辨其廷。"条内容相近;规定则更加细密。至于《二年·金布律》"官为作务"条何以不像《睡虎》秦律那样放在《关市》中?笔者以为它很可能就是《二年》《□市律》中的一条:查《竹简出土位置示意图》可以发现"官为作务"条(编号C160)与《二年》《□市律》的诸条竹简(编号F169、F170等)位置靠近,很有可能出土时造成错简。如是,我们还可以据此为《□市律》中的缺字"□"即"关"字增加一条证据。

《荀子·富国》所云:"苛关市之征,以难其事。"汉初,关市之征又怎样呢? 在《二年律令》中未有直接的反映。倒在《数算书》中有些例题颇有参考价值。如"狐出关"题中有假设"狐、狸、犬出关,租百一十一钱。"又,"狐皮"题中有假设"狐皮卅五裁、狸皮廿五裁、犬皮十二裁偕出关,关并租廿五钱。"又,"负米"题中有假设"人负米不知其数以出关,关三,[三]税之一……"

行书律

行书律,与《睡虎》秦律一样,《二年》有《行书律》一目。《睡虎》的《行书律》仅存 2 条,而《二年》抄录有《行书律》8 条,较为详细。《摭遗》卷十三《厩律》有"无因邮奏"、"邮行有程"二小目,沈氏加按语云:"邮行有一定之程,律内当有明文。"这一点原是一种推测,今天才得到验证。《二年》第 273 至第 276 简就有明确的邮行规程,如:"邮人行书,一日一夜行二百里。不中程半日,笞五十;过半日至盈一日,笞百;过一日,罚金一两。"

在居延简中所见到的邮行规程是这样的:"官去府七十里,书一日一夜当行百六十里。书积二日少半日乃到,解何? 书到各推辟界中。必得事案到,如律令。言:会月廿六日,会月廿四日。不中程百里,罚金半两;过百里至二百里,一两;过二百里,二两。不中程车一里,夺吏主者劳各一日；二里，夺令相各一日。"（新简 EPS4T2·8AB）此为《行书律》残文，或称传书律，因为在秦律中称行书，在汉简中有称传书。《二年》行书律规定有严格的邮行规程，以时间为计程标准，居延则计以路程；在计程标准方面也有所不同，这与地理环境，与时代背景的不同有关。

复　律

复律，关于免除赋役的法律。正如沈氏解释的那样，"复者，复除也。赋、役二者皆免之也。"① 《二年》《复律》仅抄存 1 条，如下：

　　□□工事县官者复其户而各其工。大数率取上手十三人为复，丁女子各二人，它各一人，勿算徭赋。家无当徭者，得复县中它人。县复而毋复者，得复官在所县人。新学盈一岁，乃为复，各如其手次。盈二岁而巧不成者，勿为复。

说的是免除工匠徭赋的法律。特别是对工艺技术熟练的"上手"，尤其给予优惠。这是一条奖励先进的政策，二千多年后的今天读到这一条也不能不钦服先人的得体赏罚。这项奖励的比例是十分之三，政策优惠，可以惠及子女，惠及所在地区。这是一条很好的奖励政策。在《睡虎》秦律中有《均工律》一目，今存 2 条，其中也有奖励学徒的内容，说："能先期成学者谒上，上且有以赏之。"相对而言，它没有上引汉初《复律》那样明确具体；当然秦律也可能有这方面的律文，只是没有抄录而已。② 沈氏《摭遗》卷十四有关"复"的条目，置于《户律》目下，但是，对熟练工匠的"复"则未有记载。《摭遗》上有对有功之军吏军卒的"复"；有对年高者的"复"；有对残疾者的"复"；有对孝弟力田者的"复"；

---

① 《历代刑法考》第三册，中华书局 1985 年版，第 1631 页。
② 鉴于《复律》与"均工律"的关系，上引律文第 278 简简首的两字可能是"诸均"。简上"土"旁还依稀可辨。

有对产妇的"复";有对功臣之后的"复家";对戍边死者赐复等,却无一条是言及工匠的。

赐 律

赐律,关于恩赏方面的法律。有赐衣物的标准、对象及治丧赐棺椁等具体规定。这方面另有"公令"下颁。《汉书·何并传》如淳注:"《公令》,吏死官,得法赙。"

居延简中有:"各持下吏,为羌人所杀者,赐葬钱三万,其印绶吏五万,又上子一人,名尚书。卒长□　奴婢二千,赐伤者各半之。皆以郡见钱给长吏临致,以安百姓也。早取以见钱□"(合校267·19)这是对被西羌所杀者的优抚诏书。又,"月存视其家,赐肉卅斤、酒二石,甚尊宠。郡大守、诸侯相、内史所明智也。不奉诏,当以不敬论。不智"(合校126·41,332·23,332·10A、B)这是对死伤家属的存问。

效 律

与《睡虎》秦律一样,《二年》有《效律》一目,而且有比较完具的律文。它是关于核验官府财物的法律,《二年·效律》仅5条,大多在《睡虎·效律》(23条)律文中可以看到它们的影子,对比之下,《二年·效律》律文相对简约。如"效案官及县料而不备者,负之。""出实多于律程,及不宜出而出,皆负之。"二条在《睡虎·效律》中都有称量物资的具体数量,有法律规定的具体限度等,律条的字数要多出三四倍。可能是《二年·效律》的抄录者主观省写的结果。但是,这些在《摭遗》中均无事可录。

傅 律

在《摭遗》卷十四《户律一》中引《汉书·高帝纪》如淳注:"律,年二十三傅之畴官,各从其父畴学之,高不满六尺二寸以下为罢癃。"一条,在《二年》中则归属《傅律》,见《张家山汉墓竹简》第365简"畴官各从其父畴,有学师者学之。"和第363简"当傅,高不盈六尺二寸以下,及天乌者,以为罢癃。"若按照《汉书·高帝纪》如淳注的记述顺序,这两枚简是紧连着的,第363简当紧接在第365简的后面。实际上它们是不同内容的两枚简,前者说的是承袭家业,后者说的是对罢癃残疾的论定。再看第365简、第363简的图版,也可看出,第365简律文结尾在简的中间偏下,表明条文已经结束。对于傅的年龄,是傅籍之傅,还是"傅之畴官"之傅,沈家本主张予以区别,这是对的。史书上说"年二十三傅之畴官",就把傅籍的年龄定在二十三,或说改二十,是较旧法为严;或说本年十五以上出算赋,今宽之。其实,这样的争论是史籍记载有误造成的。"傅之畴官"中的傅字当是衍文所致,在《二年·傅律》"畴官各从其父畴,有学师者学之"(第365简)。条文中并没有"傅之畴官"字样,与傅籍之傅无关。傅籍的年龄是有明确记载的,而且按不同的身分规范了傅籍的法定年龄,《二年·傅律》云:"不更以下子年廿岁,大夫以上至五大夫子及小爵不更以下至上造年廿二岁,卿以上子及小爵大夫以上年廿四岁,皆傅之"(第364简)。

《傅律》又说:"公士、公卒及士伍、司寇、隐官子,皆为士伍。"士伍是没有爵级的成年男子。《汉书·淮南王传》如淳注云:"《律》,有罪失官爵,称士伍也。"《汉旧仪》:"无爵为士伍。"士伍傅籍的年龄在几岁?可能是17岁。我们的依据是秦律。在秦律中有《傅律》一目,《睡虎地秦墓竹简·编年记》中记载"今元年,喜傅。"墓主喜当时的年龄是17周岁;如此说来秦代傅籍的年龄就定在17周岁。[①] 另外,在汉初的《二

---

① 《睡虎地秦墓竹简·编年记》整理者在注45中提到汉制,说:"汉制傅籍在二十或二十三岁。"对照上文所引《二年律令》中的《傅律》律文,汉制傅籍的年龄与爵级直接有关,20、22、24不等。

年·具律》中云:"若年不盈十七岁,有罪当刑者,皆完之。"据此,17岁被看做为成年与否的界线,这一点不也正可以把它作为士伍17岁傅籍的旁证?

置 后 律

置后律,安置有爵者后嗣及家室的法律规定。《睡虎》秦律有《除弟子律》,在《除弟子律》中有云:"使其弟子赢律,及笞之,赀一甲。"这是对弟子,还不是对有爵者的后嗣。在秦律中是否有像《置后律》这样的法律规范还不可知。《睡虎》秦律有"葆子"一词对葆子有优待的政策。

《奏谳书》云:"故律曰:死夫(?)以男为后。毋男以父母,毋父母以妻,无妻以子女为后"(第180简)。这是吕后二年以前的法律条文,是关于置后的议罪案例。

《摭遗》卷十九有《任子令》一目,零星提及而已,远不如《置后律》周详。此令名见《汉书·哀帝纪》"除任子令。"应劭注:"《汉仪注》吏二千石以上,视事满三年,待任同产若子一人为郎。"当以"置后律"归属于汉律律目。

爵 律

爵律,关于有爵者的法律规定。抄存有3条。从内容看,似可归并到《赐律》中去。在这中间,爵及赐均可抵罪:"当拜爵及赐,未拜而有罪耐者,勿拜赐。"而且,爵级能抵钱,一级万钱:"诸当赐受爵,而不当拜爵者,级予万钱。"实际上它是由先秦发展而来。《睡虎》中《军爵律》有云:"欲归爵二级以免亲父母为隶臣妾者一人,及隶臣斩首为公士,谒归公士而免故妻隶妾一人者,许之,免以为庶人。"退还爵级可以为父母、妻子赎罪,这些即所谓的古律荫减荫赎,显然它们都是后世官当的滥觞。

《撼遗》卷十《具律二》有"爵减"条,引有《汉书·薛宣传》及颜注,说明爵减的存在,并在按语中联系《唐律》,云:"诸七品以上之官……妻、子孙犯流罪以下各减一等,与爵减之意相合。"对照汉初法律,《二年·置后律》云:"女子比其夫爵。"而《二年·具律》又云:"杀伤其夫,不得以夫爵论。"鉴此,可反证汉初已有爵减之制,只是如何减法有所不同罢了。

居延简《合校》162·6—18:"□令赐一级　元康四年令　出□"诸简均为赐爵令的对象和内容。元康四年,前62年,宣帝之时。又,《合校》217·3简:"永光二年二月甲辰,赦令赐男子爵一级　□乙丑□□赐爵三级",也是赐爵令的一部分。永光二年,前42年,元帝之时。

徭　律

徭律,是关于徭役的法律。在本文的第二节中已有所涉及。在此律目下有5条律文,主要有减免徭役、运输所用车牛、徭使的对象等规定。在《睡虎》中同样有《徭律》一目,抄录的是有关修筑墙垣、维修禁苑等方面的法律规定。《撼遗》无《徭律》,而有《兴律》,它将兴与徭合二为一,而在《睡虎》秦律和汉初的《二年律令》中是将它们分开的,分开的依据我们从律条中可以看出,可能是一侧重戍边,一侧重传送等役使;据《史记》记载惠帝、吕后时期曾大力建筑长安城,规拓京师,《兴律》、《徭律》是其保证,沈氏《撼遗》卷十二做了较为详细的摘录,认为"兴筑关于役民,兴事之重要者也"、"其不欲劳民之意,即寓于劳民之中"。① 《二年·徭律》云:"若擅兴车牛,及徭不当徭使者,罚金各四两"(第415简)。擅兴车牛不放在《兴律》而放在《徭律》中,表明当时对它的分类也

---

① 《汉律撼遗》卷十二。《历代刑法考》,中华书局1985年版,第1598页。

不是很清楚的。唐有《擅兴律》，明白合一。至于在汉代的什么时候起它们合而为一了，我们不得而知，只能暂付阙如。

秩　律

秩律，关于官吏俸禄方面的法律。秦商鞅变法中就有"明尊卑爵秩等级，各以差次"的内容。王国维《流沙坠简》考释："汉制计秩自百石始，百石以下谓之斗食，至百石则称有秩矣"。今《二年·秩律》中俸禄最低的是："（县、道传马、候、厩）无乘车者，及仓、库、少内，……都市亭厨有秩者及毋乘车之乡部，秩各百廿石。"秩百廿石为最低（吕后时期）。也可能有竹简抄录者漏抄的。迄今为止，将官吏的品级及其俸禄记载得如此详细的，《二年》的《秩律》可为之最。可与《汉书·百官表》、《汉旧仪》对照看。

在此之前，《睡虎》秦律中未见有《秩律》律目及这方面的法律规定。秦律《传食律》中提到了有爵级者（自官大夫以上）经过传驿时的饭食供应。不更、谋人（簪袅）、上造及以下，饭食供应都是不一样的，而且有相当具体的细则，等级之间的差别很鲜明，与我们在《爵律》中看到的赐爵衣食的细密情况十分相似。由此可以上溯到秦，《睡虎》中有御史、大夫、官大夫、不更、谋人（簪袅）、上造等爵名，上述汉初的赏赐和官吏俸禄在始皇时大致也是如此，是否列入法律不得而知。在《二年·秩律》中，所法定的官吏俸禄从比二千石到比百二十石不等，它们受法律保护，因之，汉初时期的封建等级制度普遍得以加强，在此之后的相当长的一段时期内相继沿用。

在《摭遗》卷十九有《秩禄令》一目，但未及爵秩。《史记·吕太后本纪》集解引注云："汉《秩禄令》及《茂陵书》：姬，内官也，秩比二千石。"是否《秩律》存在的同时又颁行有同样性质的《秩禄令》？不得而知。

《摭遗》卷十五《户律二》从史籍中摘引有秩的零星材料有："三辅都

尉、大郡都尉秩皆二千石"条,"除吏八百五百石秩"条,这些材料可以证明爵秩的客观存在。沈氏在按语中说:"后赐爵关内侯,秩中两千石。汉九卿并二千石,霸(黄霸)与王成皆增秩为中二千石,等于九卿矣。"①"《百官表》谏大夫秩比八百石,它无八百石、五百石者。盖成帝除之,故《表》亦不具。"尽管这些都是宣帝之后的事,但可见它们并非自创,而是以往爵秩制度的沿袭。

史　律

史律,关于培养和选拔史、卜人才的法律。史,以文书为职务者,祝、卜,从事祝告、占卜职务者。对从事这类职务的人的培养和选拔都有明文规定,且相当细密。其中,有对这类人员的年龄限制、考试内容以及徭役规定等。《睡虎》秦律《内史杂》中有若干条目的内容也属于这一方面的,如:"令赦史毋从事官府。非史子也,毋敢学学室,犯令者有罪。""下吏能书者,毋敢从史之事"条。这表明汉初对培养和选拔史、卜人才的迫切需要和重视,《史律》的内容相对丰富了,它势必要从秦律《内史杂》中分离出来,

有关培养和选拔有特殊要求的职业的规定,《睡虎》秦律中有些条目放在《内史杂》中,汉初《二年》则独立《史律》一目,而《说文》叙所引律文则又置于《尉律》中,这表明在汉代立法者对它的归目还把握不准,处在反复斟酌的不定过程中。司马迁在《史记・儒林传》中提到"广厉学官之路"的《功令》,沈氏为此在《摭遗》卷一列有《功令》一目,不过他在按语中肯定了《索隐》的看法,认为它当属《学令》,而不属于《选举令》。《唐令》中有《学令》,又有《选举令》,但是从《二年・史律》培养和选拔史、卜人才的内容看,无论是置于《学令》还是置于《选举令》,都似是而

---

① 《汉律摭遗》卷十五。《历代刑法考》,中华书局1985年版,第1653页。

非,是后人未能见到汉律《史律》原文而做出的推测而已。①《史律》一目订立在汉初,至于以后有所删改,那也是很可能的,以致后人不知《史律》的曾经存在。

---

① 如居延简:"功令第卌五。候长、士吏皆试射,射去埻□,弩力如发,弩发十二矢,中□矢六为程,过六矢,赐劳十五日。"(合校45·23)此为秋射训练的考核内容,既非《学令》,又非《选举令》。

读《二年律令》札记

今读汉墓竹简《二年律令》,与传世文献所载有关汉律条目相比勘,整理出札记若干,供古代法制史研究者做进一步研究时的参考。

"过致资给"的定罪

所谓"过致资给",是指替罪犯指路,护送脱脸,转移财物,资助衣服和粮食。《唐律·捕亡律》云:"诸知情藏匿罪人,若过致资给,令得隐避者,各减罪人罪一等。罪人有数罪者,止坐所知。"在这里已明确分出知情与不知情,并对藏匿罪行轻重不同的罪人做区别对待。

关于"过致资给",在《二年·盗律》中有这样一条律文:

知人为群盗而通饮食餽馈(遗)之,与同罪;弗知,黥为城旦舂。其能自捕若斩之,除其罪,又赏如捕斩。

"为群盗而通饮食餽馈(遗)之",《汉书·酷吏传》有云:"劾以为通行饮食群盗。"《后汉书·陈忠传》云"通行饮食,罪至大辟。"李贤注:"通行饮食,犹今律云过致资给,与同罪也。"即《唐律》所谓"过致资给"。在《摭遗》卷二《盗律》一目中列有"通行饮食"条,沈氏在按语中称:"《唐律》'过致资给'在捕亡门知情藏匿罪人条,系减罪人罪一等,乃云'与同罪',与律文不符。"这里说的"与同罪"是指《后汉书》的李贤注,现在看来,李贤注所称"今律"指的是唐律的话,的确有失检处。不过,在汉代,特别是汉初,与群盗"通行饮食"则是以"与同罪"论处的,有上引《二年·盗律》律文为证。显然它与《唐律》减罪人罪一等不同,不能相提并论。

此外,"通行饮食"四字在《二年·盗律》律文中只做"通饮食",没有一个"行"字,也就是说它并不包括替罪犯指路,护送脱脸等内容。比较看来它的处罪重于后代。

妇告威姑之"姑"为"公"字之误

《说文》女部曰"威,姑也。《汉律》曰妇告威姑。"此是汉律律文的遗存。的确,此遗存的律文今在《二年律令》中得到了证实。《二年·告律》中有"子告父母,妇告威公,奴婢告主、主父母妻子,勿听而弃告者市。"一条。汉简整理小组加注云:"威,婆母。《广雅·释亲》:'姑,谓之威。'"姑即威,"妇告威姑","婆母"二字与"姑"字的字义势必相重。"妇告威姑"应当做怎样的解释?

前辈学者为了解释"妇告威姑"这四个字,曾煞费苦心,辗转释义,如《说文》段注引惠栋云:"《尔雅》:君姑,即威姑也。古君威合音差近。"沈家本在《摭遗》卷六《囚律》"告劾"条的按语中也引以桂馥《说文解字义证》的意见,认为"威姑,君姑也。"是"耆",是"蔚"韵,迂回求索,难以自圆其说。

其实,《二年·告律》用"妇告威公"四字,明白得很。姑即威,妇告威公,也就是指妇告舅姑,儿媳上告公婆。由此可证,《说文》所引汉律"妇告威姑"中的"姑"为"公"字之误。

《摭遗》卷六《囚律》"告劾"条的按语中说:"《汉律》既立妇告威姑专条,而所定何罪不可详矣。"到了今天,这个问题也迎刃而解了,即"勿听而弃告者市",妇告舅姑这在汉初是犯了该杀头的罪的。

傅籍的年龄

《二年·傅律》中说："公卒及士伍、司寇、隐官子，皆为士伍。"士伍是没有爵级的成年男子。《汉书·淮南王传》如淳注云："《律》，有罪失官爵，称士伍也。"《汉旧仪》："无爵为士伍。"士伍傅籍的年龄在几岁？可能是17岁。我们的依据是秦律。在秦律中有《傅律》一目，《睡虎·编年记》中记载："今元年，喜傅。"墓主喜当时的年龄是17周岁。如此说来秦代傅籍的年龄就定在17周岁。此外，在汉初的《二年·具律》中有云："若年不盈十七岁，有罪当刑者，皆完之。"据此，17岁被看作为一般人成年与否的界线。这一点不也正可以把它作为士伍17岁傅籍的旁证？《睡虎·编年记》的整理小组在注中提到汉制，说："汉制傅籍在二十或二十三岁。"① 《汉书·景帝纪》记载："(二年)令天下男子年二十始傅。"师古注云："旧法二十三，今此二十，更为异制也。"其实根据《二年律令》中的《傅律》律文，汉制傅籍的年龄与爵级直接有关，有爵者傅籍年龄20、22、24岁不等，见《二年·傅律》第364简："不更以下子年廿岁，大夫以上至五大夫子及小爵不更以下至上造年廿二岁，卿以上子及小爵大夫以上年廿四岁，皆傅之。"无爵者远在他们傅籍的年龄之下。试列表如下：

爵级	爵 名	傅之对象及其年龄	
20	彻侯	本人 24 岁	子 24 岁
19	关内侯	本人 24 岁	子 24 岁
18	大庶长	本人 24 岁	子 24 岁
17	驷车庶长	本人 24 岁	子 24 岁

---

① 《睡虎地秦墓竹简》，文物出版社1978年版，第11页注45。

续表

16	大上造	本人 24 岁	子 24 岁
15	少上造	本人 24 岁	子 24 岁
14	右更	本人 24 岁	子 24 岁
13	中更	本人 24 岁	子 24 岁
12	左更	本人 24 岁	子 24 岁
11	右庶长	本人 24 岁	子 24 岁
10	左庶长	本人 24 岁	子 24 岁
9	五大夫	本人 24 岁	子 22 岁
8	公乘	本人 24 岁	子 22 岁
7	公大夫	本人 24 岁	子 22 岁
6	官大夫	本人 24 岁	子 22 岁
5	大夫	本人 24 岁	子 22 岁
4	不更	本人 22 岁	子 20 岁
3	簪袅	本人 22 岁	子 20 岁
2	上造	本人 22 岁	子 20 岁
1	公士	本人 17 岁？	子 20 岁
	公卒、士伍、庶人	本人 17 岁？	子 17 岁？
	司寇、隐官	本人 17 岁？	子 17 岁？

傅籍与征徭的关系很直接。杨树达指出："傅是令民为兵卒,与岁出算赋不相涉。"①

"赀钱二十三"还是二十二

《二年·兴律》有云:"已(?)徭及车牛当徭而乏之,皆赀日十二钱,又偿乏徭日,车"(第 401 简)此条是对乏徭行为的法律规范。据《说文》贝部云:"赀,小罚以财自赎也。《汉律》,民不徭,赀钱二十三。"段注

---

① 杨树达:《汉书管窥》,上海古籍出版社 1986 年版,第 46 页。

中称:"二十三,各本作二十二。"如四部丛刊所用静嘉堂藏北宋刊本作"赀钱二十二",《说文系传》作"二十二",但是段氏认为正确的应当是二十三,以《汉旧仪》为证,赀钱二十三者,口钱二十,再加上武帝所加的三钱。不过,段氏是用武帝时的七岁至十四岁应出的口赋钱来作推论的。然而,口赋钱与乏徭之赀的类推,之间并没有必然的联系。正如沈家本在给《摭遗》卷十二《兴律》所加的按语中说:"此七岁至十四应出之赋乃常法,非罚赎也。不徭之赀,当别是一事。"① 至于,赀钱二十三还是二十二,他没有下结论。

对照《二年·兴律》的竹简图版看,律文释文中的"十二钱"可能是"廿二钱";图版上"十"旁还留有一小竖的墨痕,极有可能是个"廿"字。《说文》各本皆作二十二,可能不错。不过"廿二钱"前还要加上一个"日"字,缺了这个"日"字,对乏徭罚赎就显得无足轻重了。《睡虎·秦律十八种》"司□"律中,用居作来抵偿债务,"日居八钱"每劳作一天抵偿八钱;"公食者,日居六钱。"由官府提供饭食,一天抵偿六钱。与"乏徭"赀日十二钱相比较,十二钱只相当于一天半的居作,轻了。

此外,释文句首"已(?)繇"的已,对照图版看,恐怕不是"已"字而是个"乏"字;若是"已繇",那就谈不上罚赎了。对照《二年·兴律》第401简图版上开头的那个字的字迹(末笔较平)也可看出:第19简、第66简中都有"已"字,在图版上它们末尾的一笔像尾巴一样都向上高高翘起,而像第405、401简简文中"乏"字的末笔则较平,与第401简首字末笔笔势相近。

"金布"非货币代称

在《张家山汉墓竹简》(247号墓)《二年》中有《金布律》一目。

---

① 沈家本:《历代刑法考》,中华书局1985年版,第1595页。

在《睡虎》《秦律十八种》中也有《金布律》一目,对"金布"的解释,传统说法认为"金布"是货币代称。但是,从《二年·金布律》看,它并不包括货币方面的律文。《二年·金布律》的简文所示,共11条,其中提到"县官"的律文有9条,有县官及徒隶袍绔的规定,有官府喂养牛马饲料的规定,有官府对罚金、赎金、债款的处理规定等,可以说其中没有一条真正是关于货币流通方面的律文。再看《睡虎·金布律》,有律文15条,其中直接提到官府、都官、县、官啬夫的有11条,余下的4条,一条是布帛作为交易的标准,一条是钱与布的折算,一条是买卖要求标价,再有一条是传车的修缮。这4条可以看作为官府管理市场、管理仓储的必要规定。为此,认为"金布"是货币代称的说法有失偏颇。《睡虎》秦简给"金布律"加注称:它是关于货币、财物方面的法律,还可斟酌。

其实,史籍中对"金布"的解释,旧注也多有不同,如:颜师古注云"《金布》者,令篇名,若今言《仓库令》也。""《金布》者,令篇名也。其上有府库金钱布帛之事,因以名篇。"分别见于《汉书·高帝纪》注、《萧望之传》注。又如《汉书·高帝纪》臣瓒注引《金布令》,是有关恩赐衣棺方面的内容。但是,也有认为颜师古注的不审慎处,如王重民在《敦煌古籍叙录》中就据敦煌石室写本对颜注有过评骘,云:"兹以此卷观之,颜氏每干没旧义,掠为己说。如'故《金布》令甲曰',卷子本有注云:'廷相廷尉板诏令也,《金布》其篇名',师古注演为:'《金布》者……因以名篇'。"[①]这里所引卷子本注说的是诏令颁发,未及律令内容。笔者以为颜注中所说"仓库"、"府库金钱布帛之事"是有一定道理的,"金布"是金钱布帛的简称;金钱布帛等是县官府库的收储之物,为府库的管理所制定的法令自然就成了"金布令"或"金布律"了。甚至,可以把"金布"看做为县官府库的代名词,最近读里耶秦简,J1⑧156简有"署金布发"语

---

① 见《敦煌古籍叙录》,第79页。

可证。① 这也就是为什么有关仓库管理方面的律令，要取名"金布"的原因了。有关货币方面的律文，《二年》在《钱律》内，共有9条，对钱的规制、盗铸钱等做了法律规定。至于恩赐衣棺方面的律文，《二年》则在《赐律》中。

尽管《睡虎·金布律》、《二年·金布律》的律条有11条、15条，但是，是不是有可能抄录者把有关货币方面的内容省删掉了呢？不能说绝对没有这种可能，但我们又无法看到它们的全部。为此，我们再可以看一看史籍中残存的金布律律条的情况。以《摭遗》卷十七为例，列有"毁伤亡失县官财物"、"罚赎入责呈黄金为价"、"平庸"、"坐赃"四目，显而易见，也都不是货币方面的法律规定。正如沈家本在《摭遗》卷一的按语中说"(《金布律》)惟汉专指县官。"②指县官，此话一语中的。只是对唐来说是"惟汉"，而对秦来说就不是这样了吗？恐怕，并不尽然。上面所引里耶秦简就证明了这一点。

上 计 脩 法

有三点必须解说。

1. 汉律中有《上计律》一目，当是由先秦上计考绩制度发展而来。在《摭遗》卷十八《上计律》"计偕"条下，沈氏加按语云："计偕之制，始于孝武，乃用人之事，无关上计者。"然而，"计偕"一语今见于《睡虎·仓律》"县上食者籍及它费太仓，与计偕。"事实上，"计偕之制"早建于秦，非孝武方始有；也并非纯指用人之事。所谓"计偕"，《睡虎·仓律》注云：即与地方每年上呈计簿同时上报。

---

① 《文物》2003年第一期，第20页、第76页。

② 沈家本：《历代刑法考》，中华书局1985年版，第1378页。"罚赎入责呈黄金为价"中的"价"，《通典》做"偿"。

2.《汉书·武帝纪》云:"县次续食,令与计偕。"句中"续食"之续,《汉书补注》引宋祁曰"旧本正文'续'做'给'。"并引王念孙之说云"旧本是也。"认为"续食"之续当做"给"。其实,"续食"不误,相继给食是也。《睡虎》秦律《属邦》律中就有"受者以律续食衣之"一句,《二年·传食律》中也有这方面的规定:"县各署食尽日,前县以推续食。"(第235简)并非义不可通。

3.《二年·史律》云:"谒任史、卜,上计脩法。"(第484简)又云:"以为卜上计六更。缺,试脩法,以六发中三以上者補之。"(第478简)由此可见,谒任史、卜,践更对象都是上计的内容之一,可补史记之不足。对照《二年律令》图版,"以六发中三以上者補之"中的"以"字仅留一小横,仔细辨别,当是"卜"字之残余。做"以",误。

《二年·史律》中有"上计脩法"、"缺,试脩法,以[卜]六发中三以上者补之。"二句,二句中均有"脩法"一语。脩法,《二年》整理小组注释云:"脩法,据简文系管理占卜的人员。"似与律文文意不合。计者,上计簿使也。上计脩法,是不是上呈计簿时连管理占卜的人员也要随同计吏至京师?试脩法,对管理占卜的人员是不是也要测试?显然不是。从简文看似乎都无必要。"脩法"一语在先秦传世文献中未有得见,但对《史律》中有"脩法"一语的两句的理解可以得到这样两点提示:一是它与史、卜、祝人员的推举测试有关,二又是上计的内容之一。我们注意到《汉书·武帝纪》有云:"(元光五年)征吏民有明当时之务、习先圣之术者,县次续食,令与计偕。"师古注云:"偕者,俱也,令所征之人与上计者俱来。"这里所说的所征之人正符合上面"脩法"一语必须满足的两个条件。培养的善卜人才不足,就从吏民中征选测试,即所谓"试脩法";从吏民中征选出来通过测试之后,随同计吏至京师,即所谓"上计脩法"。

脩,同"修";修,饰也。修,有整治、熟习之意;在这里引申作选拔讲。《左传》上有"脩官"一词,《左传·襄公十六年》云:"改服脩官",杜预注:"脩官,选贤能。"选拔贤能之士以任官。由此可见,脩法,可理解为选拔贤才。史籍中有"计偕"一词。计偕,与各县每年的账簿同时上报的既有"用人之事",还有"县上食者籍及它费太仓"等;这里的"用人之事"毫无疑问也包括选拔的贤士(史、卜、祝)在内。如《后汉书·和帝纪》"上计"一语李贤注引:"前书音义曰,旧制使郡丞奉岁计。武帝元朔中,令郡国举孝廉各一人,与计偕,拜为郎中。中废。今复之。"武帝之前的高后时期看来重视的是对史、卜、祝人员的推举。

"史律"可订正《说文》叙之疏失

史律,关于培养和选拔史、卜人才的法律。史,以长于文书为职务者,祝、卜,从事祝告、占卜职务者。对从事这类职务的人的培养和选拔都有明文规定,且相当细密。其中,有对这类人员的年龄限制、考试内容以及徭役规定等。《睡虎》秦律《内史杂》中有若干条目的内容也属于这一方面的,如:"令赦史毋从事官府。非史子也,毋敢学学室,犯令者有罪。""下吏能书者,毋敢从史之事"条。这表明秦汉之际对培养和选拔史、卜人才的迫切需要和重视程度,《史律》的内容相对丰富了,它势必要从秦律《内史杂》中分离出来。

《二年·史律》中又有与《说文》叙中文字大致相同者,作对照如下:
"史、卜子年十七岁学。史、卜、祝学童学三岁,学佴将诣大史、大卜、大祝,郡史学童诣其守,皆会八月朔日试之。""试史学童以十五篇,能讽书五千字以上,乃得为史。又以八体试之,郡移其八体课大史,大史诵课,取最一人以为其县令史。殿者勿以为史。三岁壹并课,取最一人为尚书卒史。"(《二年律令·史律》)

《尉律》,学僮十七已上,始试,讽籀书九千字,乃得为史。又以

八体试之，郡移大史并课，最者以为尚书史。(《说文》叙)

两段内容基本一致。不同的是：一、一作史律，一作尉律；从内容看，《说文》叙误植的可能大。尉律，廷尉所守律令；廷尉，掌刑辟。二、一作史卜子，一作学僮；从《睡虎》秦律"非史子也，毋敢学学室，犯令者有罪"看，有家业世代相传的要求，汉初承秦制，有"子"字为正，非一般学童可以入学者。三、一讽书五千字以上（另有说三千、七千字以上者），一讽籀书九千字，要求的难度不同。对字数的计算前代学者多有争议，今人常用字不过三四千，古代史卜人员要掌握的字数倍于今人，难以想象。四、选拔目标一是县令史，一是尚书史，且未及三岁。可见《说文》叙中的文字有所省删，由于省删而出现疏漏。

"十五篇"非史籀篇

《汉书·艺文志》云："汉兴，萧何草律，亦著其法，曰：'太史试学童，能讽书九千字以上，乃得为史。又以六体试之，课最者以为尚书御史史书令史。吏民上学，字或不正，辄举劾。'"此处引文与《二年·史律》律条（见上条引文）中都没有一个"籀"字，但是旧注多有认为十五篇指周宣王太史所作《史籀篇》者。之所以这么说，一是有《说文》叙作根据，二是在《汉书·艺文志》有云"《史籀篇》者，周时史官教学童书也。"正好又是十五篇。但是，岂知许慎依据的是班固的记载，将班文中"太史试学童，能讽书九千字以上"与"《史籀篇》者，周时史官教学童书也。"前后文联系在一起，加进了一个"籀"字，带有较大的主观性。对此，《说文》叙段注并不赞同这种说法，他说："此籀字训读书，与宣王大史籀非可牵合；或因之谓籀文有九千字，误矣。"此所谓训读书，就是指读书识字的课本或字典之类。王国维有专文《史籀篇叙录》，也持相同看法。马叙伦引证有云："严可均曰，《汉书·艺文志》能讽书九千字以上；《封演闻见记》'五经文字序'载此文,皆无籀字。"①再做了补充。上述见解应该说已成共识。由此看来,《二年·史律》加注云:"十五篇,指《史籀篇》。《汉书·艺文志》:'《史籀》十五篇。'"仍肯定《二年·史律》中的十五篇为《史籀篇》,似有胶着旧说之嫌。

---

① 马叙伦:《说文解字六书疏证》卷之廿九。上海书店1985年版。

《二年律令·津关令》与汉令之关系考

在张家山《二年律令》的28种律令中,27种是律,唯有一种是令,这一种令就是"津关令",是关于河口和道路上关卡方面的法令。"津关令"自第488简至第525简,共有20多条条目,而且是编了号的,从一至二十三;其中因竹简残损编号有缺者,所缺为第三至第八、第十、第十一、第十四、第十七至第二十。"津关令"(第525简,C202)这一令名是原有的,不是整理小组加的,写在单独的一枚简上。这一点表明:"津关令"令名存在于汉初,而且从20多条同样性质、内容的条文放在一起看,它已经做过合并归类。这20多条"津关令"与其他27则二年律律目中的律文是放在一起。① 很显然,当时的人对它们一视同仁,它与这些律条有着同样的法律效力。

《二年》"津关令"是汉令中现存于世的最完备、最丰富的实物材料。它为我们展示了汉令形式的基本面貌,为研究汉令与诏令的关系,研究"津关令"所能揭示的汉令特点提供了最具说服力的证据。

一、传存的汉令令目中未见"津关令"

在传世文献中,汉令令目有没有"津关令"? 未见有过。在前人蒐

---

① 由此推测,存在其他方面内容的并做过合并归类的令也是完全可能的。"津关令"原编在《二年律令》的中间,而不是置于《二年》之末。笔者认为"津关令"应在书末,参见本书《〈二年律令〉编联札记》中的《津关令在〈二年律令〉中的位置及其意义》一文。

辑的汉令中、在无具体名目的汉"令"中、在《说文》中提到的汉令和有律令合称的字条中,我们都未曾见到过有"津关令"的传存。

传世文献中的汉令令目有:

(一)前人蒐辑的汉令。

在汉律令方面前人做过较全面的收集整理工作。沈家本在《汉律摭遗》中辑出汉令有23种:筐令、挈令、廷尉板令、水令、公令、功令、养老令、马复令、秩禄令、宫卫令、任子令、胎养令、祀令、祠令、①斋令、品令、戍卒令、予告令、捕斩单于令、令甲、令乙、令丙、五时令。其中,挈令应为泛指,②不当属令名。令甲、令乙、令丙,也只是令的编次,不属于具体的令目。③

程树德在《汉律考》中辑出的汉令除上面的大部分(未辑戍卒令、予告令、捕斩单于令、五时令、胥后令)外,补充7种:狱令、田令、缗钱令、廷尉挈令、光禄挈令、乐浪挈令、租挈。其中,廷尉挈令与上引廷尉板令当是同一名称。居延简中有"北边挈令"(合校10·28)、"卫尉挈令"(武9)、"大鸿胪挈令"(疏496)等,1989年甘肃武威旱滩坡出土汉简17枚,简文中有"御史挈令"、"兰台挈令"等,结合古文献考证,可以认为:"挈令之实质当为中央有关机构根据需要从国家法令中提起与自己有关的部分,以地域命名的挈令则是根据地域提起。国家法令是以皇帝的名义制诏签发的,各部门仅是编录而已,故曰挈令。"④由此可见,"御

---

① 沈家本认为《祠令》即《祀令》,见《汉律摭遗》卷一。程树德明确此二令有别,《祠令》为祀祖,《祀令》则祭天地,见《汉律考》。

② 《汉书·张汤传》:"受而著谳法廷尉挈令",韦昭曰:"在板挈也。"师古曰:"著谓明书之也。挈,狱讼之要也。书于谳法挈令以为后式也。"《史记·酷吏列传》"挈令"正义作按语云:"谓律令也。古以板书之。言上所是,著之为正狱,以廷尉法令决平之,扬主之明监也。"

③ 《宣帝纪》文颖注:"《令甲》,前帝第一令也。"如淳注:"令有先后,故有《令甲》、《令乙》、《令丙》。"

④ 《文物》1993年第10期,第39页。

史挈令"、"兰台挈令"、"北边挈令"等令名又只是以发布者或发布地域为名称,与令的内容和法律适用无关。① 另外,在令名之后程氏还附有诏条若干。

应该说前辈学者已经把传世文献中汉令的遗存资料大抵收集殆尽。其收辑之功,诚不可没。此外,还有3种称"令"者:妖言令、乙令、酒法令。"妖言令"之名见《文帝纪》师古注:"高后元年诏除妖言之令。"(以下引《汉书》者,省汉书名)《高后纪》:"孝惠皇帝言欲除三族罪、妖言令。"颜师古注:"罪之重者戮及三族,过误之语以为妖言,今谓重酷,皆除之。"这些均表明高后元年(前187)之前存在妖言令。"乙令"见《张释之传》如淳注:"乙令'跸先至而犯者,罚金四两。'""乙令"或许就是"令乙"的别称。②"酒法令"见《史记·刘敬叔孙通列传》索隐引文颖注,云:"作酒法令也。"可看做"作酒令",也可视为有关酒的法令的泛称。

(二)有"令"而无具体名目者,有下面几例。

例1.《史记·廉颇蔺相如列传》索隐引江遂曰:"汉令称完而不髡曰耐。"《说文》段注云:"髡者剃发也,不剃其发,仅去须鬓,是曰耐,亦曰完。完者,言完其发也。"完而不髡曰耐,这是一种解释性的表述形式;如果它存在于正式的汉令令文中,那么对研究汉令的表现形式是有意义的。

例2.《鲍宣传》"官属以令行驰道中。"如淳注:"《令》,诸使有制,得行驰道中者,行旁道,无得行中央三丈也。"是"宫卫令"抑或"公式令"?

---

① 不过,《汉书·张汤传》韦昭注:"在板挈也。"师古注:"挈,狱讼之要也。书于籖法挈令以为后式也。"与上述说法不同。上引有租挈,《沟洫志》师古注:"租挈,收田租之约令也。"挈,在这里理解为契约之"契"。

② 《江充传》如淳注:"《令乙》,骑乘车马行驰道中,已论者,没入车马被具。"《张释之传》如淳注:"《乙令》,跸先至而犯者,罚金四两。"二者都属于卫禁方面的内容。"乙令"很可能是"令乙"之误。《吴芮传》"著于《甲令》而称忠也。"而《史记·惠景间侯者年表》则云"长沙王者,著《令甲》称其忠焉。"二句对照可证。

例3.《夏侯胜传》晋灼曰:"《令》:丞尉治一县,崇教化亡犯法者辄迁。有盗贼,满三日不觉者则尉事也。《令》:觉之,自除,二尉负其〔罪〕。率相准此法。"此处将"令"作为律令之"令"标出。是否可看作为"考功令"或"尉令"的一部分?考功法自汉始,影响历代官吏管理体制及其法律规范,其意义不可小看。

例4.《萧望之传》如淳注:"《令》:郡国官有好文学敬长肃政教者,二千石奏上,与计偕,诣太常受业如子弟也。"可能属"功令"内容。或相当于其后的"选举令"?或"学令"?从《二年律令》中有"史律"看,又似可视作为"史令"更确切些。以秦为例,秦时既有田律,同时又有田令。睡虎地秦简《秦律十八种》中有田律6条,是关系农业生产的法律规定。① 秦简《语书》中有田令一名目:"故腾为是而脩法律令、田令及为间私方而下之,令吏明布。"

(三)《说文》中提到汉令的有6条,虽没有注明令名,内容却能略知一二。②

睡虎地秦律中有《属邦律》一目,属邦律是管理少数民族方面的法律。从《说文》"殊"、"髳"、"缅"字条中提到的汉令内容(见本页注),由秦推测汉,可能属于"属邦令"。又,《奏谳书》案例一中引有蛮夷律律条,上引材料也可能更切近"蛮夷律"的内容,不妨称之"蛮夷令"。

(四)《说文》中又有律与令之合称者,如:

例1.《说文》"筭"字条下云:"汉律令:筭,小匡也。"无法确定内容。

例2.《说文》叙云:"律令异法"段注:"如商鞅为左庶长,定变法之

---

① 与《周礼》中有关田猎方面规定的"田律"不同。笔者以为,从汉初"津关令"的形式倒退回来看秦令,大抵也是以诏令形式出现,秦田令概莫能外。

② 6条是:1.《说文》"赳"字条下云:"汉令曰,赳张百人。" 2.《说文》"麻"字条下云:"汉令鬲。" 3.《说文》"殊"字条下云:"汉令曰,蛮夷长有罪当殊之。" 4.《说文》"裏"字条下云:"汉令解衣而耕谓之襄。" 5.《说文》"髳"字条下云:"汉令有髳长。" 6.《说文》"缅"字条下云:"汉令蛮夷卒有缅。"

令。"并非律令意义上的"令"。

总而言之,传存的汉令令目中无"津关令"。其原因可能是:早已散佚,或是在文帝之时被废止,以致其后不复承用。在诸吕败亡之后,若干"令"被废弃也在情理之中。

二、传统观念中的汉令形式与"津关令"不同

在上一部分中我们引录了传世文献中的汉令令目不下三四十种,但是,传统观念中的汉令与我们现在看到的诏令形式的"津关令"并不一致。最显著的不同在于它们不是以诏令的形式出现的。以"金布令"、"令甲"为例:

《高帝纪》"县给衣衾棺葬具"臣瓒注:"《金布令》曰'不幸死,死所为椟,传归所居县,赐以衣棺'也。"

《哀帝纪》"诸王、列侯得名田国中……皆无得过三十顷。"如淳注:"名田县道者:《令甲》,诸侯在国,名田他县,罚金二两。"

上引"金布令"、"令甲"与律条形式无甚不同。"《金布律》,他书多引作《金布令》。"① 与"金布令"内容相近的,在《二年律令》中则归入"赐律","赐律"有云:"千石至六百石吏死官者,居县赐棺及官衣。五百石以下至丞、尉死官者,居县赐棺"。只是抚恤对象不同。王重民在《敦煌古籍叙录》中据敦煌石室写本云:"'故《金布》令甲曰',卷子本有注云:'廷相廷尉板诏令也,《金布》其篇名'。"这里所引卷子本注明确它是以诏令形式颁发的。"令甲"一条是"逾封"的法律规定,对侯王的占地有所限制,虽然是在有限的范围之内。在《二年律令》中有"田律","田律"中有"盗侵巷术"条,内容与之相近。不过,《叙传》有云:"匪怠匪荒,务

---

① 沈家本:《汉律撷遗》卷一。见《历代刑法考》,中华书局1985年版,第1378页。

在农桑,著于'令甲'。"景帝时的农桑诏都在"令甲"中,上引如淳注一条恐怕也不例外。

从所列的"金布令"、"令甲"汉令看,它们都没有用"御史制诏"、"相国、御史以闻"、"制曰:可"等诏令的惯用格式。经过史家的加工整理之后,我们见到的汉令都是单纯的律条形式,但是,求本溯源,追溯"金布令"、"令甲"的原始面貌,我们发现它们原来大都出自诏令。这表明在汉初,令,作为一种法律规范的基本形式,它尚未从诏令形式中剥离出来。无论是制定的程序还是公布的形式它都带着诏令格式的深刻烙印。

由于它采用的是诏令形式,所以它反映出"令"的制定的某些过程。如"津关令"第516、517简"相国上长沙丞相书言"就是由长沙丞相等地方官员诸如南郡守、长信詹事、鲁御史提出的,或经过相国的讨论(议),再上奏皇帝,得到皇帝的允准,颁布实施。《二年律令》"置吏律"有规定:"县道官有请而当为律令者,各请属所二千石官,二千石官上相国、御史,相国、御史案致,当请请之,毋得径请。径请者,罚金四两。"(第219、220简)①立法程序对各级官员做出了规定,最后的决定权掌握在皇帝手中。而这个过程在传存的汉令中是不很清楚的。

此外,"津关令"令名的称呼有大类、细目的不同。总称"津关令",在"津关令"中又有各种名称,如第一条有称"越塞令"或"越塞阑关令";第十五条中有"诈伪出马令"这一名称。从这一点看,令名的确定及分目是有不同的层次的,并不是都相并列在同一个层面上。这就给我们以启示,在上面提到的三四十种传存汉令的令名中,也可能并不都是在同一层面上的并列关系,也有可能是属种关系的。而这种属种关系在

---

① 《二年律令》"置吏律"中的这条规定,即219(C259)、220(C258)在示意图中它们与"津关令"中的497(C127)、501(C128)简相接,所以,笔者认为应将它们归入津关令。

传存的汉令中从未做过区分,也无从确定。但是,从"津关令"与"越塞令"的关系推测,诸如上文所提到的"属邦令"和"蛮夷令"就可能是一种属种关系。"捕斩单于令"更可能只是"捕亡令"中的一条。由此推论,律目中也会有这种情况,如"赍律",《睡虎》"工律"中提到过它,注称:"《赍律》当为关于财物的法律。"[①]实际上它不当作律目看,可能与某一律目属于一种种属关系。

至于有关诏令格式与"令"形式的不同,在本文的第四部分我们再会提到。

三、制定"津关令"的背景

汉初,连年的战乱已归于平息,高祖时六国之后及豪杰虽然已迁徙关中,但是六国残余及诸侯王势力还可能"有事",不能高枕无忧。北方匈奴及南越的侵扰也不能不早做防范,如《高后纪》记载:"(六年)匈奴寇狄道,攻阿阳。""(七年)南越侵盗长沙。"《二年律令》"津关令"的制定与当时的这种形势直接相关。"津关令"中设置了一些重要的河口、道路的关卡,有:扞关、郧关、武关、函谷关、临晋关、朐忍、夹溪关,横跨如今四省:四川、湖北、陕西、河南的边关要地,委派官员把守,严密控制,以防万一。据史载,文帝十二年(前168),文帝决定废止津关的出入检查,也不再用符传凭证。《文帝纪》:"(十二年)三月,除关,无用传。"但是事实证明这样做弊多利少。没过多久,在景帝四年(前153)又恢复了津关的查验制度。《史记·孝景本纪》:"复置津关,用传出入。"引应劭注云:"文帝十二年,除关,无用传,至此复置传,以七国新反,备非常也。"在景帝时甚至连有关马匹的出入境制度也得以恢复。《景帝纪》:

[①] 《睡虎地秦墓竹简》,文物出版社1978年版,第72页。

"(四年)御史大夫绾奏,禁马高五尺九寸以上,齿未平,不得出关。"马是当时重要的交通工具,同时也是重要的战备物资。《平准书》上说:"天子为伐胡,盛养马,马之来食长安者数万匹,卒牵掌者关中不足,乃调旁近郡。"不过,是否再起用吕后二年的原本"津关令",就很难说了。

吕后二年"津关令"的实施情况在《奏谳书》也已有所反映,如《奏谳书》第十一案例:

· ·蜀守谳:大夫犬乘私马一匹,毋传,谋令大夫武窬舍上造熊马传,著其马识物,弗身更。疑罪。·廷报:犬与武共为伪书也。

(第58、59简)

此案说的是:大夫犬骑坐自家的一匹马出关,但是没有"马传"凭证,不得通行。于是,他就想法子叫大夫武去偷盗了上造熊的"马传"通行凭证,在自家的马上加上了上造熊的马的标志,造了假。结果,犬和武均被判处犯有伪书罪。在二年律律文和《奏谳书》中反映了这种形势。二年律律文和《奏谳书》中为数不少的关于捕亡方面的律条也同样反映出津关查验制度的必要性。

"津关令"的制定非一时一事之举。在"津关令"中有称"相国",有称"丞相"者,这表明在时间上这20多条令并不是颁布于同一时间,而是经过集中而归了类的。高帝九年(前198)除丞相为相国;又,在"津关令"第廿二则(第520简)有鲁御史称呼,惠帝七年(前188)初置鲁国。前后相距有十年时间,跨前后两朝。

高后主持制定了令,但也有反对制令者。当时的制令活动并不是一帆风顺的。《霍光传》如淳注云:"高后时定令,敢有擅议宗庙者,弃市。"[①]就反映了这种情况。

---

① 文景之时也有这样的情况。《汉书·晁错传》:"错所更令三十章,诸侯讙哗。"

四、"津关令"所能揭示的汉令特点

第一部分收辑的汉令不可谓不全,也不可谓无征,只是跨度太大,汉代长达 400 多年,400 年间为适应社会的发展,律令的调整和变化当不在少。"津关令"仅仅是汉初汉令中的一种,要与时间跨度很大且内容博大的汉令体系相对照着看,缺乏参照;只能说从"津关令"能使我们认识汉令的部分特点。

(一)汉初的令还没有从诏令的形式中脱离出来。

皇帝或以皇帝名义发布的文告称"诏书"、"诏制"、"诏令",有时也直接称作"令";但是,从法律的形式而言,诏令意义上的"令"与律令意义上的"令"是有所区别的。区别的关键在于常为史家所征引的"天子诏所增损,不在律上者为令"和"前主所是著为律,后主所是疏为令。"这两句话。[①] 这两句话,我理解它包含有这样几层意思:1."诏"成为"令"有一个"增损"即修正的过程,也就是说律令的"令"源于"诏";2.律与令的内容不相重复,它们有不同的适用范围;3."令"作为国家法令下达,皇帝是名义上的决策者,仅仅是名义上,实际上"令"与"律"具有同样的法律功能。当然"令"的颁行有更多的灵便性;4.由"后主"颁布"令",包含有补充之意。后代在这些问题上分得较为清楚,例如唐代的"诏令"与"令"分开,传世有《唐大诏令集》,另有作为法律规范的"令",日人仁井田陞就整理有《唐令拾遗》。明代的"例"中也有少量的"诏敕",是"例"而不再是"令",除明初的《大明令》外不再制"令",另制"例"以代之。从这个意义上说,诏敕是中华法系的法源之一。

按不同的法律适用,汉就制订有"田令"、"戍卒令"、"水令"、"公

[①] 《汉书》卷八《宣帝纪》文颖注。《史记》卷一二二《酷吏列传》。

令"等三四十种。上面提到程树德在汉令的条目之下又"另附诏条"。所附诏条有刺史六条问事等,表明程氏已经看到律令的"令"与"诏令"的关系。

(二)有严格的立法程序。

《二年律令》"置吏律"有规定:"县道官有请而当为律令者,各请属所二千石官,二千石官上相国、御史,相国、御史案致,当请请之,毋得径请。径请者,罚金四两。"(第219、220简)①立法程序对各级官员做出了规定,最后的决定权掌握在皇帝手中。

当然,这个程序基本上与诏令制定的过程相同。只是诏令的制定有多种形式,有的情况与之略有不同。蔡邕在《独断》中记述"诏书"形制时,云:"告其官,官[某官某]如故事,是为诏书。群臣有所奏请,尚书令奏之,下有制曰,天子答之曰可。若下某官云云,亦曰诏书,群臣有所奏请,无尚书令奏、制之字,则答曰已奏如书,本官下所当至。"②《二年律令》"津关令"中诏令形式的令与《独断》所言不全相同。分析"津关令"中的诏令形式,大致有这样几种表达方式:

1. 由御史大夫直接奏请,天子允准。大致是"御史言……制曰可"的形式。如第498、503简:

  御史请诸出入津关者,诣入传□□吏(?)里□长物色□瑕见外

---

① 跟《二年律令》"置吏律"上的规定相近的诏令,有高帝七年的一则,见《汉书·刑法志》"制诏御史:狱之疑者,吏或不敢决,有罪者久而不论,无罪者久不决。自今以来,县道官狱疑者,各谳所属二千石官,二千石官以其罪名当报之。所不能决者,皆移廷尉,廷尉亦当报之。廷尉所不能决,谨具为奏,傅所当比律令以闻。"大庭脩在《汉代的决事比——玉杖十简排列一案》一文中提醒大家注意第七简中的"谳"字,说:"这个法律用语是,在难以定罪时向上级机关请求裁决的一个词。这种制度是根据高祖刘邦七年(公元前200年)的制诏规定的。"(《简牍研究译丛》第二辑)但是高祖刘邦七年的制诏中"各谳所属二千石官"句,在《二年律令》"置吏律"中则是"各请属所二千石官"。由此看来,"谳"字原来是个"请"字,据此证明"谳"字为狱疑请求裁决的一个词,证据尚须斟酌。

② 《独断》上。四部丛刊本。

者及马识物关舍人占者,津关谨阅,出入之。县官马勿识物,□□□等出。•相国、御史复请,制曰:可。

2. 相国将下官,诸如内史、中大夫、长沙丞相、南郡守等,即"置吏律"所言二千石官,他们的所上书向天子奏请,得到天子允准。其形式是"相国下〈上〉内史书言……相国、御史复请,制曰:可。"如第十六则:

> 相国上长沙丞相书言,长沙地卑湿,不宜马,置缺不备一驷,未有传马,请得买马十,给置传,以为恒。•相国、御史以闻,请许给买马。•制曰:可。(第516、517简)

3. 在相国议事之后奏请。其形式是"相国议……御史与闻,制曰:可。"如第十二则:

> 十二、相国议,关外郡买计献马者,守各以匹数告买所内史、郡守,内史、郡守谨籍马识物、齿、高,移其守,及为致告津关,津关案阅,出,它如律令。御史以闻,请许,及诸乘私马出,马复入。而死、亡,自言在县官,县官诊及狱讯审死、亡,皆津关,制曰:可。(第509、508简)

蔡邕在《独断》中所说的"如故事"用语及其形式没有出现在"津关令"中。但是,从"令"的制定不会不顾及"故事"。从立法的角度看,所谓故事,是指成案。在津关令中虽没有"如故事"的用语,但有没有用到成案呢?如"津关令"第九则函谷上女子厕传一事就具有个案性质。可能是故事,不能确定。

蔡邕在《独断》中所说的"制曰:下某官"形式没有出现在"津关令"中,这也正是诏令与令的不同之处。既然是法定的"令"也就无须皇帝再批示叫御史大夫等去审议了,何况在大多数的诏令形式的"令"中有"制曰:可。"的字样,表明得到皇帝的允准。充其量是复请,见"津关令"第九则。有复请当有复议,如此而已。

(三)与律有同等的法律效力。

在"津关令"的第一例中,对越塞阑关者以及守关者的量刑很具体:"请阑出入塞之津关,黥为城旦舂;越塞,斩左趾为城旦;吏卒主者弗得,赎耐;令丞、令史罚金四两。"与律的定性量刑基本保持一致。何况,它是以诏令形式颁布于世的,无可怀疑它的法律效力。

(四)与律的区别在于它的适时性、灵便性特点。由"后主"颁布"令",包含有补"律"之不足的作用。

"津关令"的第二例(第492简)及其下一例(第493简)都是关于禁止黄金或金器流出津关的法律规定,此二则令文如下:

> 二、制诏御史,其令扞关、郧关、武关、函谷[关]、临晋关,及诸其塞之河津,禁毋出黄金,诸奠黄金器及铜,有犯令(以下缺简)

> □、制诏御史,其令诸关,禁毋出私金□□。或以金器入者,关谨籍书。出,复以阋出之籍器,饰及所服者不用此令。

其实,关于禁止黄金流出津关的法律规定,在《二年律令》的"盗律"中就制定有这方面的法律条文,见《二年律令》第76简:"盗出黄金边关徼,吏、卒徒部主者知而出弗索,与同罪;弗知,索弗得,戍边二岁。"经过比较,可以清楚看到,虽然它们都是禁止黄金流出津关的法律规定,但是法律适用是不同的:一是盗与出的不同;二是边关徼与津关的不同;三是对部主者失职与针对犯令者(有缺简)论处的不同。这些不同,既是"令"补律之不足的明证,又充分体现了"令"具有适时性、灵便性的特点。

正如在前面说的,"津关令"的颁行又与当时的形势直接有关,汉初刘氏政权的稳定和巩固毫无疑问是头等大事。在二年律律文和《奏谳书》中就很鲜明地反映了这种形势需要的紧迫性。比如,《二年律令》律文和《奏谳书》中有关捕亡方面的律条从条目数量上说已不在少数,也不能说不周全,即使如此,"津关令"中还是做了适时的补充规定。如"津关令"的第494、495、496简,就在吏卒追捕逃亡者、诈为符传等方面从严守津关的角度对捕亡做了法律规范。

（五）《津关令》中较多的是民事或行政管理方面的法律规范，汉令更体现出汉代律令的综合性特征。

如"津关令"第十二例中有计献，当属于计吏之职。"津关令"第十六例中有请许买马置传，当属于邮驿之事。而且，这种请许买马的事在"津关令"中占的比重很大。汉初的情况就是这样，严格控制马匹津关出入，管理规定：民间从关中、蜀郡等地买马，私人带马出入津关都得有"马传"这种通行凭证。一方面说明当时形势的急需，有关私买马、诈伪符传的事件频繁发生，上文第三部分所举《奏谳书》第十一案例，大夫犬在"马传"上造假的事，与此属于同一性质。另一方面也表现出"令"概念的界定不严，以致于凡有关买马置传的事都得用为"令"，甚至不避重复。如第521简和第522简就其内容而言几乎没有差别，以今人看来它们是完全可以合而为一的。马传，是马通行的凭证，由指定的治所办理封印，离治所远的多有不便，于是请改传印地。（第518简）这种属行政管理方面的内容也得上书奏请而得以制诏，最终成为"令"。

五、从汉诏令中辑录汉令之可能

既然从"津关令"与汉令的比较考析中，我们看到了它们之间的差别，又看到了它们之间的源流关系，那么，我们有无这样的可能，从传世文献的汉诏令中去勾稽乃至辑录出汉令及其内容来呢？应该是可以尝试的。例如，《汉书·刑法志》上有这样一段文字：

> 丞相张苍、御史大夫冯敬奏言："……罪人狱已决，完为城旦舂，满三岁为鬼薪白粲。鬼薪白粲一岁，为隶臣妾。隶臣妾一岁，免为庶人。隶臣妾满二岁为司寇。司寇一岁，及作如司寇二岁，皆免为庶人。其亡逃及有罪耐以上，不用此令。前令之刑城旦舂岁

而非禁锢者,如完为城旦舂岁数以免。臣昧死请。"制曰:"可。"①

这段文字主要是关于"鞫狱"、减免刑罚方面的内容,这些内容与《二年律令》"具律"中的有些内容很相近。如"具律"中有"罪人狱已决"条(第114简),有"鬼薪白粲有耐罪"条(第120简)等;再有,上引文字中所用"不用此令"、"前令"的说法,又与"津关令"第493简中的"不用此令"、"其令"等用语相近。我们是否可以据此把它看成是与法典中"具律"性质相类的"具令",或"杂令"?

我们之所以不把这段文字看成单纯的诏书,而把它看成是以诏令形式出现的律令之"令",另一个原因在于它的表达形式与《二年律令》中的"津关令"很相近,如同样有丞相、御史大夫的奏请,有"制曰:可。"等固定格式。

又如,《汉书·刑法志》上有关"箠令"一段:

(景帝元年)下诏曰……又曰:"笞者,所以教之也,其定箠令。"丞相刘舍、御史大夫卫绾请:"笞者,箠长五尺,其本大一寸,其竹也,末薄半寸,皆平其节。当笞者笞臀。毋得更人,毕一罪乃更人。"

这是一条在传世文献中已有明确令名的诏令:"其定箠令"。作为"箠令",箠的用料、长度、制作以及箠的施用等都做了明确的规定,又同样有丞相、御史大夫的奏请。我们把这一条同样看成是以诏令形式出现的律令之"令",当无疑义。

此外,还举一例。《汉书·文帝纪》上记载:

(元年)有司请令县道,年八十已上,赐米人月一石,肉二十斤,酒五斗。其九十已上,又赐帛人二疋,絮三斤。赐物及当禀鬻米

---

① 张建国在《帝制时代的中国法》中称此段为"定令之段",并考证出此段文字中"鬼薪白粲满三岁,为隶臣;隶臣一岁,免为庶人"句,在现行版本中原是注文的文字而应该是正文的内容。法律出版社1999年版,第197页。

者,长吏阅视,丞若尉致。不满九十,啬夫、令史致。二千石遣都吏循行,不称者督之。刑者及有罪耐以上,不用此令。

这是文帝时所颁"养老令"中的一份。联系《二年律令》看,《二年律令》"赐律"中有"□□□□□室毋以相饗者,赐米二石、一豚、酒一石"(第287简)一条。句首所缺可能是"民年七十以上"数字。① 内容与此极相近。上段文字记载又对养老对象做了界定,还用有"不用此令"句式。据此,一般都把它看成是"养老令",但是从与《二年律令》"赐律"的联系看,称之为"赐令"或"户令"或许更切合当时律令的现状。这同样是以诏令形式出现的律令之"令"。

综上所述,从传世文献的汉诏令中去辑录汉令,其依据大致可以概况出这样几条:1.与"津关令"中的诏令格式相近似者;2.与传世文献中的有关汉律令用语有某些关联者;3.与之同类律条内容有联系,却不相重复,有补充汉律不足的作用。当然,它们不是单一的,而得综合起来看。

六、结语

"令"作为法律规范的一种基本形式,起于何时？回答多种多样,说法也大都不同:一种说法认为秦汉时有诏令文告,要到曹魏以后,"令"

---

① 之所以说它的缺字是"民年七十以上",其理由有四:一、采用排除法,官吏当赐者、有爵者、无爵者的赏赐物品和数额在"赐律"中已有明确规定;二、《汉书·文帝纪》云"年八十以上,赐米人月一石,肉二十斤,酒五斗。"跟□□□□□所赐米、豚(肉)、酒,其内容相同;三、饗,是乡人相宴饮的意思。饗礼,有饮酒养老之义;四、《二年律令》"户律"中有"及年七十以上,毋异其子;今毋它子,欲令归户入养,许之"(第343简)一条,照顾对象的年龄界限是七十。沈家本在《汉律摭遗》中认为,汉《户律》中加年七十以上帛、赐高年米、赐高年帛等"此政始于文帝,终汉之世常行之。七十以上称加者,旧法自八十以上始也。"(《历代刑法考》卷十九)如果说,《二年律令》"赐律"中缺字是"民年七十以上"的理由成立,那么赐高年米之政就不是始于文帝,而是高后或更早。

才作为法典与律并行;一种说法认为要到隋唐时期"令"遂正式成为基本的法律形式;①还有另一种说法认为"令"的起源是很早的,其依据是秦简《语书》:"十分清楚,秦法有律有令。令的起源,据郡守腾的口气,不是在他发布文书的秦始皇二十年,时间还要早一些。律令都是秦律的内容。两者的区别,从产生时间来说,律在前,令在后。就内容而论,令是补'律未足'。"②

前两种说法因为不是专题讨论这个问题,未有论证。其实,汉代自萧何"捃摭秦法"制定"九章律"始,汉代在制定"律"之外,还制订有"令"。对已发布的诏书加以修改,或增或删以成相对稳定的法令条文,这就是"天子诏所增损,不在律上者为令"。《二年律令》"津关令"的诏令形式就证明了这一点。秦令大致也是这样的情况。

《二年律令》"津关令"中的诏令形式与我们传统观念中的汉令形式不同。认识"津关令"所能揭示的汉令特点,对我们认识令的起源,认识汉令形式的变化及其特点,乃至从传世文献中的汉诏令中去辑录汉令将成为可能。

---

① 分别见《中国学术名著提要》(政治法律卷)第348页和《中国法律史论》第87页。他们将"诏令文告"看做是"令"的全部,都以是否汇编成法律文件("法典"或称"基本的法律形式")为立论的依据。

② 吴树平:《云梦秦简所反映的秦代社会阶级状况》,载《云梦秦简研究》。中华书局1981年版,第95页。

《二年律令》编联札记（四则）

盗律当置《二年律令》之首

沈家本《汉律摭遗》（以下简称《摭遗》）、程树德《汉律考》等辑佚书均列《盗律》于汉律之首，而今张家山汉简《二年律令》（以下简称《二年》）则首列《贼律》。《二年》之所以首列《贼律》，是因为出土时竹简的次序原来如此，还是整理者的处理？

一、问题的提出

按李悝《法经》及商鞅"改法为律"的法治传统，汉承秦制，汉初制定的法律文本按理会把《盗律》列在最前面，即所谓"王者之政，莫急于盗、贼"。如果说目前《张家山汉墓竹简》一书中《二年》汉简首列《贼律》、次列《盗律》的排列次序就是原简排列的次序的话，那么其意义就不同以往：它暗示汉代之初法律重心的转移，主要由对盗的防范和打击、由侵犯财产权的法律规范转移并提升到对人身权、皇权的保护，乃至对统治者权力的巩固和加强。而且，这一排列次序的变化势必对后世法典中律目的确定和编次产生直接影响。正因为如此，北齐律、隋律，乃至唐律之所以改作为"贼盗律"而不写作"盗贼律"，这与《二年》的律目编次会不会有某种必然的源流关系呢？这种推想是会很自然的产生的。而且，从《二年》简的内容看，贼律的54枚简，大都有"贼"字样，盗律的第

55至81号的27枚简中大都有"盗"字样,如此看来定贼律在前盗律在后似乎顺理成章。

不过,从《二年》首列的《贼律》看,律文中尚未抄录出也就是说当时还没有制订出如《摭遗》所罗列的大逆、祝诅、谤毁宗室、造作图谶、大不敬等律文内容,①是不是又表明它的重要性还没有防盗、制定侵犯财产权的法律规范来得那么紧迫?当然,这里所谓的"贼"指的是贼害。《左传·昭公十四年》:"杀人不忌为贼。"《玉篇》云:"贼,伤害人也。"《说文》云:"贼,败也。"段注:"败者,毁也。"后来多指谋叛大逆之类的重大罪行。由此看来,在汉初,它列于盗律之后可能更合乎当时的立法背景。这是从法律文本中律目编列的发展状况出发,对《二年》首列《贼律》提出的一点质疑。

现在,简帛研究中有关《二年》编联的文章几乎都主张《贼律》居于首,而《盗律》次于后,甚或次于《具律》后。② 其原因是:看《二年》简的编联,《贼律》简在简卷的外层,而《盗律》简有部分是在第二层的。外层的在前,内层在后;所以《贼律》简在前,《盗律》简在后,先入为主,已成定势。更何况,"二年律令"四字的题名就写在《贼律》简首简1(F14)的背面。

二、有关编联的一般认识

在讨论《二年》简编联问题的时候,有这样两点认识必须说明:一、一部《二年》律令共有简526枚,它是不是依次从头编联到尾,编韦中间没有断头?如果是这样,排除了挤压而造成出土时的散乱因素之后,那

---

① 《历代刑法考》第三册,中华书局1985年版,第1414、1420、1421、1427页。
② 如王伟:《张家山汉简〈二年律令〉编联初探——以竹简出土位置为线索》,载《简帛研究网站》(http://www.jianbo.org/admin3/html/wangwei01.htm,2003—12—22)。

就可以把它的编联看成是自始至终一以贯之的,前后律目是相连着的,因此,上一律目的末简当与下一律目的首简相接,依次类推。二、如果正如上面说的那样,那么,《二年》中某一律目中的条款也是连贯着的,即使很长(条款多至数十条),如果其条款编联的周长小于其简册卷起一周的长度的话,那么它就不应出现重叠现象。

　　事实上恐怕并不会是这样的纯净。试想,一部《二年》律令共有简526枚,简的宽度一般在0.5到1厘米左右,平均以0.7计,$526×0.7=368.2$(厘米);全部依次排列编联起来大约要有3米多长。这样的简册不仅抄写不方便,阅读起来也是很麻烦的事。一般说来,这样长的简册应该是有分卷的,就像一部书分成若干册那样;律令虽不分册或卷,也不分章或篇,但是它分许多不同的律目。《二年》简是先编好简册后再抄写的。我们可以这样推想,律目条款少的可以数种律目条款抄写在一起;某律目条款多的,简册编联太长,也可以一分成二或三。正因为有这样各种不同的情况,在《二年》简的简卷中,就有可能出现上一律目的末简与下一律目的首简并不紧相连接的情况,间或出现同一律目下的简相重叠的现象。《张家山汉墓竹简(247号墓)》一书中《二年》的原编联次序就表明了这样两点。对照《张家山汉墓竹简(247号墓)》书末附录一、二的《竹简整理号与出土号对照表》、《竹简出土位置示意图》,在《二年》28种律令的编联中只有《收律》的末简(F143)与《杂律》的首简(F144)相紧接着,《置后律》的末简(C241)与《爵律》的首简(C242)相紧接着,其他律目的首尾简均没有出现紧相连接的情况。又如,《二年》中的《具律》简就占了C板块上部的2、3两层,同一律目下简的相重叠现象也是可能存在的。

　　因此,在《二年》简的编联过程中出现同一律目下简的重叠现象和律目的首尾简不相连接的情况是正常的,更何况竹简受挤压已造成了出土时部分简的散乱。不过,这种现象不应该占多数。占了多数,那么

《二年》就成了毫无系统的东西了，作为墓主生前所读所用的法律文本，就失去了实用的意义。

三、有关的文献记载

《唐律疏议》中有言："自秦汉逮至后魏，皆名贼律盗律，北齐合为贼盗律，后周为劫盗律，复有贼叛律，隋开皇合为贼盗律。至今不改。"唐律把贼律置于盗律之前，很可能这也是《二年》整理小组置贼律在前、盗律在后的依据之一。

所引的这段话出于《唐律疏议》卷十七。在这段话的前面还有这样一句："魏文侯时，李悝首制《法经》，有盗法贼法，以为法之篇目。"大家知道后来商鞅改法为律，成盗律贼律等六律，六律的次序仍按六法编排，未有稍变。汉初，习惯的说法是萧何在六律的基础上加上户兴厩三篇，是所谓九章。一直顺着六法的次序下来，都没有提到过改变盗律贼律次序的问题，显然《唐律疏议》所说"自秦汉逮至后魏，皆名贼律盗律"调换位置的做法缺乏根据。《唐六典》则按传统的说法，称秦律、汉律都是盗在前贼在后。见《唐六典》卷六："至汉萧何加悝所造户、兴、厩三篇，谓之九章之律。"前六篇，即盗、贼、囚、捕、杂、具诸律。

在宋孙奭《律音义》"贼盗第七"的前言中说："魏李悝首制盗贼二法，后魏改曰盗律贼徒[律]，北齐合为一名，后周分为劫盗、贼叛二篇，隋更名贼盗律。"实际上，孙奭对《唐律疏议》中"自秦汉逮至后魏，皆名贼律盗律"的说法做了订正，他讲清楚了盗律、贼律更名为贼盗律这一律目名称当始于隋。

值得注意的事实是《魏律》的编序。汉魏时的《魏律》还是以盗律在前、贼律在后为编列次序的，即如《唐律疏议》所云："魏因汉律，为十八篇,改汉具律为刑名第一。"①只是把《具律》改成《刑名》而已,并未改动盗律、贼律的次序。晋律亦然。鉴于此,在此之前的秦汉律不可能反而会提前在魏律、晋律之前,把贼律放到盗律的前面去。

四、读《竹简出土位置示意图》

上面是从文献记载的角度来看盗律、贼律的次序变化的,当然,我们并不是因为有这样的文献记载才说盗律在前、贼律在后的,事实上,《二年》简的编联与之也是吻合的。

对照《张家山汉墓竹简(247号墓)》书末附录一、二的《竹简整理号与出土号对照表》《竹简出土位置示意图》,比勘《贼律》、《盗律》、《具律》简的位置,试做如下分析:

(一)层次问题

的确,从《竹简出土位置示意图》上的竹简位置看,贼律简的绝大部分在外层,而盗律简的C部分则在第二层。不过,也不全是这样,照原编联的次序看,盗律简的57(F177)、62(F176)、61(F175)、56(F180)、60(F178)都是在第一层的,而且,也有的贼律简在第二、第三层的,如41(F172)、40(F171)、39(F162)、53(F161)等。其原因是挤压而可能造成竹简出土时的散乱,尤其是外层的竹简。

这情况既说明在一、二、三最外的几层竹简最容易造成分散和淆乱,同时也说明对竹简的层次不能一概而论。其最好的办法是把竹简的位置和相互关系,结合简的内容做出尽量合乎情理的分析和结论。

(二)数量问题

贼律自第1至54,共54枚简,盗律自第55至81,共27枚简。贼

---

① 《唐律疏议》卷一《名例》。

律简的简数是盗律简简数的两倍。这情况是有点反常的。在秦简《法律答问》中盗律方面的法律规定特别多,而贼律方面的相对要少。尽管说秦简《法律答问》并非秦律的全部且时间为早,尽管说数量的多少也不是决定次序先后的主要因素,但也有参考作用。其参考作用在于认识当时"盗",包括活动频繁的群盗活动在内,对法律制订的直接影响。张家山汉简《奏谳书》抄存有秦汉之际的议罪案例20则,春秋案例2则。其中,多数案例是逃亡和盗窃犯罪,从一个侧面反映出当时打击的重点是"盗"而不是"贼"一类的犯罪。

讨论竹简的多少也不单纯是个数量问题,它将涉及贼律盗律简内容的界定;内容的界定起了变化,数量也就随之会起变化。

(三) 贼律盗律简内容的界定问题

1. 有可能不属于贼律盗律简内容的简

先把不属于贼律盗律简内容的简从原定的编目中排除出去,这样会更有利于正确的编联。如:贼律简51(F36)、52(F34)是有关亡印、亡书方面的内容,它们与伪造玺印、伪书不同,不当属于贼律范畴;贼律简51(F36)、52(F34)的内容是:"亡印,罚金四两,而布告县官毋听亡印。""亡书、符券、入门卫木久、塞门城门之钥,罚金各二两。"它们与兴律简相连,当归入兴律。这不只是因为竹简的位置连着兴律,而且,事实上在《摭遗》中辑录有"符节"、"使者拥节"、"节"、"印章"等条目,沈氏就将它们列在《兴律》"烽燧"一目之下,与今《二年》贼律简51(F36)、52(F34)正相一致。[①]

又如:贼律简38(F137)可能属于《收律》。43(F83)在F板块的中心,与外层相距太远,同时,F83简又属于《田律》的第246简。由此推测,43(F83)可能是43(F183)之误;查F183简在示意图中确无所属。F83另有所属,属田律第246号简。

---

① 《历代刑法考》第三册,中华书局1985年版,第1595—1597页。

再如：盗律简 77(F20)、78(C30)、79(C66)的内容是借物，在秦律中从属于司空律或工律；在《二年》中未见有司空律和工律，可能归入收律，官府有从事各种劳作的大量隶臣妾，他们在劳作过程中有比较多的工具、物品的借用；从 77(F20)、78(C30)、79(C66)三简的位置与《收律》简相邻，似可做如此归属。

还有，盗律简 74(C272)、75(C273)、76(C274)三枚简，它们条文中间虽然出现有"盗"字，但律意的重心在"出关徼"，与逃亡出境有关，并且它们的位置在第四层，与《盗律》简的层次相距较远，而与《亡律》简相连，似可归属于亡律。

2. 斗殴内容的简不属于《贼律》范畴

在《摭遗》卷二中有"勃辱强贼"条，他引了《注律表》上的解释"加殴击之为戮辱。"之后又加按语云："《唐律》罪人已就拘执及不拒捍而杀，或折伤之，各以斗杀伤论，其法殆即本于此条。"①本于此条也就是说出于"勃辱强贼"条文，此条文后来归入《唐律》的斗讼律，而沈氏则认为它原从属于汉律的盗律，其看法是很有见地的。在秦汉律中，无斗讼律律目，"斗讼"尚未从盗律中分离出来。《二年》贼律中的 24(C308)、27(C323)、28(C322)直至简 48(F12)都是斗殴伤人，或殴庶人以上，或夫殴妻，或父母殴笞子等条目，似不当归在贼律名下。而 49(F13)、50(F188B)，②虽是贼杀伤的内容，但它是从杀伤畜产角度说的，它仍应归属于贼律；在《摭遗》的"贼律"条下有杀伤人畜产的内容。③

3. 以贼杀伤人为内容的简不属于贼律范畴

---

① 《历代刑法考》第三册，中华书局 1985 年版，第 1409 页。
② 《竹简出土位置示意图》中未见 F188 号简，不知何故。
③ 《疏勒河流域出土汉简》480"言律曰：畜产相贼杀，参分偿……"李均明先生将它归入"厩律"。见《简牍文书学》，广西教育出版社 1999 年版，第 382 页。

在《摭遗》卷一中说:"贼伤,则今之强盗杀伤人。"归于盗律。① 这里说的贼杀与今《二年》中所说的流杀伤人、毒杀伤,其程度是有所不同的,因此它们的归属也有所不同。《二年》贼律中的 21(C14)、22(C300)、23(C301)、25(C325)、26(C324)简是贼杀人、谋贼杀伤人,都当归属于盗律律目下。

4.盗书不当归属贼律

贼律简 53(F161)"盗书、弃书官印而上,耐。"一条,整理小组解释"弃书官印",疑为弃去文书上的封泥。我理解它为盗用废弃的官印(封泥)。盗印,可归属盗律名下。《摭遗》卷一上也说:"盗印亦归盗事"。②

(四)关于贼律的首简问题

按原编联顺序,贼律的首简是 1(F14),其内容是"降诸侯"、"谋反",确是大逆无道之重大犯罪。况且,在简 1(F14)的背面有"二年律令"的题名,把此简看做贼律的首简顺理成章,似乎按理应当将贼律置于盗律之前。

确定 1(F14)为贼律的首简后,把贼律置于盗律之前就有了无可争辩的说服力。笔者的观点是盗律在前,贼律在后,这样势必与简 1(F14)为贼律首简发生抵触。不过,我们细审 F 板块左上角的排列情况会发现一些问题。在 1(F14)的下面是 5(F16)简,它们的旁边则是 47(F15)和 4(F17)简,它们都属于贼律内的条文。它们的下边则分别是 127(F18)和 129(F19),它们却属于告律内的条文。再下面则是 77(F20)和 81(F21)简,它们属于盗律内的条文。奇怪,告律简怎么会夹在贼律和盗律的中间? 显然这不合逻辑,其间存在错简。

值得注意的是,在 F 板块的上部的第三层有告律简 130(F32)和

---

① 《历代刑法考》第三册,中华书局 1985 年版,第 1372 页。
② 《历代刑法考》第三册,中华书局 1985 年版,第 1371 页。

131(F28)。如果我们把告律简 127(F18)和 129(F19)移到 130(F32)简的旁边去,使告律简相接;并且连带将告律简 127(F18)、129(F19)上边的 1(F14)、5(F16)和 47(F15)、4(F17)一起移过去,那样我们就会发现告律简集中了,贼律简也相对集中了。这样一来,贼律简就被排到了盗律的后面去了。① 这不是任凭主观想象所做出的重新组合而确实是存在的错乱现象,为之做理乱复正的工作是必不可少的。附图如右:

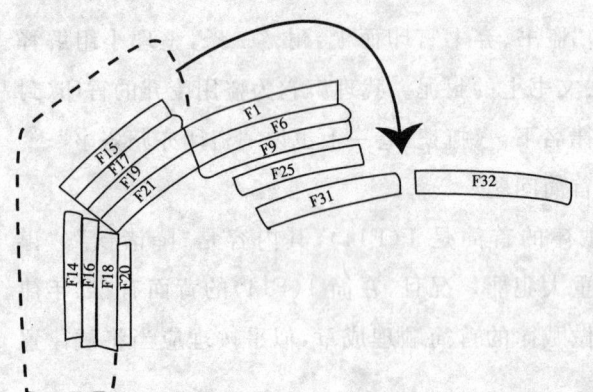

将告律简 127(F18)、129(F19)连同上边的 1(F14)、5(F16)和 47(F15)、4(F17)一起移到告律简 130(F32)的右边,使告律简集中了。而在告律简 130(F32)右边的原三枚简 F9、F25、F31,是不是要被挤到旁边去? 不,还很难确定。这三枚简的情况有些特别:**第一枚是 F9**,所属捕律 140 号简,据《竹简整理号与出土号对照表》,140(F15、F9),意思是捕律 140 号简是由 F15 和 F9 两枚残简接合而成的,然而事实是:在《二年》中捕律 140 号简的释文和图版都是完整的,照此看它不应是 F9 简,因为 F9 应是一枚与 F15 相关且残损的简才是;况且 F15 简同时又属于贼律 47 号,确是一枚残简,仅有"□亦得毋用此律"数字。它与 F9 是怎样的一种关系? 如果 F9 就是完整的 140 号简,那么就不应加上 F15;如果还有 F15B 存在,那么 F9 就不可能是一枚完整的简。**第二枚是 F25**,所属均

---

① 王伟在《张家山汉简〈二年律令〉编联初探》一文主张告律在盗律的后面,但是对告律简 127(F18)、129(F19)却在盗律简 77(F20)、81(F21)的上面一层还没有做出解释。

输律 226 号简,均输律一共整理出三枚简,225、226 和 227 号三枚,225、227 号简都在 C 板块,而唯独 226 号简在 F 板块,距离相隔很远;它又是一枚残损严重的简,其内容释文仅有"津关"数字稍清楚一点外,其余都看不清。是否属于均输律简值得怀疑。**第三枚是 F31,**它是一枚没有归属的简,《二年》526 枚简中 F31 没有落实归属。如果说它是一枚"赘简",它所处的位置却在第五层,也不可能。总之,这三枚不是残损就是空白的简,放在这里是存在一些问题的。

确定 1(F14)为贼律的首简其依据是因为它的背面写有题名,但是这并不是确定是否首简的充足理由。从古人写作的通例看,都把题名标在简策的末尾或末简的背面,如张家山汉简《盖庐》就是这样;《二年》中的律目如"贼律"、"盗律"都标在每一律目条文的最后,也证明了这一点。甚或题名也有不标在末尾的,而标在某一简的背面,并不确定,如张家山汉简《算数书》的题名就标在第六简的背面的。① 这说明了什么?说明整卷简册的题名,往往是在成卷捆扎之后,在简的背面写上题名,如是而已。这一点也说明贼律的首简 1(F14)并非一定就是整卷《二年》的首简,而只能说明它是卷在整卷竹简外围的简。鉴于此,《贼律》一定在《盗律》之前的观点就失掉了依据。

鉴于以上整理,《二年》的盗律、贼律可以试做如下编联:

盗律:21、22、23、24、25、26、27、28、65、66、67、68、69、70、71、72、73、29、30、31、32、33、34、35、36、37、39、40、41、42、43(F83?)、44、45、46、47、48、53、55、56、57、58、59、60、61、62、63、64、80、81。共简 49 枚。其中,44(F186B、F1B)简未见于示意图;但大致可以确定在 F 板块的左下 F185 简所处的区域。

贼律:1、2、3、4、5、6、7、8、9、10、11、12、13、14、15、16、17、18、19、

---

① 《张家山汉墓竹简[247 号墓]》,文物出版社 2001 年版,第 249 页。

20、49、50、54。简共 23 枚。其中 3（C 残）简未见于示意图。50（F188B）简未见于示意图；但大致可以确定在 F 板块的左下 F185 简所处的区域。

此外，还有两点需要说明：

其一，盗律起自第 21 号简，而非 55 号简。用 55 号简作为盗律的首简，可能是受《法律答问》首简内容的影响。其实，《法律答问》首简内容"盗过六百六十钱……"[①]并不是秦律的首简，也不一定就是《二年》盗律的首简；盗律 21 号简之所以与贼律 20 号简相接，其原因很可能是在 C 部的右边受挤压后做了重新排列，在那头受到的挤压是严重的。至于盗律的末简 81 号简与经过移位后的贼律首简的位置相近，正合乎盗律贼律相衔接的正常编联。

其二，贼律在《具律》之前。本文开头曾提到有文将盗律置于《具律》之后的意见，但是这一意见与文献记载严重不合，在本文第三部分已有说明，在这里不再重复。其实，做了调整以后，贼律的末简 54 号简正与具律首简 82（C19）相连。

可能尚存较大疑问的地方是：按本文主张的编联方案，盗律开头部分即 C 板块的下部兼及两层，这样多至 7 枚简的重叠，令人生疑。这的确是个值得研究的问题。不过，如果这些盗律简的内容对照历史文献记载，它们的确属于盗律范畴，那么就应该把它们归并到一起去。《二年》被挤压成 C 和 F 两大块之后，出现了层次不一致的情况是明显的，C 板块从中心到外围有 18、19 层，而 F 板块只有 14、15 层，甚至在 C 部的右下角只有 5、6 层，这是不是表明有可能出现的重叠现象是出土时已经有过移动而重新使之整齐而造成的，特别是在外围的层次上。

---

① 《睡虎地秦墓竹简》所引"盗过六百六十钱……"内容并不是秦律律文，只是对"害盗别徼而盗，加罪之。"条文的解答。文物出版社 1978 年，第 160 页。

或者,正如我在第二部分"有关编联的一般认识"中说的,在简牍内容多,简数多的情况下,为便于阅读和收藏,也可能有分卷的,不会从头编联到尾,编韦中间就不会没有断头;重叠在所难免。①

"具律"中应分出的是"告律"简

《法经》六法中有"具法",今张家山汉简《二年律令》中有"具律"一目,汉承秦制,一脉相通。"具律"是"以其律具其加减",它的作用在于规定了各种刑罚条文适用范围的准则。《法经》中"具法"列于法典的末尾,这样的体式合乎先秦文章作法的通例。按古人著书体例,序跋置于书末,"具法"从法律文本来说与序跋有某些相类通的地方。而今《二年》中的"具律"律目列于盗律贼律之后,既与《法经》律目的编排不同,又与传统所说汉九章中"具律"居于第六的次序不同。在次于第六的位置这一点上,《晋书·刑法志》还有过评论,说:"罪条例既不在始,又不在终,非篇章之义。"颇有微词。② 唐代人已看到了传统"汉九章"律目编次中不合章法、违背逻辑的毛病,只是事关大体,点到即止。《晋书·刑法志》上又说:"旧律因秦《法经》,就增三篇,而'具律'不移,因在第六。"今《二年》表明它次于第三,并不是在第六,从律末、第六的位置向前做了移动,这种移动可能并不一定发生在汉初,大凡秦制已经如此;如果说文景之后的法律文本也是这样编次的话,那么汉律的"具律"就

---

① 《中国历史文物》2003 年第 2 期上公布了湖南张家界古人堤遗址出土的简牍,其中有贼律简和汉律目录简。汉律目录简上很明显的是盗律在前,贼律在后;以笔者的意见,所谓贼律在后,其实其中大多是盗律律目。贼律简的首简是伪写皇帝信玺,非"降诸侯"、"谋反"条,《二年》"伪写皇帝信玺"条为第 9 简。张家界古人堤遗址出土的简牍大致是东汉永元年间之物,汉和帝之初。

② 魏律"集罪例以为'刑名',冠于律首。"改称"刑名"。尔后至晋,由"刑名"分出"法例",北齐合"刑名"、"法例"为"名例",逐步定型。

应在盗律贼律之后,它对传统汉九章律目的排序提出了挑战。说明汉律的制定者已经认识到"具律"在法律适用中的特殊地位及其重要性,对"具律"重要性的认识是逐步提高的,这与后来的《晋律》置刑名、法例于第一,与《唐律》置名例于第一,有着承前启后的关系。

《二年》中的"具律",依整理小组的编联,自第 82 号简至 125 号简,抄存 44 简,整理为 24 条条文,条文不可算少;它们又提前到了前面,列于贼律、盗律(笔者的观点是以盗律、贼律为先后)之后,大致可以想见当时对刑罚条文适用的关注程度。不过,谛审《竹简出土位置示意图》,对照"具律"内容,我以为"具律"中条文的归属并不纯净,其中还掺入有"告律"的内容。

一、"具律"的内容

在《撼遗》卷九的"具律"一章中,沈氏主要罗列了刑罚、刑名以及刑处的减免赎。刑罚如罚金、罚作和复作,刑名如鬼薪白粲、完城旦舂、髡钳城旦舂和耐,还有刑处中的爵减、减死一等、赎等。[①] 这些内容尽管与"具其加减"还有很大距离,但是显而易见,它们并不只是为某一具体的犯罪行为所做出的法律规定,这一点也正是"具律"与其他律目不同的显著特点。

《二年》中的"具律",第 82 简至第 92 简、第 119 简至第 124 简,都是有关部门减罪、赦免和赎罪方面的法律规定,与沈氏所述相吻合,因此应该把它们看做是"具律"内容无疑。

另外,第 99(C38)简的律文:"一人有数□罪也,以其重罪罪之。"也可归属于上述"具律"的内容范围。在《唐律》的名例律中,与此条条文

---

① 《历代刑法考》第三册,中华书局 1985 年版,第 1533 页。

内容相近的有:"诸二罪以上俱发,以重者论。"一条。《摭遗》卷十还引有《公羊传》庄公十年注云:"犹律一人数罪,以重者论之。"①

据此,"具律"简的编联如下:82、86、83、85、84、99、88、89、87、90、91、92、120、121、122、123、124、119、125,共有简19枚。其中83(C21)和87(C21)在《竹简整理号与出土号对照表》中同属一简可能有误,对照图版,83号简加上87号简的长度已大于一般简的长度了;②而在同一层的C27简却无着落,均不属于某一律目,据此推测87(C21)可能是C27之误。

103(F101)简?"皆令监临卑官,而勿令坐官。"与具律简距离较远,且在内层,从内容和简的位置看,较大可能不属于具律,可从中析出。

除此而外,第93简至第98简、第100简至第118简,其内容与"具其加减"的功用相去甚远,大都与鞫狱、告劾有关,因此,它们不当归到"具律"中去。

二、"具律"简的位置

"具律"简主要分布在C板块的上半部第2、3层,和下半部第3层。如果把上文所指出的不当看做具律内容的第93简至第98简、第100简至第118简从中析出的话,那么它只占有C板块上半部的第2层和下半部第3层一部分的内容了。它的编联是合理的,其首简82(C19)紧接着贼律的末简54(C18)。正因为有这样的连接,使我们可以比较肯定地得出《具律》次于《二年》第三的结论。与简124(C313)相接的是它的末简,其律目名简为125(C312),与它相接的当是《告律》。

---

① 《历代刑法考》第三册,中华书局1985年版,第1567页。
② 《张家山汉墓竹简[247号墓]》,文物出版社2001年版,第13、14页。

三、"具律"中分出的应是"告律"简

第 93 简至第 98 简、第 100 简至第 118 简,其内容大都与鞫狱、告劾有关。如 93 至 98 简:"鞫狱故纵、不直……罚金一两。"112 简:"劾人不审,为失;其轻罪也而故以重罪劾之,为不直。"当归属于"告律"。

为什么这些内容的简应该归入《告律》?一般以为"告"只是告诉,不包括鞫狱在内,这看法可能与汉初制律者的观念不同。

其位置也正好与上面的"具律"相接。新告律简的排列比较齐整,它的大多数简在第 3 层。原《告律》仅 11 枚,加上从《具律》中析出的 24 枚,共 35 枚,其试作编联如下:

告律:107、108、109、110、111、112、118、113、114、115、116、117、135、136、127、128、129、130、131、132、126、133、101、93、94、95、96、97、98、100、102、104、105、106、134

从《具律》中析出的 24 枚简有学者认为是"囚律"。

四、"具律"中析出的不是"囚律"

称"具律"中析出的第 93 至第 98 简、第 102 至第 118 简等是不是属于"囚律"?王伟在《张家山汉简〈二年律令〉编联初探》[①]一文中提出了"应属囚律之简皆属告律"的看法,与笔者相同。只是还有一个为什么的问题没有解决。他说:"可能囚律一篇篇名因某种原因而改为告律"。是什么样的原因?文章没有说,只能是一种猜

---

① 如王伟:《张家山汉简〈二年律令〉编联初探——以竹简出土位置为线索》,载《简帛研究网站》(http://www.jianbo.org/admin3/html/wangwei01.htm,2003—12—22)。

测而已。

"囚律",自《法经》到传统所说的汉九章中都有"囚律"一目,在《摭遗》、《汉律考》中也列有"囚律"并辑录有条文若干。如在《摭遗》卷一所列出的纲目中有:诈伪生死、诈自复除(令丙)、告劾、传覆、系囚、鞫狱、断狱,沈氏认为"汉统于《囚律》,而唐统于《断狱律》,最为得之。"①正因为如此,主张《具律》中分出的有关条文当归入"囚律"理由充分。其实,这也是前人包括沈氏在内所采用的反证法,依据晋《泰始律》剖分汉"囚律"为三目:告劾、系讯和断狱之后,便由此反证汉时的告劾、系讯和断狱就是"囚律"的内容。又,既然魏从囚法中分出断狱律,那么在魏之前断狱内容就一定包括在囚法或囚律中。不过,反证法并不能肯定正定理的正确,何况这是在前人不知有《告律》的情况下所做出的推断。

秦汉间的文书中有"敢告主"一用语。如秦简《封诊式》"有鞫"、"覆"中都用了"敢告某县主"、"敢告主"等用语。又见江陵凤凰山168号汉墓简牍。虽然说用了"敢告主"这样的术语并不能说明它就是告律的内容,但至少能表明"有鞫"、"覆"等内容与告有关联。

今天,《二年》中有"告律"面世,那我们就不能不面对这样的现实,重新考虑具律析出简文的所属。既然在《二年》中有《告律》一目,那么有关告劾、鞫狱等方面的条文当归入其中,与《囚律》相比较它们更切近《告律》。

再从出土竹简的位置看,从《具律》中析出的简大多与《告律》在同一层次上,而《囚律》?从《二年》中尚未见有此律目看,汉初律中是否保留有《法经》囚法传承下来的"囚律",还是个未知数。②既然律目都未确定,把从《具律》中析出的简归属到不确定的律目下,恐怕缺乏依据。

---

① 《历代刑法考》第三册,中华书局1985年版,第1373页。又,《唐律疏议》称:"断狱律之名,起自于魏。魏为李悝囚法而出此篇。"魏律律目分布见本文附表。

② 《居延新简》"囚律:告劾毋轻重皆关属所二千石官。"(新简EPT10·2A)此可为《汉律》中确有囚律之证。只是不明汉初情况。

厩兴户在汉律中的次序

古代法典的编撰很讲究章法，孰先孰后，其间有一定的编辑顺序，决不是随心所欲的事。除六律外，厩、兴、户三篇在汉律中的次序又是怎样的呢？

一、历史文献上的记载

按传统的说法，汉相萧何承袭秦六篇律，增厩兴户三篇。不过，在不同的书里对于厩兴户三篇的次序多有不同：

《汉书·刑法志》只是说萧何捃摭秦法，"取其宜于时者"，未及具体篇名。

《晋书·刑法志》上称：汉承秦制，萧何定律，"益事律兴厩户三篇，合为九篇。"

《唐律疏议》在名例律的序言中称："汉相萧何更加悝所造户、兴、厩三篇，谓九章之律。"在户婚律的序言中则称："汉相萧何承秦六篇律，后加厩、兴、户三篇，谓九章之律。"在厩库律序言中又说："户事既终，厩库为次，故在户婚之下。"在擅兴律序言中又说："厩库事讫，须备不虞，故此论兵次于厩库之下。"唐律本身的律目次序是：四户婚、五厩库、六擅兴。

从唐律的律目次序看，其次序是户厩兴。《唐六典》中称汉律为户兴厩。称晋律中的"户律"为十二，"擅兴"为十三，"厩律"为十七。其次序是户兴厩。

针对上述不同的记载，程树德在《汉律考》中总括了文献的记载后，加按语说："《晋志》益事律兴厩户三篇，户律在末。《唐律疏议》或作户兴厩三篇，或作厩兴户三篇。考《唐六典》载泰始新律，户律在第十二，兴律在第十三，厩律在第十七，其次第必有所本，兹从之。"按照程氏的看法，汉律当以户兴厩的次序为先后。

二、户兴厩在《二年律令》中的位置

按照整理小组的编联次序是这样的：户律在 18，兴律在 23，无厩律。

（一）先说厩律。

《二年》中无厩律，有两种可能：或未抄录，或汉初的《二年》中本来就没有厩律一目。

说或未抄录，是因为在《秦律十八种》中有厩苑律一目。既然汉承秦制，汉律会不设"厩苑律"或"厩律"一目？有这种可能吗？这是一个问题。

但是，我倾向于后一种可能，或许汉初的《二年》法律文本中本来就没有设厩律一目。因为在《二年》的 28 种律令中，与厩律法律规定相近的内容，部分已经出现在其他律目之下。在《二年》中已有《传食律》，《传食律》自第 228 至 238 号共 11 枚简，其内容包括乘传、传食等。在《金布律》中有骑置的内容，如第 425 号简："传马、使马、都厩马日匹□一斗半斗。"等。在《行书律》中大多以邮行为内容。这样看来，原来所列出的《厩律》的内容大多数已经分散到其他律目下的条文中去了，若是这样，还有没有再设《厩律》的必要呢？《晋书·刑法志》上有一段话值得注意，说："秦世旧有厩置、乘传、副车、食厨，汉初承秦不改，后以费广稍省，故后汉但设骑置而无车马，而律犹著其文，则为虚设，故除《厩律》，取其可用合科者，以为《邮驿令》。"

由此可见，汉律中有《厩律》，只是形同虚设，至魏律将《厩律》删除。不过，连《晋书·刑法志》上说形同虚设的"形"恐怕也并不存在。后代的"厩库"与以"旧有厩置、乘传、副车、食厨"为内容的厩律已相去甚远；也不能因为后代有厩库律就倒推上去，说汉律也一定存有厩律。即便我们做了许多这样的分析，对《厩律》在汉律中的位置我们暂时还为之保留着，其原因是：汉王朝长达400年法制的更迭变化不会太小。吕后二年的某一时段在厩置、禁苑方面还应有某些法律规定，即便是形同虚设。

此外，《疏勒河流域出土汉简》中有"言律曰：畜产相贼杀，参分偿……"条，李均明先生将它归入"厩律"。① 认为它是牲畜相互杀伤，与人杀伤牲畜不同，根据《唐律·厩库》中有牲畜相互杀伤的内容，推论出此条汉简律文为"厩律"律文，可以补史记所缺。现在我们读《二年》，贼律中有"犬杀伤人畜产，犬主赏之。"（第50简）一条，说的就是牲畜相互杀伤的情况。但是，今《二年》未见有厩律一目。

（二）再说户律和兴律。

《二年》中户律在18，兴律在23的位置是怎么确定下来的呢？很可能受了上述的汉律当以户兴厩的次序为先后的看法影响。但是，我们仔细对照《竹简出土位置示意图》后，对《二年》简做重新编联，即使我们暂时把厩律放在一边，我们也能发现户律不当在兴律之前。兴律的11枚简大都在F板块的第1至4层的地方，而户律的42枚简则均在C、F两板块的中心部位，它不可能排到兴律的前面去。我的意见是：兴律的次序在第五，是很靠前的。② 如此看来，即使是以"户兴厩"为序的一般看法也不能成立。

（三）再看一下厩、兴、户三篇在秦律中的情况。

在《秦律十八种》中有厩苑律一目。但是，在秦律中没有见到户律

---

① 《简牍文书学》，广西教育出版社1999年版，第382页。
② 王伟在《张家山汉简〈二年律令〉编联初探》一文中也持同样观点。不过，笔者以为51(F36)、52(F34)也当归入此律目中，理由是：这两条律条是亡印、亡文书、亡符券方面的法律规范，它们与贼律无关，而与守备有关，《撼遗》兴律一节中就列有"符节"、"印章"等小目。其次，在《二年》示意图中51(F36)、52(F34)简与兴律简130(F32)、131(F28)相接。

和兴律的律目出现,当然不能就此说秦律中没有户律和兴律;《秦律十八种》出土时已经散乱,而且这些简只是抄写人按其需要摘录了一部分。经整理,"厩苑律"列于秦律十八种的第二,很靠前。这一点是不是也能给我们一点信息?汉承袭秦,在汉初,厩苑律也许并不像《唐六典》上说的在户兴之后;如此说来,我们则可以试着把它们的位置安排为:厩、兴、户。这一顺序与《唐律·户婚律》序言中所列相同。

三、初步结论

最后,可以得出这样的初步结论:在汉律中,除六律外,厩、兴、户三篇依次为序。

如果说这只是汉初的情况,或者更具体地说它只是《二年》的编序,也许在文景以后有较大的变化。这也是有可能的,从其后的多次更律和后人对户兴厩次序的不一致说法就能说明这一点。

这里,只是用汉初《二年》律令来考察汉律中户、兴、厩的次序,所涉及的时间较早且短,有一定的局限性。

津关令在《二年律令》中的位置及其意义

津关令在张家山汉简《二年律令》中是唯一以汉令"令"名命名的篇目,为此《张家山汉墓竹简》将它编排在所有"律"的后面,置全书之末。① 很可能这是整理小组出于区别不同的法律载体所做的安排,这样做了能让读者更清楚地区分律与令。但是,对照《竹简出土位置示意图》,我们又可以比较清晰地看到津关令并不在《二年律令》的末尾,而

---

① 《张家山汉墓竹简》,文物出版社2001年版。

是夹在层次的中间。为此,我们会产生这样的疑问:汉初这种律令合编的体式已经存在,它是不是秦汉法律文本的一般作法,包含有什么特殊的意义? 是值得探讨的问题。

一、津关令在《二年》赐律与置后律之间

津关令共有简 38 枚,分布在 C、F 两板块的层次中间,不是中心;对照《竹简出土位置示意图》,大致可以确定它们的位置在赐律与置后律之间。

赐律在津关令之前,赐律 292(C213)、291(C214)简与津关令 509(C211)、510(C512)相接;赐律 297(C124)、298(C125)、299(C126)在津关令 503(C131)、495(C132)、496(C133)的外层。

津关令又在置后律之前,置后律的 380(C136)、382(C137)、386(C198)、387(C199)都在津关令的里层。当然置后律也有些简分散在 C 板块的上部第六、七层,这可能与徭律有关。还有,"置吏律"中有 219(C259)、220(C258)二简,"县道官有请而当为律令者,各请属所二千石官,二千石官上相国、御史,相国、御史案致,当请请之,毋得径请。径请者者,罚金四两。"其内容与"置吏"无关;而是制定律令的请示,与"津关"似是无关,但是它们与相国、御史、二千石官的职责有关,表述形式与诏令相仿。

跟《二年律令》"置吏律"上的规定相近的诏令,有高帝七年的一则,见《汉书·刑法志》"制诏御史:狱之疑者,吏或不敢决,有罪者久而不论,无罪者久系不决。自今以来,县道官狱疑者,各谳所属二千石官,二千石官以其罪名当报之。所不能决者,皆移廷尉,廷尉亦当报之。廷尉所不能决,谨具为奏,傅所当比律令以闻。"在示意图中它们又与"津关令"中的 497(C127)、501(C128)简相接,所以,笔者将

它们归入津关令。

参考有关《二年律令》编联的文章,①将津关令编联如下:

一、488、489、490、491

二、492

493

494、495

496、497

498

500、501、499

506、507、510、511

十二、509、508

十三、512

十五、513、514、515

十六、516、517

518

[十九]、502、503

廿、504、505

廿一、519

廿二、520

521

522

廿三、523、524

津关令 525

上面提到,这种律与令的混编形式,会不会是抄写者擅自所为?

---

① 如:王伟《张家山汉简〈二年律令〉编联初探》。

《商君书·定分》中说国家的法令"以室藏之",一藏于天子殿中,一藏于禁室中;有天下吏民欲知法令,皆问郡县法官。"各主法令之民,敢忘行主法令之所谓之名,各以其所忘之法令名罪之。"对主管法令者有严格的要求。"有敢剟定法令,损益一字以上,罪死不赦。"汉承秦制,这样的传统到了汉初不会大变,在当时大势甫定、江山图稳的历史背景下也不存在有法令任意编撰的可能。

在《二年律令》中,我们见到与青川《为田律》大致相同的规范田地等的法律条文(第246、247、248简),在具律中还见到有与《史记·惠帝纪》中相同的对上造以上等对象的减刑规定(第82、83简),而且他们分列在不同的律目之下。这些都表明《二年律令》法律文本的严肃性和历史的延续性。

二、津关令所处位置的意义

(一)津关令的颁行,表明对津关管理的加强,这与当时的政治、军事形势直接相关。

津关令是唯一以汉"令"命名的篇目,没有把它放在《二年律令》的最后,丝毫没有附件的性质,而恰恰相反,它与"律"相并行,表明当时对津关管理的重视。

汉初,连年的战乱已归于平息,高祖时六国之后及豪杰虽然已迁徙关中,但是六国残余及诸侯王势力还可能"有事",不能高枕无忧。北方匈奴及南越的侵扰也不能不早做防范,如《高后纪》记载:"(六年)匈奴寇狄道,攻阿阳。""(七年)南越侵盗长沙。"《二年律令》"津关令"的制定与当时的这种政治、军事局势直接相关。"津关令"中设置了一些重要的河口、道路的关卡,有:扞关、郧关、武关、函谷关、临晋关、朐忍、夹溪关,横跨如今四省:四川、湖北、陕西、河南的边关要地,委派官员把守,严密控制,以防万一。

吕后二年"津关令"的实施情况在《奏谳书》也已有所反映,如《奏谳书》第十一案例。此案说的是:大夫犬骑坐自家的一匹马出关,但是没有"马传"凭证,不得通行。于是,他就想法子叫大夫武去偷盗了上造熊的"马传"通行凭证,在自家的马上加上了上造熊的马的标志,造了假。结果,犬和武均被判处犯有伪书罪。在二年律律文和《奏谳书》中反映了这种形势。还有,二年律律文和《奏谳书》中为数不少的关于捕亡方面的律条也同样反映出津关查验制度的必要性和重要性。由此可见,津关令的颁行,表明它与当时的政治、军事形势直接相关,可以说法律是政治的延续,也是对军事防务的有力支撑。

(二)令与律具有同等的法律效力。

汉令,包括表明津关令在内,它们是在秦令基础上的发展,但又保持令名,从诏令到"令"形式上的变化。

"津关令"的制定非一时一事之举。在"津关令"中有称"相国",有称"丞相"者,并且它们是编了号的,高帝九年(前198)除丞相为相国;又,在"津关令"第廿二则(第520简)有鲁御史称呼,惠帝七年(前188)初置鲁国。前后相距有十年时间,跨前后两朝。这些表明:这20多条令并不是颁布于同一时间,而是经过集中整理而归了类的。

高后主持制定了令,但也有反对制令者。当时的制令活动并不是一帆风顺的。《汉书·霍光传》如淳注云:"高后时定令,敢有擅议宗庙者,弃市。"①就反映了这种情况。

令的发布有严格的程序,从令与律在法律地位上毫无差别。令

---

① 文景之时也有这样的情况。《史记·袁盎晁错列传》:"错所更令三十章,诸侯諠哗。"晁错时为御史大夫,更令与削藩有关。

是否演化为律,这可能有一个复杂的变化过程,有一个具体问题具体解决的问题,不是一概而论。以"金布"为例,有金布令,也有金布律。

有一定的立法程序。《二年律令》"置吏律"有规定:"县道官有请而当为律令者,各请属所二千石官,二千石官上相国、御史,相国、御史案致,当请请之,毋得径请。径请者者,罚金四两。"(第219、220简)①立法程序对各级官员做出了规定,最后的决定权掌握在皇帝手中。

当然,这个程序基本上与诏令制定的过程相同。只是诏令的制定有多种形式,有的情况与之略有不同。蔡邕在《独断》中记述"诏书"形制时,云:"告其官,官[某官某]如故事,是为诏书。群臣有所奏请,尚书令奏之,下有制曰,天子答之曰可。若下某官云云,亦曰诏书,群臣有所奏请,无尚书令奏、制之字,则答曰已奏如书,本官下所当至。"②《二年律令》"津关令"中诏令形式的令与《独断》所言不全相同。分析"津关令"中的诏令形式,大致就有这样几种表达方式。

(三)"律令"提法值得注意。

"二年律令"四字不是今人外加上去的,而出现在贼律简1(F14)的背面。这表明"律令"合称在当时就已存在。不过,这不同于一般记述事件的描述,而是作为法律文本的题名出现的,所确指的是法律文本,

---

① 大庭脩在《汉代的决事比——玉杖十简排列一案》一文中提醒大家注意第七简中的"讞"字,说:"这个法律用语是,在难以定罪时向上级机关请求裁决的一个词。这种制度是根据高祖刘邦七年(公元前200年)的制诏规定的。"(《简牍研究译丛》第二辑)但是高祖刘邦七年的制诏中"各讞所属二千石官"句,在《二年律令》"置吏律"中则是"各请属所二千石官"。由此看来,"讞"字原来是个"请"字,据此证明"讞"字为狱疑请求裁决的一个词,证据尚须斟酌。

此外,"置吏律"中的这条规定,即219(C259)、220(C258)在示意图中它们与"津关令"中的497(C127)、501(C128)简相接,所以,笔者已将它们归入津关令。

② 《独断》上。四部丛刊本。

而且作为整部法律文件的题名,前所未有。

在秦简《语书》中有"法律令"的提法,"今法律令已具矣,而吏民莫用。"而把令与律分开来看待的,"今且令人案行之,举劾不从令者,致以律,论及令、丞。"这里"举劾不从令者"所说的"令"是否指律令的令,姑且不论;若作为律令的令看,那很显然,此时尚未见到"律令"合提的提法。

不仅是题名,更值得注意的是它是"律"与"令"的合编体式,这在我们研究古代法典编纂历史的过程中,使我们联想到唐律中的"令",联想到明清律的律例合编的体例。

(四)与九章律的提法相忤。

按传统的说法,九章律内有九种律名,从来的文献资料中没有提到过汉律中有令名的说法。然而,《二年》作为汉初的法律文本,律与令明明白白地编联在一起,"令"不是附件,而是编联成为一体的。这是不是给我们以启发:九章律的提法本身存在可疑。

附表:

古代主要法律律目分合表

法经	汉九章	魏律	晋《泰始律》	北齐律	隋《开皇律》唐《贞观律》	明律	备考
盗1*	盗1	请赇16	请赇6			受赃23	
			诈伪5	诈伪6	诈伪19	诈伪24	
		劫掠10	水火16				
		偿赃18					
			毁亡14	毁损10			
		盗2	盗3	贼盗8	贼盗7	贼盗18	
贼2	贼2	贼3	贼4			人命19	
		诈伪11					
		毁亡12					

续表

囚3	囚3	囚4	告劾7	斗讼7	斗讼8	斗殴20	
						骂詈21	
		告劾13				诉讼22	
		系讯14	系讯9				
		断狱15	断狱10	捕断9	断狱12	断狱28	
捕4	捕4	捕5	捕8		捕亡11	捕亡27	
	兴7	兴7	兴13	擅兴4	擅兴6	军政14	
		惊事17				营造29	
	厩8	厩8	厩17	厩牧11	厩库5	厩牧16	
						仓库7	
	户9	户9	户12	婚户3	户婚4	户役4	
						田宅5	
						婚姻6	
			违制19	违制5	职制3	职制2	
						邮驿17	
						公式3	
杂5	杂5	杂6	杂11	杂12	杂10	河防30	
						钱债9	
						犯奸25	
						杂犯26	
						市廛10	
			关市18	禁卫2	卫禁2	关津15	
			卫宫15			宫卫13	
			诸侯20			仪制12	
						课程8	
						祭祀11	
具6	具6	刑名1	刑名1	名例1	名例1	名例1	
			法例2				

* 表中数字表示各律目在法律文本中的次序。明律分六部，按六部分目。

"爵戍"考

张家山汉墓竹简《二年律令》中有《具律》一目,其中有律条云:"(鞫狱)其非故也,而不□,□以其赎论之。① 爵戍四岁及系城旦舂六岁以上罪,罚金四两。"(第98简)审理案子不是出于故意,而处断有所不周,都按原所判刑作赎罪论处。对于"爵戍四岁及系城旦舂六岁以上罪"者,则罚金四两。这里出现的"爵戍"二字,整理小组对它提出了疑问,认为:"'爵'字疑衍。戍,戍边。"②

"爵戍"两个字连在一起用,在秦律中没有见到,在传世的先秦文献中也没有出现过。从所引律条看,律条的上下文没有出现过"爵"字,或者与"爵"字字形相近或有关连的字,所以说"爵"字是衍文,可能性不大。

一、先从"戍"和"赀戍"说起

戍,戍边。在秦律中有《戍律》一目,是关于行戍的法律。在《睡虎地秦墓竹简》(以下简称《睡虎》)《秦律杂抄》中就有律文云:"(冒领军粮)徒食、屯长、仆射弗告,赀戍一岁。""军人卖禀禀所及过县,赀戍二岁。"这里指的是冒领军粮、出卖军粮的事,处罚"赀戍一岁"、"赀戍二

---

① 律文中的"□,□",对照图版及相关律文句式,可能是"审,各"二字。
② 《张家山汉墓竹简(247号墓)》,文物出版社2001年版,第147页。

岁"。《睡虎》译文作"罚戍边一年"、"罚戍边二年"的解释。① 这样解释是有点问题的。问题是律文中没有一个"赀"字的"戍一岁"、"戍二岁"也解释作"罚戍边一年"、"罚戍边二年"。有个"赀"字与没有个"赀"字是一样的吗？不，是不一样的。对它们的处罚有轻重的不同，具体执行起来也不同，"赀戍一岁"、"赀戍二岁"不能等同于"戍一岁"、"戍二岁"。赀，不仅有"罚"的意思，而且包含有罚钱的意思在内。《说文》云："赀，小罚以财，自赎也。"赀一甲，就是罚一件铠甲的钱；赀戍一岁，就是罚抵戍边一年应缴的钱；赀戍二岁，就是罚抵戍边二年应缴的钱。这表明"赀戍"的惩处用的是钱，而不是直接去守边。秦律有这样的明文规定，汉初也有；许慎在《说文》"赀"字条下就引了一条与之相关的汉律。② 当然，"赀戍一岁"、"赀戍二岁"的处罚要轻于"戍一岁"、"戍二岁"，这好理解。

二、再说"爵"和"爵免"、"爵减"、"爵赎"

爵，始自军功，由军功而赐予。斩一敌首，赏爵一级，此谓商君之法也。到后来，爵也有赐予民的，也有可以买得的，如《汉书·惠帝纪》云："(元年)民有罪，得买爵三十级以免死罪。赐民爵，户一级。"《汉书·文帝纪》云："(下诏)朕初即位，其赦天下，赐民爵一级。"出钱买爵出于赎罪。汉律中有《爵律》一目，是关于有爵者的法律规定。张家山汉墓竹简《二年》中抄存有3条。从内容看，《爵律》与《赐律》的性质相近。在这中间，爵及赐均可抵罪："当拜爵及赐，未拜而有罪耐者，勿拜赐。"(第392简)而且，爵级能抵钱，一级万钱："诸当赐受爵，而不当拜爵者，级

---

① 《睡虎地秦墓竹简》，文物出版社2001年版，第83页。
② 《汉律》："民不繇，赀钱二十三。"

予万钱。"(第393简)汉朝赐爵制度,是沿袭秦制而来。《汉旧仪》上云:"秦制二十爵,男子赐爵一级以上,有罪以减,年五十六免。"明确有罪可以爵减。在《汉律摭遗》卷十《具律二》"爵减"条下,引有《汉书·薛宣传》及颜注,说明爵减的存在,并在按语中联系《唐律》,云:"诸七品以上之官……妻、子孙犯流罪以下各减一等,与爵减之意相合。"《二年·具律》上说:"上造、上造妻以上,及……有罪,其当刑及当为城旦舂者,耐以为鬼薪白粲。"(第82简)。又,"公士、公士妻及□□行年七十以上,若年不盈十七岁,有罪当刑者,皆完之。"(第83简)上造,是二十级爵的第二级,判刑城旦舂的减刑为耐鬼薪白粲。公士,是二十级爵的第一级,最低一级,年龄在七十以上、十七以下而处刑的人都减判为完。这两条在《汉书》中也有大体相同的记载。① 都是爵减的具体法律规定。

　　爵免,《睡虎》中《军爵律》有云:"欲归爵二级以免亲父母为隶臣妾者一人;及隶臣斩首为公士,谒归公士而免故妻隶妾一人者,许之,免以为庶人。"退还爵级还可以为父母、妻子免罪,即"爵免"。"爵免"之制在汉初依然沿用,《二年·钱律》:"捕盗铸钱及佐者一人,予爵一级。其欲以免除罪人者,许之。"(第204简)这里的"免除罪人",当然也包括可以为有罪父母、妻子免罪;《二年·爵律》有云:"诸诈伪自爵、爵免、免人者,皆黥为城旦舂。"(第394简)这从反面的角度说,爵免指自己,免人指他人。实际上,爵免它既可以免除自己的罪罚也包括免除他人的罪罚两个方面的内容。以上两条就是汉初爵免或诈伪爵免的具体法律规范。

　　由此可见,汉初法律对有爵者来说,可以用爵级来免除刑罚,不仅对自己,而且可以庇及父母、妻子乃至其他人。又如《二年·置后律》云:"女子比其夫爵。"(第372简)而《二年·具律》又云:"杀伤其夫,不

---

① 《汉书》卷二《惠帝纪》。

得以夫爵论。"(第84简)鉴此,可以说明汉初女子能依据丈夫的爵级实行(若有罪)爵赎、爵减、爵免;对丈夫有所伤害则另当别论。

秦简《法律答问》:"臣邦真戎君长,爵当上造以上,有罪当赎者,其为群盗,令赎鬼薪鋈足;其有腐罪,[赎]宫。"秦对少数民族君长有优待的赎罪规定,他们(相当于上造以上的爵位)享有爵赎特权。

相反,也有不能享受"爵减"、"爵免"、"爵赎"权利的情况。除上面提到的女子"杀伤其夫,不得以夫爵论。"外,《二年·贼律》有云:"贼杀伤父母、牧杀父母、殴詈父母,父母告子不孝,其妻子为收者,皆锢,令毋得以爵偿、免除及赎。"(第38简)

三、《奏谳书》中的"爵减、免、赎"实例

张家山汉墓竹简《奏谳书》案例十四为"安陆丞忠劾狱史平"一案,此案的审理经过大致是这样的:案子发生在高祖八年(前199)。有个名叫平的狱史把一个名叫种的没有名数(指人的姓名、年龄等项)的成年男子藏匿在自己的家里。这种"舍匿者"的行为在当时是一种犯罪。狱史平也承认自己确实知道种是没有名数的,承认把他藏在家里有罪。当时曾颁发过这方面的法令,《令》中做了这样的规定:"诸无名数者,皆令自占书名数。令到县道官盈卅日,不自占书名数,皆耐为隶臣妾,锢,勿令以爵、赏免。舍匿者与同罪。"按《令》规定,没有名数的人只要"自占书名数",即自行去县道地方政府登记,将姓名、年龄、身份等列入簿籍就行了。但是,如果三十天内还不去登记的,就要处以"耐为隶臣妾"的刑。而且特别规定"勿令以爵、赏免",不能用削爵或赏赐来免去刑罚,也就是说逃避人户登记的人不能用削爵或赏赐来抵罪,舍匿者跟他处以同样的罪。判决结果是:处平"耐为隶臣,锢。毋得以爵当、赏免。"狱史平的爵级是五大夫,五大夫是二十爵级的第九级,被处以"耐为隶

臣",还不能用削爵或赏赐来抵罪。同案的种则由县府另行处理。

案例反映了汉朝初期(高祖八年)的情况。刘邦在平定战乱之后为稳定和巩固新生政权而特别制定、颁行了收编人户的法令。贯彻实施这项收编人户的法令应该说是及时的,也是必要的。同时它也是承袭秦代户籍制度而来,如秦律所云:"游士在,亡符,居县赀一甲;卒岁,责之。有为故秦人出,削籍,上造以上为鬼薪,公士以下刑为城旦。"①居留要有凭证,帮助秦人出境、除去名籍都要处以刑罚。这种严厉的名籍制度在秦汉之交的非常时期更是变本加厉。

与不能用削爵或赏赐来抵罪同样性质的法令还可见《奏谳书》案例十五,案例中引有《律》:"盗赃值过六百六十钱,黥为城旦。令吏盗,当刑者刑,毋得以爵减、免、赎。"一条,此条律文的前半段承袭秦律,见睡虎地秦墓竹简《法律答问》"士伍甲盗……赃值过六百六十……甲当黥为城旦。"(第32简)条;而后半段为《睡虎》秦律所无。说的是:唆使下级官吏盗窃的,该处什么罪刑就按什么罪刑执行,不能用他的爵级减罪、免罪或赎罪。

这样看来,在汉朝之初,爵级是可以减罪、免罪或赎罪的。我们姑且借鉴后代的法律术语"官当"称之为"爵当"。秦及汉初都存在这种"爵当"现象。

四、"爵戍"、"夺爵令戍"与"爵当"

在第一部分,我们说"赀戍"中的戍边惩处实际上用的是钱,而不是直接去守边,秦律有明文规定,汉初也有。在第二、三部分中,我们又举例说了可以用爵级来减罪、免罪或赎罪的法律规定。那么,能不能用爵

---

① 《睡虎地秦墓竹简·秦律杂抄》,文物出版社1978年版,第129页。

级来抵偿戍边的惩处？能。有关用削爵或赏赐来抵偿戍边惩处的法律在张家山汉简《二年》中也有所揭示。如《二年·捕律》云："(追捕罪犯)逗留畏耎弗敢就,夺其将爵一级,免之；毋爵者戍边二岁。"(第143简)削爵一级,免除刑罚；而没有爵级的人,则戍边二年。这就可以这样说,夺爵一级相当于戍边二年。① 这是不是可以简称作"爵戍二岁"？这是不是可以看做是对本文开头提出的"爵戍"问题的解答呢？爵戍,就是用爵级来抵偿戍边的惩处。爵戍四岁,也就是用爵级来抵偿戍边四年的惩处。这样看来,用爵级来抵偿戍边的惩处至少有爵戍四岁和爵戍二岁两种情况。

不过,在《二年》中又出现"夺爵令戍二岁"问题。先看《奏谳书》案例十八,它是一份秦始皇二十七年(前220)的复审司法文书。案例中有"夺爵令戍"一语,这不能不加关注。

苍梧县利乡出现了叛乱,由令史征发"新黔首"即刚归入秦的民众

---

① 与之相类的情况,又如《汉书·景帝纪》上记载："吏迁徙免罢,受其故官属所将监治送财物,夺爵为士伍,免之。无爵,罚金二斤,令没入所受。"(中华书局本,第140页)这里没有讲原有的爵级,假设是公士,夺爵一级,那么它的答案就是夺爵一级相当于罚金二斤；假设是上造,夺爵二级,那么它的答案就是夺爵二级相当于罚金二斤；或者是不论几级,全夺。可能性较大的是指夺爵一级,因为不是一级的话一般都会交代。问题是在上文第二部分中,我们已经提到：爵级能抵钱,一级万钱。例证是《二年律令》"诸当赐受爵,而不当拜爵者,级予万钱。"(第393简)黄金一斤值万钱,夺爵一级相当于罚金二斤的话,也要二万钱了；如果说夺爵二级相当于罚金二斤,倒又与此相合了。不过汉朝各个不同时期的爵级价钱会有所不同,黄金与钱的比率又不是一成不变的,所以我们不能做刻板的计算。比如到了汉成帝的时候,"令吏民得买爵,贾级千钱。"明确了爵级的价钱,与早年相比其变化是很大的。还有一个问题是,在上面的引文中有"免之"一语,按师古的解释是"谓夺其爵,令为士伍,又免其官职,即今律所谓除名也。"但是,这是对"迁徙免罢"的官吏来说的,既然已经"迁徙免罢",怎么又要"免其官职"？我理解"免之"是针对刑罚而言,实际上也就是用爵级抵罪。如《魏书·刑罚志》上说："王官爵九品得以官爵除刑。"即用降官减爵来替代刑罚；这里的"除刑"与"免之"同义。在本文中引了《二年律令·钱律》："捕盗铸钱及佐者一人,予爵一级。其欲以免除罪人者,许之。"(第204简)这里的"免除罪人",与"免之"用法相同。王先谦《汉书补注》引沈钦韩注云："故惟夺爵而免其坐赃也。"其说正是。

前去镇压,前两次都失败了,直到第三次才把叛乱者击退。在前两次的失败中,那些儋乏不斗者和"新黔首"将被追究法律责任。攸县县令名叫雁,他上书要求对"新黔首"处罪,而没有追究儋乏不斗者的刑事责任。复审官吏认为雁有意放纵儋乏不斗者,应按律治罪。

当时,雁所作陈述是这样的:"□等上论夺爵令戍,今新黔首实不安辑。上书以闻,欲陛下幸诏雁以抚定之,不敢释纵罪人。"□等上书认为,现在刚归入秦的民众实在难以安抚,主张采取削夺爵级而命令他们去守边的办法解决。上书报告这些情况,希望皇上下一份诏书,使之招抚安定他们,雁申辩说自己不敢放纵罪人。

而复审官吏则认为:"虽论夺爵令戍,而毋法令,人臣当谨奏法以治。今雁释法而上书言独裁新黔首罪,是雁欲释纵罪人明矣。"虽然处以"夺爵令戍",削夺爵级而命令他们去守边,但是没有法律依据,做臣子的应当严格按法律办事。今天雁无视法律而上书说只要裁决刚归入秦的民众的罪,这十分清楚是雁想要放纵罪人。

这里的"夺爵令戍"并不是刑事判决,而是雁个人提出的一种处罚主张。这种既要削夺爵级又要命令去守边的处罚,复审官吏认为没有法律依据。不过,尽管说它可能缺乏法律依据,但是它本意是对败逃者的惩处,跟《二年·捕律》所提到的"(追捕罪犯)逗留畏耎弗敢就"属同一性质。对"逗留畏耎弗敢就"者的惩处是:削爵一级,免除刑罚;而没有爵级的人,则戍边二年。而雁所主张的"夺爵令戍",它不仅要削夺爵级,而且还要去守边(可能包含有罪重而爵级低不够抵偿的意思),这样的惩处的确大大地重于单纯的"削爵"。由此可见,"夺爵令戍"只是雁个人的主张,是权力的扩张。既削夺爵级又命令去守边的处罚,用作为法律条文的条件还不成熟。

如《二年·杂律》有云:"博戏相夺钱财,若为平者,夺爵各一级,戍二岁。"(第 186 简)这条法律律文,读来会感觉有些问题,"夺爵各一级,戍二岁"是削爵一级并戍边二年呢,还是"夺爵各一级,戍二岁"中间省略了"无爵者"三个字,是有爵者削爵一级无爵者戍边二年呢?若是前者,则与雇个人的主张"夺爵令戍"相近;若是后者,则可理解为"爵戍二岁",即夺爵一级抵偿戍边二年。我们有无办法证明它是省略了还是没有省略?我们把它跟《奏谳书》案例十八中的"夺爵令戍"相对照看,既然这种既要削夺爵级又要命令去守边的处罚,复审官员都明确提出它没有法律依据,那么我们用它来解读"夺爵各一级,戍二岁",也就可以比较肯定的说,"夺爵令戍"它不仅要削夺爵级,而且还要去守边的处断不能成立,它中间只能是省略了"无爵者"三个字。由此看来,当时对"博戏相夺钱财,若为平者"的判处,与《捕律》中"(追捕罪犯)逗留畏愞弗敢就,夺其将爵一级,免之;毋爵者戍边二岁"相近。

最后,有必要提一下"爵当"二字。因为这两个字,我们就又要回到上面所引的案例十四"安陆丞忠劾狱史平"一案中去。此案审理结果是:判处平"耐为隶臣,锢,毋得以爵当、赏免。"这段判词中的"毋得以爵当、赏免"句在张家山汉墓竹简《奏谳书》中断句作"毋得以爵、当赏免,"①顿号用在"爵"字的后面,什么意思?试着按顿号把这句话分拆开来读,就成了"毋得以爵免"和"毋得以当赏免",前句成理,而后句则读不通。在这个案子里还引有《令》文中的"勿令以爵、赏免"一句,意思是不能用削爵或赏赐免去刑罚,没有一个"当"字。没有一个"当"字就讲得通了,但对照图版"毋得以爵当赏免"的"当"赫然在爵字和赏字之间,明白无误。既然如此,是不是可以照前面引文所改的那样,把顿号移到"当"字的后面去呢?即"毋得以爵当、赏免",意思是:用爵级抵罪,用赏赐免罪。用爵级抵罪,即在上文第三部分结尾提到的"爵当"现象。《说文》云:"当,田相值也。"段注:"引申之,凡相持相抵皆曰当。"《史

---

① 《张家山汉墓竹简(247号墓)》,文物出版社2001年版,第218页。

记·高祖本纪》索隐引韦昭注云:"抵,当也,谓使各当其罪。"如《睡虎·法律答问》"有稟叔、麦,当出未出,即出禾以当叔、麦,叔、麦价贱禾贵,其论何也?"句中第二个当字,就可以作相抵讲,"出禾以当叔、麦"即用谷子来顶替豆麦。又如《二年·具律》有"谒罚金一两以当笞者,许之。"(第86简)当,相抵也。《荀子·正论》有云:"夫德不称位,能不称官,赏不当功,罚不当罪,不祥莫大焉。"罚不当罪的"当",也有相称,相抵的意思。有意思的是,在本文第二部分的末尾所引《二年》中有"皆锢,令毋得以爵偿、免除及赎。"一句,句中用了个新词:"爵偿"。而《奏谳书》案例十四中的"耐为隶臣,锢,毋得以爵当、赏免。"一句,句型正与"皆锢,令毋得以爵偿、免除及赎。"句相近,爵偿的用法及意义也与"爵当"相当。这表明在当时的习用法律语汇中,表示用爵级抵罪意思的"爵偿"、"爵当"一语的客观存在。

"官当",是个古代法律术语,即以官阶抵罪,它是封建时代官僚机构中的特权之一。[①] 据考,以官阶抵罪的"官当",以前都以为它首创于晋,南朝陈始有"官当"之名。[②] 但是,从近年地下出土文献看,"官当"之制大大早于晋。如果上文对《奏谳书》"(以)爵当、赏免"的断句和释义能够成立的话,[③]那么,用爵级抵罪的"爵当"与"官当"一样,同属于封建官僚制度下的等级特权,由来已久,影响深远。

[①] 如《唐律·名例》:"诸犯私罪以官当徒者,五品以上,一官当徒二年;九品以上,一官当徒一年。若犯公罪者,各加一年当。"九品以上的官阶低下,所以用一个官职只应官当抵徒刑一年,五品以上的官阶高贵,所以用一个官职就可依官当抵徒刑二年。"诸以官当徒者,罪轻不尽其官,留官收赎;官少不尽其罪,余罪收赎。"罪轻不致把官品抵尽,允许保留官位,用财物收赎。官阶不够抵罪,余下的部分用财物收赎。

[②] 《隋书·刑法志》:"陈氏承梁季丧乱,刑典疏阔……五岁四岁刑,若有官,准当二年,余并居作。其三岁刑,若有官,准当二年,余一年赎。若公坐过误,罚金。其二岁刑,有官者,赎论。一岁刑,无官亦赎论。寒庶人,准决鞭杖。"

[③] 与同好讨论,有说"当"也可看做衍文。聊备一说。

秦汉律中的"亡律"考述

《法经》六法中有"囚法"、"捕法"而无"亡法"。在睡虎地秦简中也没有单列"亡律"一目（也可能有，墓主未抄录）。当然并不是说在秦律中没有关于逃亡方面的律文，只是它们都散见于其他律目中。今张家山汉简《二年律令》中有单独的"亡律"律目列出，依整理小组的条分抄存凡13条，条文不可算少；又，《奏谳书》22个案例中几近一半与逃亡有关，从中，我们大致可以想见当时逃亡现象的严重及其法律的关注程度。

一、"亡律"的制订

"亡律"，有关逃亡方面的法律。汉初的《二年律令》（以下简称《二年》）中有单独的"亡律"律目列出。其实对逃亡的法律关注并不始于秦汉，据文献记载，在西周时期逋逃问题就严重存在，如《尚书·费誓》记载："马牛其风，臣妾逋逃，勿敢越逐。祗复之，我商赉汝。乃越逐不复，汝则有常刑。"这是西周时期鲁公誓辞中的话。誓辞中说，男女奴隶逃亡了也不要远追；如果远追了而不报告，就将给予一定的刑罚。役人贱者，男曰臣，女曰妾；臣妾们不堪忍受奴役之苦，逋逃势在必然。这是一方面，另一方面是担忧越逐失伍，涣散、瓦解军力。在军令中强化有关逃亡方面的常法，也是很紧迫的事。在孔传中就指出"越逐失伍"，指的是什伍的军籍编制；又提到"有犯军令之常刑"，指的是军刑；逃离军伍，必以军法论处。

《左传·昭公七年》在提到楚文王的"仆区之法"时征引了"周文王之法",曰:"有亡荒阅,所以得天下也。"有亡荒阅,杜预注:"荒,大也。阅,蒐也。有亡人当大蒐其众。"对逃亡的人进行大规模的搜索。尽管只是周文王时期法律的只言片语,但也反映出大规模逃亡现象的存在。至于"仆区之法"的仆区,有注云:"仆,隐也;区,匿也。为隐匿亡人之法也。"显然,它也与对逃亡者的搜捕、惩处有关。

《法经》六法中有"捕法",秦汉律也都有《捕律》,抓捕的对象自然是逃跑的人。何以还要制定《亡律》?事实上,逃跑的人中有各种不同的情况,《捕律》抓捕的对象主要是罪犯,而对于擅自离开户籍地的人来说,用《捕律》就显得不是很合适。擅自离开户籍地的人,有隐瞒户口的,有假报户口的,有逃避徭役的等各种情况,在《捕律》不足以包容的时候,另外制订法律来加以规范就成为必然;何况在朝代更迭的时期控制和繁殖人口的增长特别重要,看来《亡律》的制定是大势所趋。事实正是如此。

在睡虎地秦简中,已经反映出秦时相当严重的逃亡现象,其表现各种各样:

(1)"逋事",逃避官府役使的。

(2)为逃避罪罚的,如《封诊式》"□捕"标目下有盗牛后"去亡以命"、"贼人□命"者,"群盗"标目下有"盗钱万,去亡"者。

(3)有在服刑期间内逃亡的,如秦简《法律答问》有"隶臣妾系城旦春,去亡"(第132简),隶臣妾被拘禁服城旦春劳役刑的罪人逃亡,显然是忍受不了繁重的劳役刑之苦;秦简《法律答问》有"大夫甲坚鬼薪,鬼薪亡。"(第127简)鬼薪,服劳役刑的罪人,不能忍受大夫甲的欺压而逃亡。

(4)有看守逃亡的,如"罢癃守官府,亡"者(《法律答问》第133简),

看守官府的废疾者逃亡。上例中"今甲从事，又去亡"（第127简）说的是，苛刻欺压服劳役刑罪人的大夫甲自己也不能忍受在官府劳役的苦而逃亡。

（5）有"盗书丞印以亡"者（《法律答问》第138简），偷盖县丞官印而逃亡的。

（6）有"阑亡者"（《法律答问》第139简），指逃亡出关的人。

（7）有"女子甲为人妻，去亡。"（《法律答问》第166简），因为家庭纠纷而逃亡的等等，不一而足。

张家山汉简《二年律令》单列"亡律"一目，自第157简至173简，凡13条。其主要内容有：

（1）对逃亡的人的量刑惩处，其处罚有：耐、系城旦舂、作官府、笞等；

（2）对藏匿逃亡者的惩处，依据所匿者的不同身份处以黥为城旦舂等；

（3）对奴婢逃亡的处理办法。之所以将奴婢问题归入"亡律"，是出于奴婢的逃亡现象严重。

在张家山汉简《奏谳书》中有关逃亡的案例最多。22例中涉及逃亡的约占一半，有案例第1、2、3、4、5、7、8、13、14、18等则。这10则案例中，最早的是始皇二十七年（前220年），最晚的是高祖十一年（前196年），事实表明，在秦汉之交，逃亡现象相当严重，惩处也是严厉的。有关案例在下面各节我们都会讲到。

《史记·秦始皇本纪》记载："始皇二十六年，徙天下豪富于咸阳十二万户。""（二十八年）徙黔首三万户琅邪台下。"《史记·货殖列传》上说："秦末世，迁不轨之民于南阳。"也可以说是对六国旧贵族的惩罚和控制措施；在这种情况下出现频繁的逃亡者，势所必然。总之，秦汉之际相当严重的逃亡现象是制定《亡律》的直接动因。

《二年》中既有捕律又有亡律,后代则合而为一,为"捕亡律"。

二、"亡律"与名籍

(一) 名籍制度起自军籍

《周礼·地官·族师》:"五家为比,十家为联;五人为伍,十人为联;四闾为族,八闾为联,使之相保相受,刑罚庆赏,相及相共。"秦军中的什伍编制也是这样,五人为伍,十人为什。《史记·秦始皇本纪》记载:公元前375年,秦献公时"为户籍相伍",至商君时"令民为什伍",均起自军籍。《商君书·境内》上说:"四境之内,丈夫女子皆有名于上,生者著,死者削。"这是商鞅所定的军籍之制,备军役,制官爵,行赏罚。《尉缭子·束伍令》上也有相类的记载。

民户的户籍编制由军籍发展而来。《周礼·秋官·司民》:"司民掌登万民之数。自生齿以上,皆书于版,辨其国中,与其都鄙,及其郊野。异其男女,岁登下其死生。"秦律中所称"伍人",即同伍的人。秦简《法律答问》云:"何谓四邻?四邻,即伍人谓也。"刘邦跟他乡里的弟兄就都是有名籍的人。《汉书·高帝纪》上说"诸将故与帝为编户民"师古注:"编户者,言列次名籍也。"名籍,也称名数,即户籍。受户籍管制,迁居要得到官府的许可,不能随意迁徙;还必须承担赋役义务。

(二) 名籍管理制度

户籍有登记簿;出入津关都得以符为凭。否则,将会被当做逃亡者论处。秦汉律中的"亡律"对户籍做了各种规定:秦简《秦律杂抄·游士律》"游士在,亡符,居县赀一甲;卒岁,责之。●有为故秦人出,削籍,上造以上为鬼薪,公士以下刑为城旦。"专门从事游说的人居留而没有凭证,所在的县也得负管理失责之罪,罚一甲。对秦人出境特别加以管束,防止秦人外流。在《法律答问》有"臣邦人不安其主长而欲去夏者,勿许。"秦国内的少数民族不满他们的主长想离开,也不予准许。① 汉初,人人都要登记户籍,《二年·户律》上说:"恒以八月令乡部啬夫、吏、令史相杂案户籍,副藏其廷。"每年县令要对县内的户口进行登记核查,包括生者的年龄、性别、居住地等,还有过逝的人需要削籍,每年计报朝廷。为加强出入境的管理,汉初还制定有《津关令》。

(三) 对逃户的登录制度

名籍制度,能保证赋役制度的正常实施。《二年·户律》:"民皆自占年"、"诸不为户,有田宅,附令人名……"户籍与田土的关系密切。要能保证赋役制度的正常实施,就要防止人口的流徙,确保社会稳定。

发现逃亡者,地方官吏必须查实逃亡者的姓名、身份、籍贯,曾经犯过罪没有,有没有逃亡记录,有的话,是否受到赦免。在簿籍上要记录下逃亡共有多少天,逃避徭役的时间等,向上回报。如秦简《封诊式》的一则治狱文书:

覆　敢告某县主:男子某辞曰:"士伍,居某县某里,去亡。"可定名事里,所坐论云何,何罪赦,[或]覆问无有,几籍亡,亡及逋事各几何日,遣识者当腾,腾皆为报,敢告主。

"可定名事里"《说文》:"事,职也。"《广雅》:"职,事也。"名事里,指记下逃亡者的姓名、身份和籍贯,即《汉书·宣帝纪》上所说的"名县爵里"。下面一则是逃亡者自首的上报文书,所记录的内容与上一则大致相同。事件发生在始皇四年(前243年)。

亡自出　乡某爰书:男子甲自诣,辞曰:"士伍,居某县,以廼二月不识日去亡,无它坐,今来自出。"·问之□名事定,以二月丙子将阳亡,三月中逋筑宫廿日,四年三月丁未籍一亡五月十日,无

---

① 包山楚简对名籍的管理相当重视,从登记、建档到核查都做了规定。反映出战国楚国的户籍管理制度。

它坐,莫覆问。以甲献典乙相诊,今令乙将之诣论,敢言之。

逃亡者甲是一个正在服徭役的士伍,大概是忍受不了修筑宫室的劳苦而逃跑。逃跑两次,都记录在案。《二年》"亡律":"给逋事,皆籍亡日。"逋事,逃避官府役使。逃避役使的天数都要登记在册。监视是十分严厉的。但,对逃亡者的处罚在上述两则文书中都未有记载。在汉初的《二年》"亡律"中又规定:逃亡满一年的,处耐;不满一年的,系城旦舂。具体的对象不同,如有无爵级的,是女子等,处断也有所不同。在后文"亡律的量刑"一节中再要讲到。

另外,在特殊情况下,允许"自占书名数"。汉简《奏谳书》第 14 案例是一则狱史窝藏逃亡者的案例。这个案件发生在高祖八年(前 199 年),汉政权建立之初。针对严重的逃亡现象,下《令》云:"诸无名数者,皆令自占书名数。令到县道官,盈卅日,不自占书名数,皆耐为隶臣妾,锢,勿令以爵当、赏免,舍匿者与同罪。"很多人从自己的户籍地逃了出来,没有名籍。为此,朝廷发布命令,只要在 30 天内,自己到官府去登记,就获得了名籍;如果不在限定的时间之内去登记,则按逃亡罪论处,处以"耐为隶臣妾"。可以想象"当时没有在汉的簿籍上登记的人是很多的,在故楚地尤其如此。"他们为什么不"自占书名数"?"不登记,就不负担政府给予的义务"。①

(四)逃亡者的自赎

下面是一则亡奴枉法自赎的案例,见汉简《奏谳书》第 7 例,其案情大致是这样的:

女子甑、奴顺等逃亡出来,居住在□阳。甑诈称向丞相请告,私自在甑那里书写顺等的自赎书。奴顺等给甑赃款 660 多钱,但没有发告书。廷尉审决结果:判甑、顺等犯有受贿、行贿枉法罪。在这个案例中,

---

① 李学勤:《〈奏谳书〉解说(上)》,《文物》1993 年第 8 期。

女子甑、奴顺等都是逃亡出来的人，奴顺等想为自己的逃亡罪赎罪，女子甑就利用这一点诈取了他660多钱。逃离自己的户籍地是一种犯罪；犯有逃亡罪将受到法律制裁。

自赎，为的就是免除逃亡罪的罪罚。《二年》"亡律"中没有可用660多钱赎罪的条款，只是在"盗律"中有"盗赃值过六百六十钱，黥为城旦舂。"规定，女子甑可能出于诈骗而比照盗赃的钱数。《奏谳书》上说这是一则犯受贿、行贿枉法罪的案子，其实它是一则诈骗案；与受贿、行贿的性质不同。若是想赎奴，恢复自由民的身份，那么就得按规定用钱赎。《汉旧仪》上有这样的规定："奴婢欲自赎，钱千[十]万，免为庶人。"此数与660钱相去甚远。无疑，此案为诈骗性质。

三、"亡律"与诸侯国

这里所说的诸侯国是从汉初与原诸侯国关系的角度而言的。例如《奏谳书》中的第2、3例就是。

第2例是一则奴婢逃亡的案例：高祖六年（前201），婢媚原本是士伍点的婢，从故楚地逃了出去，归降到汉，没有户籍。点把她抓了回来，重新给她户籍登记，并卖给了大夫禒。婢媚认为她不该再是婢，因此逃跑了。到高祖十一年（前196），案件审结：处婢媚黥刑。把媚交还给禒。也有的认为媚不当为婢而为庶人。由此案看来，婢媚为了挣得人身自由，摆脱奴婢身份而逃亡出来；何况她在汉已经重新做了户籍登记，应该是自由民，但还是没有摆脱奴婢身份，而因逃亡被处以黥刑。"楚时去亡，降为汉，不书名数。"按常理，楚汉之争，战乱时期逃离自己的家乡，迫不得已；战乱平息后，重新做了户籍登记，自应得到认可。结果还是被处以黥刑。其原因一方面是因为她逃亡，另一方面很大可能是因为她来自故楚。

《奏谳书》第 3 例是一则藏匿、引诱诸侯国来人的案例。案件经过是这样的：临淄狱史阑叫女子南戴上缴冠，假装生病躺在车子里，用大夫虞的过关通行证，企图蒙混出关。阑交代说："南是齐国的贵族田氏，迁居在长安，我送她去。娶她为妻，跟她一起回临淄。还没有出关就被抓住。"按法律规定，禁止引诱诸侯国来的人，汉人不能娶其他诸侯国的人为妻。即"律所以禁从诸侯来诱者，令它国毋得娶它国人也。"南是逃亡的诸侯国的贵族，阑不应娶南为妻子，吏认为这是阑藏匿了南，是南的引诱，引诱汉民到齐国去。

议罪时，一种意见认为按成案"婢清亡之诸侯"论处，阑与婢清性质相同，可按"从诸侯来诱"论处；另一种意见认为可以按藏匿黥春罪罪人论处。复核审结：处阑黥为城旦。此事件发生在高祖十年(前 197)。

汉朝初期之所以对诸侯国来的人控制得这样严，完全是出于巩固新政权考虑的。在《二年》"贼律"中有"来诱及为间者，磔。亡之☐"一条，在"捕律"中有"捕从诸侯来为间者一人，拜爵一级，又购二万钱。"条，对诸侯国来的人很难保证不是阴谋作乱者，因此不能不严加防范，即使是在汉统一之后。

总之，汉初，对诸侯国的防范慎之又慎。来自诸侯国的逃亡者，处罚从严。

四、"亡律"与徭役

关于"逋事"、"乏徭"，在秦简《法律答问》第 164 简中有明确的界定。何谓"逋事"及"乏徭"？吏和里典已下令征发，随即逃亡，不去报到，称为"逋事"。已经出发去服役，或已经到了徭役地点，然后逃跑，称为"乏徭"。

为逃避徭役而逃亡的，如秦简《封诊式》"覆"标目下有"亡及逋事"

者,逋事,即逃避官府役使。"亡自出"标目下有"逋筑宫廿日"的内容,逃避修筑宫殿的做劳役 20 天。

徭役的项目很多,又十分繁重,如秦修筑长城、建造宫室、设置防御工事等等。隐藏人户,为的是逃避徭役和户赋。秦简《法律答问》:"何谓'匿户'……匿户弗徭、使,弗令出户赋之谓也。"(第 165 简)

《奏谳书》第 1 例就是一则逃避徭役的案例。事件发生在高祖十一年(前 196)。

一个叫毋忧的蛮夷地区的成年男子,被征发去守边服徭役。在半途上他却逃跑了。一名射手叫九,他把毋忧抓住,送到南郡夷道的官府。毋忧自认为,自己是蛮夷地区的男子,只要每年缴纳五十六钱的徭赋,就可以不去守边服役,而且有蛮夷君长可以证明,因此他逃跑了。而南郡尉认为,南郡征召守边是执行上级的命令,《蛮夷律》上并没有规定谁不该去守边服役,就征发毋忧去了。《蛮夷律》上虽然规定,蛮夷的成年男子每年缴纳了徭赋,就可以不去守屯,但是并不是说就不能派遣他去守边。退一步说,即使不该派遣去守屯,而现在南郡尉窯已经征发毋忧去守屯了,毋忧就是守屯的士卒;毋忧半途脱逃,就没有道理。结果,毋忧因逃避徭役而被处以腰斩。

对毋忧处断是严酷的。尽管当时就有不同的意见,但是,廷尉最后终审,维持原判,处以腰斩。今人看来很有点冤。如果承认《蛮夷律》上有"岁出钱,以当徭赋"的规定,而且毋忧有蛮夷君长可以证明,那么南郡尉窯的审判就无视法律规定,无视罪犯证词,有强词夺理之嫌。

此外,西汉中后期到东汉初期边陲地区的戍卒逃亡现象在居延简中多有反映。如"望□苑髡钳鈦左右止 大奴冯宣,年廿七、八岁,中壮,发长五寸,青黑色,毋须。衣皁袍,白布绔,履白革舄。持剑亡。"(合校 40·1)这是一份追捕逃亡者的通缉令。此令大概发布于汉宣帝时期。在通缉令上写明了姓名、籍贯、身份、年龄、体貌特征等。冯宣本是罪徒,且戴罪逃亡,当从重论。

又如"吞北隧卒居延阳里士伍苏政,年廿八　□复为庸,数逋亡离署,不任候望。"(新简 EPT40·41)这是取庸代戍的情况,但是还不止一次地逃亡。

这些都是戍卒忍受不了守边之苦而逃亡的实例。

五、"亡律"与婚姻

秦汉时,婚姻必须在官府登记方属合法婚姻。

(一)已婚女子不能擅自逃离丈夫

已婚女子从家庭出走,如果没有经过婚姻登记,就不予论处。秦简《法律答问》有"女子甲为人妻,去亡……已官,当论;未官,不当论。"(第166简)又,"女子甲去夫亡,男子乙亦阑亡,相夫妻。"(第167简),似可看作为已婚女子与第三者的私奔,被判为逃亡罪,处以黥城旦舂。由此看来,女子逃亡,以是否经过官府的婚姻认可为标志。从维护婚姻关系角度说,当出于确保社会的稳定,人口的繁衍和生产的发展。

(二)逃亡者婚姻的权利被剥夺,逃亡者的婚配行为属违法

《奏谳书》第 4 例就是一则娶逃亡者为妻的案例:

有人发现女子符逃亡了,报告了官府。原来,女子符自认为自己没有名数,就趁自占书名数的机会,成了大夫明的隶,明又把符嫁给了隐官解。解没有报告符逃亡的事。解认为:符有名数在大夫明那里,娶符为妻,并不知道她是个逃亡的人。但是,按《律》规定,"娶亡人为妻,黥为城旦。弗知,非有减也。"解虽然不知,也应以娶逃亡者为妻论处。

审理官吏议罪认为:符的名数在大夫明那里,明把符嫁给解,解并不知道符是个逃亡者,不应当处罪;另一种意见认为,符虽然有名数在明那里,但是是假冒的,实际上是个逃亡者,解虽然不知道这情况,应当

按娶逃亡者为妻论处,斩左止为城旦。最后廷尉判决结果:按娶逃亡者为妻论处。此案发生在高祖十年(前197年)。

与《二年》"亡律"上的规定是一致的:"娶人妻及亡人以为妻,及为亡人妻,娶及所娶,为媒者,知其情,皆黥以为城旦舂。"(第169简)无论是逃亡人的妻子,还是娶逃亡人为妻子,都为法律所不容,处黥为城旦舂,不仅剥夺了逃亡人婚姻的权利,而且株连及其他人。

六、"亡律"与奴婢

(一)官奴婢与私人奴婢的区别

以前一般认为隶臣妾的隶臣、隶妾指的就是奴和婢;男曰奴,女曰婢。师古曾做注云:"男子为隶臣,女子为隶妾。"又依据秦律,秦律中出现的隶臣妾所指就是奴婢。不过,具体来说,秦律中出现的隶臣妾指的是官奴婢。读《二年》"亡律"可知,除官奴婢外还有私人奴婢。隶臣妾的臣妾指的是官奴婢,他们来源于刑徒、降寇或被收孥的人等,私人奴婢则不然,正如沈家本所言:"隶臣妾二岁刑,其名与奴婢相近,而实非奴婢。"①其来源、身份均有不同。

从《二年》、《奏谳书》可以看出:隶臣妾是刑徒,隶臣妾在官府从事仆役,没有户籍,而奴婢则是单纯的私家奴隶,其户籍附着在主人名下。奴婢可以自由买卖,"亡律":"☐主入购县官,其主不欲取者,入奴婢,县官购之。"(第161简)亡奴可以由官府购入,这样就是官奴婢;与隶臣妾同样是官奴婢,但从其身份来说还是有些不同的。

隶臣妾和奴婢在"亡律"的律文中并提,表明其是不同身份的仆役。

---

① 《历代刑法考》《刑法分考十一》,中华书局1985年版,第297页。不过,"隶臣妾二岁刑"是指汉文帝废除肉刑之后的刑制。

例如第170、171简中提到罪处舍匿逃亡者的时候说:"及亡收、隶臣妾、奴婢及亡盈十二月以上□赎耐。"这里,隶臣妾和奴婢是有所区别的。

(二)奴婢逃亡,主人有监管之责

奴婢逃亡,《二年》"亡律"的法律规定有:"奴婢亡,自归主,主亲所知,及主、主父母、子若同居求自得之,其当论畀主,或(而?)欲勿诣吏论者,皆许之。"(第160简)奴婢逃亡后主动回到主人家,或主人家自己把奴婢找回来的,不论罪。

奴婢犯罪,逃亡后能主动回到主人家的,受笞刑一百。"□□(黥婢颜?)頯,畀主。其出出也,若自归主,主亲所知,皆笞百。"(第159简)

(三)奴婢逃亡与奴婢身份的免除和恢复

奴婢有可能免去奴婢身份,成为私属或庶人;免去奴婢身份后逃亡或犯罪又得按照有关奴婢的法律规定处置。"奴婢为善而主欲免者,许之,奴命曰私属,①婢为庶人。皆复使及算,事之如奴婢。主死若有罪,以私属为庶人,刑者以为隐官,所免不善,身免者得复入奴婢之。其亡,有它罪,以奴婢律论之。"(第162、163简)免除奴婢(御婢)身份,与主人家的继承或代户有关。又,《置后律》:"死毋后而有奴婢者,免奴婢以为庶人。"(第382简)"婢御其主而有子,主死,免其婢为庶人。"(第385简)

(四)奴婢逃亡与名籍关系

在上文第三部分所引的《奏谳书》第2、3案例中都是奴婢逃亡的事件。再如《奏谳书》第5例,是一则追捕亡奴的案例。案件发生在高祖十年(前197年):

主管盗贼一类事件的校长池说:士伍军告诉他大奴武逃跑了。池

---

① 私属之名不同时期有不同含义。春秋时期私属是家庭成员,在汉代王莽改制时"奴婢不得买卖,改称为私属。"参见林剑鸣《秦汉史》,上海人民出版社2003年版,第626、624页。

就和求盗视一起去追捕武。武拒捕,双方格斗,视被剑刺伤,视也用剑伤了武。武原本是军的奴,在楚时逃亡离开,投降了汉,户籍登记为民,因此,武认为不应当再把他看做是军的奴。这情况与上面第三部分所引《奏谳书》第2例中的婢媚很相像。视则认为:士伍军报告武是个亡奴,亡奴有罪应当追捕。武用剑刺伤了他,他唯恐不能取胜,确实用剑刺伤了武而拘捕了他。审断结果:武黥为城旦,视无罪释放。

一般认为,亡奴武在楚时逃亡离开,投降了汉,做了户籍登记,理应得到认可,在《奏谳书》第14案例中,高祖八年之前就颁布有《令》,云:"诸无名数者,皆令自占书名数。令到县道官盈卅日,不自占书名数,皆耐为隶臣妾,锢,勿令以爵、赏免。舍匿者与同罪。"朝廷发布命令,只要在30天内,自己到官府去登记,就获得了名籍,何以仍将武作亡奴对待?之所以处武黥为城旦,其主要原因是因为他逃亡,即使做了户籍登记也还免除不了他的逃亡之罪。另一点也可能是因为武来自故楚。[①]

七、"亡律"与禁苑

1989年在湖北云梦的龙岗城关镇6号墓出土有秦简283枚(据出土登记号计),内容是秦代的有关禁苑的法律规定。这些法律行用的时间大约在始皇二十七年(前220年)到二世三年(前207年)间。

为确保皇室禁苑的安全,对逃亡人逃入禁苑的处罪从重。亡人挟带武器进入禁苑,刑重至弃市。如:龙岗秦律残简中有"亡人挟弓、弩、矢居禁中者,弃市"条,在《汉书·王莽传》中有"民不得挟弩"的规定。这里与之不同,身份是亡人,又携带武器藏匿在禁苑中,罪行深重。

[①] 汉用陈平反间,此事惊心动魄,且记忆弥新。《汉书·高帝纪》记载此事云:"汉间陈平,乃从其计,与平黄金四万斤以间疏楚君臣。"

又如,"城旦舂追盗贼、亡人,追盗贼、亡人出入禁苑垔者得……"条,据《龙岗秦简》的校证,认为:这一条法律可能是对城旦舂因追捕盗贼和逃亡者而进入禁苑壖地给予特殊许可,对有立功表现的人还予以一定的奖励。①

又如,"有逋亡□□宿……"疑是对逃亡者住宿皇家禁地定罪的律文。

八、"亡律"的量刑

对逃亡者的惩处,不仅对逃亡者本人,而且将株连及亲属和四邻。除此而外,法律还对窝藏者和捕亡者做出相应的惩罚规定。

(一) 对逃亡者而言

1. 负罪逃亡,从重论。

秦简《法律答问》规定:"把其假以亡……盗罪轻于亡,以亡论。"(第131简)有携带着借用的官有物品逃亡的人,按赃数作为盗窃论处。如果盗窃罪轻于逃亡罪,以逃亡罪论处。《二年》:"女子已坐亡赎耐,后复亡当赎耐者,耐以为隶妾。司寇、隐官坐亡罪隶臣以上,输作所官。"(第158简)处罪都加重了。从重论,还可以理解为加重处罚。《汉书·张耳传》"亡命"一语,师古注云:"命者,名也。凡言亡命,谓脱其名籍而逃亡。"是"亡命"亦指负罪"已论命"而逃耳。《汉书·刑法志》中仅言亡逃,其义较"亡命"尤广。文帝时颁减罪令,然而对负罪逃亡者或犯耐罪以上罪行的人,不适用减罪令。《汉书·刑法志》"其亡逃及有罪耐以上,不用此令。"汉世罪人亡逃者已成严重问题,所以"诏令不及,皆当重论。"②(《郭

---

① 中国文物研究所、湖北省文物考古研究所:《龙岗秦简》,中华书局2001年版,第78页。
② 《后汉书》中多称"亡命"。《光武纪》建武七年,诏"耐罪亡命,吏以文除之。"李贤注云:"亡命,谓犯耐罪而背名逃者。"用于后汉则可。宋徐天麟《东汉会要》用李注泛释"亡命"二字则误矣。盖"亡命"非必皆耐罪者,死罪亡命亦有之。(如《郭躬传》)

躬传》)此则明文也是指对负罪逃亡者则不适用赦天下系囚令。

2. 逃亡的人又犯罪,加重惩处,甚或处以弃市。

《二年》:"其亡,有它罪,以奴婢律论之。"(第163简)即使是恢复了自由民身份的人,若逃亡,再犯罪,则仍按奴婢律论处。《汉书·刑法志》上"当斩右止……已论命,复有笞罪者,皆弃市。"句李奇注:"命,逃亡也。复于论命中有罪也。"重罪犯人再逃亡犯罪,在市上处死刑,暴尸街头。

3. 有明确时限和不同身份的区别。

对逃亡罪的量刑有明确的时间界线,《二年》"吏民亡,盈卒岁,耐;不盈卒岁,系城旦舂。"(第157简)逃亡满一年的,处耐;不满一年的,系城旦舂。但是又按身份论,有无爵级论处不同:"公士、公士妻以上作官府,皆偿亡日。"(第157简)公士,二十爵级的第一级。对有爵级的在官府劳作,以抵偿逃亡的天数。如果逃亡后能自首的,笞五十。不同的对象做不同的处断。女子逃亡,处以赎耐;两次赎耐,"耐以为隶妾"。奴婢犯罪,逃亡后能主动回到主人家的,受笞刑一百等。

4. 有赎罪、免罪和减罪的规定。

《二年》"女子已坐亡赎耐,后复亡当赎耐者,耐以为隶妾。"(第158简)由此可见,女子逃亡通常处以赎耐。"所免不善,身免者得复入奴婢之。"(第163简)身免者,就是指原来免除奴婢身份的人。"诸亡自出,减之;毋名者,皆减其罪一等。"(第166简)逃亡后能自出的,即使律文上没有明确规定如何减刑,也能通减一等。

(二)对窝藏者而言

1. 对藏匿逃亡者的刑处。

如《二年·亡律》云:"匿罪人,死罪,黥为城旦舂,它各与同罪。其所匿未去而告之,除。诸舍匿罪人,罪人自出,若先自告,罪减,亦减舍匿者罪。所舍"①(第167简)这是一条有关犯窝藏罪的法律条文。根据所窝藏罪人的不同罪名给窝藏者定罪。鼓励藏匿者告发和逃亡者自告。对藏匿逃亡者的刑处,也有时间的界定:"诸舍亡人及罪人亡者,不知其亡,盈五日以上,所舍罪当黥□赎耐;完城旦舂以下到耐罪,及亡收、隶臣妾、奴婢及亡盈十二月以上□赎耐。"(第170、171简)以5天、12月为时间界线。

古代文献中有对藏匿逃亡罪论处的记载,如《汉书·高惠高后文功臣表》上有任侯张越在高后三年(前185)"坐匿死罪,免。"平悼侯嗣执在孝景中五年(前145)"坐匿死罪,会赦,免。"在《汉书·王子侯表》上还记载有武帝时元封四年(前107),毕梁侯婴"坐首匿罪人,为鬼薪。"这些都是在吕后二年以后发生的犯窝藏罪的实例。表明《二年》上的这条律文相沿用的时间很长,约有将近百年;而且从增加"为鬼薪"的刑处看,可能后来还有过补充或修订(也许原本就有,只是《二年》没有抄录)。沈家本在《摭遗》卷七中对毕梁侯婴"坐首匿罪人"提出疑问:"此罪人不知何罪?"②所藏匿罪人罪行的性质与藏匿者应负的法律责任有着直接的关系。在秦律中早有"与盗同法"、"与同罪"的法律规定。③在这里,汉初也有同样性质的规定,只是程度上有所不同。《二年·亡律》上是明确的,藏匿犯死罪的罪人,处以"黥为城旦舂";除死罪外,藏匿罪人的人与被藏匿的罪人同罪。

2. 对佣使逃亡者的刑处。

---

① 第167简简文的最后是"所舍"二字,却不成句。是不是后面还有文字?如果说这两个字在竹简的末尾,那就有可能下面的文字写在另一枚简上;情况却是"所舍"二字并不在简端,而是在简的中间偏下一点,一般情况这就是句子的结尾了,而这里偏偏用"所舍"二字结尾,这不能不叫人生出疑问来。"所舍"的下面可能有缺文或"所舍"二字为抄录者所衍误。

② 《历代刑法考》第三册,中华书局1985年版,第1506页。此外《汉书》所载赵延年处理匿反者故事,可供参考。

③ 《睡虎地秦墓竹简》,文物出版社1978年版,第159页。

如汉简《二年》"亡律"："取亡罪人为佣,不知其亡,以舍亡人律论之。所舍取未去,若已去后,知其情而捕告,及诇告吏捕得之,皆除其罪,勿购。"(第172简)取佣,指取逃亡的罪人为赁作;如是,同样按藏匿逃亡者论处。秦简《封诊式》"□捕"一则爰书中有这样一段记载,罪犯丙有杀伤人罪而逃亡在外。昨天白天男子甲(犯有盗牛罪)发现丙隐藏在市庸里面,于是将他捕获,前来自首。① 在这里隐藏在市庸里面的丙被人雇佣着,这样也就存在有雇佣丙的雇主,雇主就是舍匿罪人者。可惜在这份爰书中未能涉及到对佣使逃亡者的刑处。上面《二年·亡律》"取亡罪人为佣"条可以说是对它的最好补充。

3. 藏匿无名数者不能用爵级和赏赐抵罪。

《奏谳书》第14例是一则藏匿无名数者的案例:案件发生在高祖八年(前199)十月。安陆丞忠举劾狱史平藏匿没有名数的成年男子种在家里有一月时间。狱史平的爵级是五大夫,居住在安陆的和众里,属安陆相。结果判处平耐为隶臣,不能用爵级和赏赐抵罪。依据《令》文:"诸无名数者,皆令自占书名数。令到县道官盈卅日,不自占书名数,皆耐为隶臣妾,锢,勿令以爵、赏免。舍匿者与同罪。"对平做了以上判决。

五大夫是第九爵级,因犯有藏匿无名数者罪,也不能有所宽宥。

4. 特例除外。

宣帝地节四年下诏令,曰:"自今子首匿父母,妻匿夫,孙匿大父母,皆勿坐。"见《汉书·宣帝纪》。认为父子之亲、夫妇之道是天性,任何人都不能违背诚爱仁厚。可见,儒家的礼教已自然地融入到"法治"的思想和实践中。

(三) 对监管者、捕亡者而言

1. 服劳役刑的人逃亡了,监管者有罪。

---

① 原文是:"丙坐贼人□命。自昼甲见丙阴市庸中,而捕以来自出。"

秦简《秦律十八种》《司[空]》："其或亡之，有罪。"监管者有罪，做怎样的处罚呢？大致跟《法律答问》第127、128简同，从"赀一甲"及至"耐"。秦简《法律答问》规定"隶臣将城旦，亡之，完为城旦，收其外妻、子。"外妻、子，指隶臣之原未被收其身份仍为自由人的妻、子。服劳役刑的人逃亡了，监管者不仅有罪，而且收其妻、子为官奴婢。

2. 吏拒绝户籍迁移，应加处罚。

秦简《法律答问》："甲徙居，徙数谒吏，吏环，弗为更籍。今甲有耐、赀罪，问吏何论？耐以上，当赀二甲。"（第147简）迁居，可以请求吏迁移户籍；吏若拒绝，不为他迁移户籍，应加处罚。

3. 对捕亡者的奖励。

《二年》"捕律"："亡人……弃市罪一人，购金十两。刑城旦舂罪，购金四两。完城□二两。"（第137、138简）对捕亡者的奖励措施是根据所捕对象的身份来决定的，捕捉到犯有弃市罪的逃亡者奖赏十金，捕捉到犯有刑城旦舂罪的逃亡者奖赏四两，捕捉到犯有完城□罪的逃亡者奖赏二两。

4. 对监管者、捕亡者的惩处。

《法律答问》"大夫甲坚鬼薪，鬼薪亡，问甲何论？"处以劳役；大夫甲后又逃跑，满一年，处以耐刑。《奏谳书》第8例是一则追捕亡奴的案例：奴宜逃亡，越过了边关道口。守卫士卒从官大夫有的官署出去追捕，没有抓到。廷尉审决：应判处官大夫有赎耐。

《奏谳书》第13例是一则捕盗受贿的案例：主守大夫□盗取公文后，用绳索从燧逃跑。士吏贤追捕□，但没有抓获，士吏贤就把他的母亲抓来绑在驿亭中。贤接受了□母亲的贿赂（豚、酒，赃九十钱）后，就把她放了。贤被处罚金四两。

在秦律中对服劳役刑的人逃亡了，监管不力者将处"赀一甲"及至"耐"（《法律答问》第127、128简），而汉律中的处罚数额则要重得多，如,居延简中有"□□□□　　□部卒亡不得,罚金四两。"(合校 27·24)处罚金四两,与《奏谳书》第 13 例同。

5. 反坐放纵逃亡者。

《二年》除"亡律"单列的条文外,在其他律条中也有涉及逃亡的。如《具律》:"……其纵之而令亡城旦舂、鬼薪白粲也,纵者为城旦舂。"(第 108、109 简)被放走的逃亡者犯有城旦舂罪,处放纵者城旦舂。又如《奏谳书》第 18 例就是一则"篡遂纵囚"的案例,所谓篡遂纵囚,就是劫夺道路放纵罪犯的意思。案例概况如下:

此案发生于始皇二十七年(前 220)。地属南郡。利乡发生叛乱,派刚归入秦的黔首前往攻打,却没有能抓获叛乱者,前往攻打的人都动摇恐惧起来。领头的义等又没有预先侦察,战斗死了,结果大败。刚归入秦的黔首都很害怕,拿起从官府借领来的兵器躲到山里去了。

攸县再派遣更多的刚归入秦的民众去攻打。一共三批,才打败了叛乱者。䟫一直主管刚归入秦的民众的名籍。那些打了败仗而逃跑的人应当把他们抓起来,但是他们的名籍都附在一起放在同一个竹箱里。而䟫逃跑了,得不到他们的名籍,又没有其他办法可以知道这些应当抓起来的人的名单。

雁是攸县县令,没有掌握这些情况。攻打叛乱群盗,又安而不动,按法律应当处罪。而雁却上书说只要制裁刚归入秦的民众的罪。审判官认为这是雁想要放纵罪人。雁说他只是想要皇上下一份诏书来招抚安定他们,并不敢放纵罪人。

《律》规定:"儋乏不斗,斩。篡遂纵囚,死罪囚,黥为城旦,上造以上耐为鬼薪。"以此给雁判罪,判处雁当耐为鬼薪,并被拘系了起来。

攸县县令雁因犯"篡遂纵囚"罪而被判处耐为鬼薪。可以说,这就是一则反坐放纵逃亡者的典型案例。

秦汉律中的"收律"考述

张家山汉简《二年律令》中列有"收律"一目,凡5条,是有关收孥方面的法律规定。收孥,犯罪人妻子儿女被收入为官府的奴婢;孥,妻子儿女。在《睡虎地秦墓竹简》中没有"收律"律目,但这并不是说秦律中就没有收律的内容;事实上,在秦简《法律答问》中不仅有,而且也不比现存的《二年律令》(以下简称《二年》)中的"收律"条目少。之所以我们没有见到秦律中单列的《收律》,很可能是因为墓主喜自认为"收"不在他的职权范围之内,没有抄录。

汉律中有单独的《收律》一目,在张家山汉简出土之前我们是不知道的。《汉书·刑法志》中虽然出现"收律"一词,也并没有引起人们的更多注意,没有把它看做是汉律的律目。[①]沈家本《汉律摭遗》、程树德《汉律考》等先贤的有关研究汉律的著作中都未单独列出。

一、关于"收孥"

(一)收孥的由来

先说"孥"字。《尚书·甘誓》有云"予则孥戮汝",孔传:"孥,子也。

---

① 《汉书·刑法志》上是这样说的:"臣等谨奉诏,尽除收律、相坐法。"句中的"收律"二字,即指今所见汉简《二年律令》"收律"。现在看来可加上书名号。《社会科学评论》1987年第1期载有彭年《对西汉收孥法研究中的两个问题的商榷》一文。其主要观点是:西汉二百年间,除文帝在位的二十多年外,一直施行收孥法;收孥法渊源于奴隶制国家国君对被征服民族

非但止汝身,辱及汝子。言耻累也。"正义曰:"《诗》云'乐而妻帑',对妻别文,是帑为子也。……今云帑戮汝,权以胁之,使勿犯此,亦然也。"但是,也有认为:帑,通"奴",如《汉书·王莽传》"帑戮"写作"奴戮"。颜师古《匡谬正法》卷二云:"此非帑子之帑。"

上面对"帑"的解释有两种,一种解释为子;一种解释为"奴"。我们采取第三种解释,认为:帑,是指妻子儿女。《孟子·梁惠王下》:"(文王治歧)罪人不帑。"赵歧注:"帑,妻、子也。罪人不帑,恶恶止其身,不及妻、子也。"刑罚只及于罪犯本人,不涉及妻子儿女。从另一方面看,赵氏认为罪及妻、子,则有缘坐性质。又如《汉书·景帝纪》云:"罪人不帑。"注引苏林曰:"刑不及妻、子。"师古曰:"帑读与帑同。"

再看"收帑"的由来。它的出现是比较早的。《周礼·秋官·司厉》云:"其奴:男子入于罪隶,女子入于舂槁。"郑玄注云:"奴从坐而没入县官者,男女同名。"大罪不止于身,又帑戮其子女;郑注认为,他们是缘坐的对象,均籍没而为官奴。在《汉书·刑法志》中也同样引了这两句话:"昔周之法……其奴:男子入于罪隶,女子入于舂槁。凡有爵者,与七十者,与未龀者,皆不为奴。"称之为"周之法",并且具体分清了收帑的对象。在《吕氏春秋·精通篇》中还保留着一则"钟子期夜闻击磬者而悲"的收帑故事。①

沈家本在引述《史记·商君列传》后加按语指出:"《周礼》'收教罢民,置之圜土',初不及其妻、子,秦并妻、子亦没为官奴婢,用法之苛,无

的"奴役",后来演变成本族罪犯及其家属的"罪罚"。此文称"收帑法",未直接称"收律"。

① 《吕氏春秋·精通》篇上的故事如下:钟子期夜闻击磬者而悲。使人召而问之曰:"子何为击磬之悲也?"答曰:"臣之父不幸而杀人,不得生。臣之母得生,而为公家为酒(一作"隶")。臣之身得生,而为公家击磬。臣不睹臣之母三年矣。昔为舍氏(一作"市")睹臣之母。量所以赎之则无有(财?),而身固公家之财(有?)也,是故悲也。"按:此例可证,春秋楚国时,若犯死罪,其妻、子为收。《新序》卷四《杂事》载此,稍不同。

过于此。"①罢,通"疲"。意思是说罪及妻子之制始于秦商鞅变法。的确,历史发展证明,秦汉间收孥的主体已经不是疲民,而是罪人的妻子儿女。但是,"收孥"罪及妻子之制的出现是比较早的。上节里"钟子期夜闻击磬者而悲"的收孥故事就具体地证明了这一点,钟子期是春秋时楚国人,这表明收孥在春秋楚早就存在,非商君创设,也并非"初不及其妻、子"。

(二)收孥的对象

是什么原因人家的妻子儿女要被收录为官府的奴婢?这也就是收孥的对象问题。收孥的对象有:

1. 工商业者或贫困者。按照商君之法,收孥是对从事工商业或者怠惰而没有正当职业贫困者之妻、子。即《史记·商君列传》所谓:"事末利及怠而贫者,举以为收孥。"索隐云:"怠者,懈也。《周礼》谓之'疲民'。以言懈怠不事事之人而贫者,则纠举而收录其妻、子,没为官奴、婢。"《汉律摭遗》自序云:"鞅之变法,牧司连坐之法,二男分异之法,末利怠贫收孥之法,余乃悝法也。"沈家本又认为"汉之《收律》,承秦之旧,其应收者,不仅罢民,而罢民其一端也。"②罢民,即疲民,懈怠不事事之人而贫者。收罢民的妻子儿女,这是一端;另一端则是指收罪人的妻子儿女。

2. 罪人的妻子儿女。这些罪人是指被处以"完城旦、鬼薪以上,及坐奸腐者"等的罪人。秦简《法律答问》:"隶臣将城旦,亡之,完为城旦,

---

① 《历代刑法考》第一册《刑法分考一》,中华书局1985年版,第82页。
② 《历代刑法考》第一册《刑法分考一》,中华书局1985年版第82页。引文中的"收律"二字笔者为之加了书名号,以明确其为律目名。此外,沈家本在《刑法分考一》中引了《史记·廉颇蔺相如列传》赵奢之子赵括纸上谈兵的一段:"赵王因以括为将,代廉颇。其母上书,愿王勿遣。[曰]:'王终遣之,即有如不称,妾得无随坐乎?'"并加了按语,认为:商君收孥之法在孝公时,赵事在孝成王六年,后商君九十余年,岂赵亦参用秦法,故有随坐之事欤? 在这里沈氏理解的收孥不仅指罪人的妻子儿女,而且连母亲也包括在内。其实,这是不确的。赵母所谓"随坐"非指收孥,而是指连坐。

收其外妻、子。"(第116简)外妻、子,指隶臣之原未被收其身份仍为自由人的妻、子。在这里实际上给我们划清了罪人犯了什么罪后他的妻室儿女才被收的问题。这里反映出对完为城旦当收而隶臣也有不收的实际情况。汉简《二年·收律》做了明确规定:"罪人完城旦、鬼薪以上,及坐奸腐者,皆收其妻、子、财、田宅。"(第174简)收孥,还包括籍没财产、田宅。还有,"有罪当收,狱未决而以赏除罪者,收之。"(第178简)即使用赏赐免除了罪刑,依然收孥。"奴有罪,毋收其妻子为奴婢者。有告劾未逮死,收之。"(第180简)已是私人奴婢不收;有人举发,仍收。

被收为官奴婢的,也就是"隶臣妾"。但是,在秦汉律中被称为隶臣妾的,并不都是被收者;除以上两类人为收孥的对象外,被称之为隶臣妾的,还有:

(1)犯隶臣妾罪者。如《二年·盗律》:"盗赃值……不盈二百廿到百一十钱,耐为隶臣妾。"(第55简)又,《告律》:"诬告人以……鬼薪白粲及腐罪,耐为隶臣妾。"(第128简)等。

(2)原以为不屈而死的军士,未死而归者,为隶臣,充作官奴。见秦简《秦律杂抄》:"战死事不出,论其后……不死者归,以为隶臣。"

(3)寇降,投降的敌兵。秦简《秦律杂抄》:"寇降,以为隶臣。"为隶臣,充作官奴。《史记·汲黯列传》中汲黯曾提议,云:"臣愚以为陛下得胡人,皆以为奴婢,以赐从军死事者家。"以为奴婢,有奴有婢,由此可知,除降卒外,还有女人;女人则为婢。这个提议就是针对"匈奴浑邪王率众来降"之事而发的。不过,如果"以赐从军死事者家"之后,这些奴婢就不再是官奴婢,而是私人奴婢了。

二、关于"收律"

《二年》中把"收律"作为律目名,单独列出。《二年》中有"收律"5

条,在《二年》"收律"的条文之外,还有分散在其他律目中的当收者与不当收者的内容若干条,归纳起来,它们有以下几方面的法律规定:

(一)收孥的对象

收孥的对象是被处以"完城旦、鬼薪以上,及坐奸腐者"(第174简)等的罪人的妻子儿女。见上文第一部分(二)所述。

(二)收孥者的身份为官奴婢

《二年·金布律》:"诸收人,皆入以为隶臣妾。"(第435简)隶臣、妾,即官奴、婢。

(三)收者及其财物等必须监督查封

《收律》:"当收者,令狱史与官啬夫、吏杂封之,上其物数县廷,以临计。"(第179简)郑重查封,监督统计上报。

(四)不属于收孥范围的包括:

1.子女已婚者,或已分户、有爵级,以及70岁以上的、被遗弃的、老而无夫的人都不收。《收律》:"其子有妻、夫,若为户、有爵,及年七十以上,若为人妻而弃、寡者,皆勿收。"(第175简)只是《汉书·刑法志》中有言"未龀者",没有换牙的小孩也属不收的范围,此条中未说及,恐为漏抄。

2.犯罪行为伤害了他的妻子的,不收。《收律》:"坐奸、略妻及伤其妻以收,毋收其妻。"(第175简)"坐奸、略妻及伤其妻"其罪当在完城旦、鬼薪以上,而且,这种犯罪行为伤害了他的妻子,所以不收其妻。儿女呢?没有提,也可能不当在应收之列。秦简《法律答问》有"从母为收"(第116简)条,可知儿女被收,是以母亲被收为前提的。

3.举发夫罪者,不收。《收律》:"夫有罪,妻告之,除以收及论;妻有罪,夫告之,亦除其夫罪。毋夫,及为人偏妻,为户若别居不同数者,有罪完舂、白粲以上,收之,毋收其子。内孙毋为夫收。"(第176、177简)对罪人的偏妻而言,罪人犯完舂、白粲以上罪,罪略轻于完城旦、鬼薪以上,即收;加重了惩处。在秦简《法律答问》中"'夫有罪,妻先告,不收。'妻媵臣妾、衣器当收不当? 不当收。"(第170简)"妻有罪以收,妻媵臣妾、衣器当收,且畀夫? 畀夫。"(第171简)不仅界定了举发后收与不收的问题,而且还对陪嫁奴婢当收不收做了界定。

4. 奴之妻,已是私人奴婢者,不收。《收律》:"奴有罪,毋收其妻子为奴婢者。"(第180简)

(五)收人犯罪

收人犯逃亡罪,赎耐。《二年·亡律》:"及亡收、隶臣妾、奴婢及亡盈十二月以上□赎耐。"(第170、171简)收人犯有耐罪,加重处以系城旦舂六岁。《二年·具律》:"……隶臣妾及收人有耐罪,系城旦舂六岁。系日未备而复有耐罪,完为城旦舂。"(第90简)①

(六)收者能否以爵偿、免、赎的法律规定

1. 因不孝之罪而被收者不能以爵抵偿、免除及赎罪。《二年·贼律》:"……父母告子不孝,其妻子为收者,皆锢,令毋得以爵偿、免除及赎。"(第38简)在秦简《法律答问》中有"免老告人以为不孝……不当环,亟执勿失。"(第102简)对不孝者不予宽宥,要立即拘捕,不让逃跑。不孝之罪不能以爵偿、免除及赎,自然也包括在"不当环"之内;不当环,不予宽宥从轻。而且,具体化了。

2. 立功可以赎免,或买赎而成为自由民。《二年·钱律》:"捕一人……隶臣妾、收人、司空三人以为庶人。"(第204、205简)《金布律》:"有赎买其亲者,以为庶人,不得奴婢。"(第436简)改变奴婢身份而成为自由人。

---

① 秦简《属邦》:"道官相输隶臣妾、收人必署其已禀年日月,受衣未受,有妻无有。"这里的"收人"一词整理小组注作"被收捕的人"。与《二年》中的"收人"相比照,似亦可看做为被收孥者。

三、收人与奴婢

（一）收人是隶臣妾，是官奴婢，而奴婢专指私人奴婢

《二年·金布律》："诸收人，皆入以为隶臣妾。"（第435简）此段文字整理小组注明它为抄者误植，就其内容言则是确凿的，属于"收律"的内容。隶臣妾的隶臣、隶妾指的就是奴和婢；男曰奴，女曰婢。师古曾做注云："男子为隶臣，女子为隶妾。"（《汉书·刑法志》注）又依据秦汉律，秦汉律中出现的隶臣妾所指的男奴女婢，指的是官奴婢。

除隶臣妾是官奴婢外，还有私人奴婢。读《二年》"亡律"、"收律"可知。律文中称奴婢者指的是私人奴婢，称隶臣妾或收人则是指官奴婢。

隶臣妾的隶臣、隶妾指的是官奴婢，他们来源于刑徒、降寇或被收孥的人等。私人奴婢则不然，如沈家本所言："隶臣妾二岁刑，其名与奴婢相近，而实非奴婢。"[①]其来源、身份以及承担的法律义务均有不同。

亡收、隶臣妾、奴婢在"亡律"的律文中是并提的，表明他们是不同身份的奴隶。例如《二年》第170、171简中提到罪处舍匿逃亡者的时候说："及亡收、隶臣妾、奴婢及亡盈十二月以上□赎耐。"在这里，亡收、隶臣妾和奴婢三者有所区别：亡收，是指被收孥者；隶臣妾是指被处以隶臣妾罪的罪犯；奴婢，私人奴婢。尽管三者的概念有交错，三者并列时只能分开来说。从仆役的角度看，"其名与奴婢相近"。我们把隶臣妾和私人奴婢分开来看，他们的不同之点又是显而易见的。

（二）隶臣妾和私人奴婢的来源、身份以及承担的法律义务均有不同

---

① 《历代刑法考·刑法分考十一》，中华书局1985年版第297页。不过，"隶臣妾二岁刑"是指汉文帝废除肉刑之后的刑制。

隶臣妾是刑徒,在秦律中有"刑为隶臣"、"耐为隶臣"等刑名,《二年》、《奏谳书》中的隶臣妾指的也同样是刑徒。如《二年·告律》"告不审及有罪先自告,各减其罪一等……鬼薪白粲及腐罪耐隶臣妾,耐为隶臣妾罪耐为司寇。"而被收孥在官府从事仆役的隶臣妾,称"收人",有称"臣妾",或称"府隶",均为官奴婢。官奴婢可以有家室,如秦律《司空》所云:"隶臣有妻,妻更及有外妻者,责衣。"隶臣有妻,妻是更隶妾及自由人的,应收取衣服。

隶臣妾可以被官府自由买卖或作赏赐。没有户籍。隶臣妾在官府从事仆役无期限,对刑徒的隶臣妾来说就是无刑期地服劳役。可以用爵级、人丁赎替以及用戍边、斩获敌首来免除隶妾身份的,如秦律《军爵律》中规定可以用退还爵级赎免隶臣妾的父母一人;《仓律》中规定可以用壮年二人赎一个隶臣;《司空律》中规定自愿去戍边用来赎免隶妾一人成为庶人;《军爵律》中规定工隶臣斩获敌首可赎免隶臣身份。①

而奴婢则是单纯的私家仆役,在秦律《司空》中称之"人奴妾"、《法律答问》称之"人臣"、"人妾"(第5简)等。其户籍附着在主人名下。奴婢有可能由主人免去其奴婢身份,成为私属或庶人;免去奴婢身份后逃亡或犯罪又得按照有关奴婢的法律规定处置。《二年·亡律》:"奴婢为善而主欲免者,许之,奴命曰私属,婢为庶人。皆复使及算,事之如奴婢。主死若有罪,以私属为庶人,刑者以为隐官,所免不善,身免者得复入奴婢之。其亡,有它罪,以奴婢律论之。"(第162、163简)②又,《置后律》:"死毋后而有奴婢者,免奴婢以为庶人。"(第382简)免除奴婢(御婢)身份,与主人家的继承或代户有关。《置后律》:"婢御其主而有子,主死,免其婢为庶人。"(第385简)

---

① 《睡虎地秦墓竹简》,文物出版社1978年版,第93、53、91、93页。
② 在秦简《封诊式》"告臣"一则中有是否亲自解除奴隶身份的查问。"甲尝身免丙复臣之不也?"丙是甲的奴隶,县丞某问:甲是否曾经解除过丙的奴隶身份,然后又去奴役他?

奴婢的婚姻有身份的限制,有分明而森严的主奴界线。《二年·杂律》:"奴娶主,主之母及主妻、子以为妻,若与奸,弃市,而耐其女子以为隶妾。"(第190简)奴不能与主人家通婚。婢对主人言,如私人财产,包括非婚生子也都归主人所有,如《杂律》:"民为奴妻而有子,子畀奴主;主婢奸,若为它家奴妻,有子,子畀婢主,皆为奴婢。"(第188简)奴隶的妻子即使不是婢,生的子女也属于主人;奸生子女更是归属主人,而且所生子女同样为奴、婢。

(三)隶臣妾和私人奴婢的共同之处

除上述的不同点之外,他们的共同点是:无论官奴婢还是私人奴婢,都没有人身自由,官府或主人可以将他们自由买卖,比如亡奴就可以由官府购入,这样就是官奴婢;与隶臣妾同样是官奴婢,但从其身份来说略有不同。

四、收孥与连坐

(一)史籍中的两种看法

大家知道,汉文帝法制改革,法网疏阔,实行宽厚之政,在废除肉刑的同时也废除了收孥及相坐之法。《史记·孝文本纪》和《汉书·刑法志》上同样记载了这件事,但是它们的表述则不同。《史记·孝文本纪》上文帝元年(前179)诏:

> 法者,治之正也,所以禁暴而率善人也。今犯法已论,而使毋罪之父母妻子同产坐之,及为收帑,朕甚不取……(有司曰)相坐坐收,所以累其心,使重犯法,所从来远矣。

应劭有注云:"帑,子也。秦法一人有罪,并坐其家室。"我们认为,帑同"孥",指妻子儿女。官吏认为相坐坐[及]收之法,其目的是为了"累其心",使之内心恐惧,不轻易犯罪。汉文帝认为这是"不正之法",

用不公正的法律加罪于百姓,反而有害百姓。结果革除其弊端,以致"罪人不孥,不诛无罪"。《集解》引注云:"刑不及妻、子。"

　　文帝二年,对"无罪之父母妻子同产坐之及收"问题朝廷有过议论,《汉书·刑法志》做了这样的记载:

　　　　陛下幸加大惠于天下,使有罪不收,无罪不相坐……臣等谨奉诏,尽除收律、相坐法。

　　这两句话很重要。它严格区分了收与坐的不同,有罪者之妻、子不收为官奴婢,无罪的父母妻子同产不因家人有罪而连坐;收律和连坐之法都应该废除。

　　《刑法志》上的这两句话前一句却不见于《史记·孝文本纪》,只有"相坐坐[及]收"一语;后一句则成了"请奉诏书,除收孥诸相坐律令"。① 它并没有把收与相坐区分开来,而是把收孥作为"诸相坐律令"中的一部分来看待的。

　　以上两种表述反映出对"收孥"现象在汉时就存在的两种不同认识:《刑法志》把收与相坐看做是应该有所区别的两码事;而《史记·孝文本纪》把收与坐不加区别,收孥是"连坐"的内容之一。

　　我们究竟应该怎样看待这个问题呢?

(二)对收孥与"连坐"关系的两种看法

　　甲认为"收孥"是连坐的内容之一。其理由是:收孥,成了对罪犯处刑内容的有机组成部分。《史记·商君列传》:"令民为什伍,而相牧司连坐。"索隐云:"牧司谓相纠发也。"牧,监也。司,同"伺";检举揭发。五家为伍,十家为什,编成户籍,什伍间有相互纠察告发奸人的责任,一人有罪,其他人要检举揭发;如果不检举揭发,其他的人要连坐。从秦

---

① 值得我们注意的是,《史记·孝文本纪》"相坐坐收"句后一个坐字恐是"及"字之误。后一句"请奉诏书,除收孥诸相坐律令"中"书"是"尽"字之误,逗号可删。

简《法律答问》"夫有罪,妻先告,不收。"条、《二年·收律》"夫有罪,妻告之,除以收及论;妻有罪,夫告之,亦除其夫罪。"(第176简)条可以看出,妻子在告发丈夫犯罪的情况下,不收;只要检举揭发,包括收孥在内均可免除。按一般的思维推理,丈夫有罪,作为妻子不会不知,妻子有连带关系,"收孥"中的妻子也就成了连坐的对象。实际上是服劳役刑,有强制性,失去人身自由。也就说明了收孥是连坐的内容之一。

乙认为"收孥"不是连坐,而是对罪犯家室的一种处罚方式。其理由是:《法律答问》"夫有罪,妻先告,不收。"不可以反过来说,不能说收了,妻就是因为有罪;事实上,在上引的《二年·收律》第176简中"除以收及论"一句中有一个"论"字,这才表明有判罪的意思;如果"收"就是一种判罪的形式的话,就没有必要加上这个"论"字。夫有罪,"无罪之父母妻子同产坐之",妻、子也是连坐的对象,有别于"收孥"。前面说到收孥的对象时,引了《史记·商君列传》"事末利及怠而贫者,举以为收孥。"一条,这不能看做是连坐更明显了。收孥的对象是被处以"完城旦、鬼薪以上,及坐奸腐者"(第174简)等的罪人的妻子儿女;如果是连坐,就无须定出"完城旦、鬼薪以上"等规定,只要有罪,父母妻子同产就得连坐判罪,如《二年·盗律》"劫人……皆磔之;罪其妻子,以为城旦舂。"据此数点,不能把"收孥"说成是连坐的内容。劳役刑,强制性,失去人身自由。

孰是孰非,久无定论。

(三)收孥不是连坐

以上两种说法针锋相对。究竟该怎么看?笔者以为不能把收孥看成是连坐的内容之一。其理由概括以下几点:

1.从起源看。正如本文第一部分(一)所述,收孥在"周之法"中、在春秋楚早就存在,甚或更早,非商君创设,也并非"初不及其妻、子"。而连坐,一般都视以《史记·商君列传》:"令民为什伍,而相牧司连坐。"

始,商君是邻伍连坐法的始作俑者,尽管族刑早就存在。

2. 性质不同。被收者失去了人身自由,成为官奴,而且可以被买卖。这是奴隶制的残余,在法律上主人与仆人没有平等可言。连坐则是封建统治者为维护社会稳定,巩固集权统治所采取的残酷的阶级压迫手段之一。

3. 主要内容的不同。见上文(一)(二)部分的两种不同看法的分析。

4. 对象和做法不同。一是罪犯的妻子儿女,一是邻伍、父母妻子同产等。一是犯"完城旦、鬼薪以上,及坐奸腐者",一是视不同犯罪而定,如秦简《法律答问》:"盗及诸它罪,同居所当坐。"(第22简)等。不论它们具体的实施情况如何,从这些不同的有关法律规定可以看出收孥与连坐的不同。

当然,收孥与连坐之间又有着某些联系,有时是很难将它们截然分清的。

五、《奏谳书》中的"收律"

《奏谳书》第17案例是发生在秦王政元年(前246)的一桩乞鞫案。一个名叫讲的乐人因偷牛而被判处了黥城旦。实际上他并没有偷牛,是士伍毛的诬告,他要求重审。经过重审,讲得到平反。结果是让讲移居到於地去住,做了个隐官。余下的问题做了这样的处理:"妻子已卖者,县官为赎。它收已卖,以价畀之。"(第123简)如果他的妻子儿女已经被卖掉了,县官替他赎回来;其他财物、田宅等被收没而卖掉的,县官照价付钱给他。这里直接就说是"妻、子已卖者",这说明被收之后就可以马上被卖掉。秦律"从母为收"条中就有"人固卖"的说法,意思是说人肯定要卖。所谓的收为官奴婢,在实际生活中却成了官府可以将她自由买卖的物品。照此推理,冤案得以平反,妻、子的身份是不是就能得到恢复,成为自由民了呢?文书上没有说。是不是因为讲已经成了个隐官,就不必再谈妻儿回家的事了?不对的,所谓隐官,他只是在不易被人看见的处所工作罢了。隐官是可以有家室的,如《二年·傅律》中就有称"隐官子"的。

这则活生生的案例表明在秦王政统治的初期,对罪犯的妻子儿女实行"收孥",或者说自商鞅连坐法之始,收孥也一直被沿用到秦王政的时期。正如上文所述,最初"收孥"的主要对象是从事工商业或者怠惰而没有正当职业贫困者,而此时则是对"完城旦、鬼薪以上,及坐奸腐者"罪犯的妻、子。

这是一则当事人申诉,从而使冤案得到平反的典型案例。平反后如何解决遗留问题?包括收孥和连坐问题,①解决这些问题能给当时及其后的司法人员有个借鉴或参考,是很有意义的;从秦王政元年(前246)此案发生到吕后二年(前186),其间60余年,将60余年前冤案平反的案例保留下来,从某种程度上说,当时的立法者已经意识到宣传和实现法律公正性的重要。当然,这只是一则个案,这种公正性还不具有全面性和普遍意义。

六、秦汉律中关于"收"的比较

汉承秦制。在汉初,收孥这一带有浓厚奴隶制成分的处罚方式是不是全部承袭了下来?如果说有些不同,那么这些不同是什么,又说明了什么?

---

① 案例对遗留的连坐问题有这样的记载:"及除坐者赀,赀□人返之。"句,指返还因连坐而罚交的财物。

我们试图做一点秦汉律中关于"收"的比较,从比较中来解决上面这个问题。只是由于有关收律材料的不全,这种比较有一定的困难;比较不可能是全面的。

(一)"收"的对象的界定

1.刑处的标尺不同。

从刑罚的轻重标尺及其收孥对象的界线划分看,秦汉律比较,"收"的对象明确且范围有所扩大。秦简《法律答问》:"夫盗三百钱,告妻,妻与共饮食之,何以论妻?非前谋也,当为收;其前谋,同罪。"(第15简)因为丈夫为盗三百钱,妻当"收"为官奴婢。如果共同预谋,则与丈夫同罪,作同案犯处理。盗赃三百钱,按照秦简《法律答问》中"(盗赃)不盈六百六十到二百廿钱,黥为城旦。"(第2简)盗赃300钱,黥为城旦,当收;若此,则界定"收"的对象范围大于汉初。汉初,盗赃300钱,处完为城旦舂。汉简《二年·盗律》:"盗赃值过六百六十钱,黥为城旦舂。六百六十到二百廿钱,完为城旦舂。不盈二百廿到百一十钱,耐为隶臣妾。①……不盈廿二钱到一钱,罚金一两。"(第55简)而汉初被"收"对象的界定为犯"完城旦、鬼薪以上"等罪的妻、子。《二年·收律》:"完城旦、鬼薪以上,及坐奸腐者,皆收其妻、子、财、田宅。"(第174简)如果秦的收孥标准与此相同,那么与《二年·盗律》盗赃"六百六十到二百廿钱,完为城旦舂。"当收其妻、子的规定相比,汉初比秦为轻,被"收"的对象范围相应扩大了。

2.是否知情。

上面的比较是先假定了秦与汉初的收孥标准相同后、货币币值又相对稳定的情况下而做出的。然而在秦律中确定"收"的关键另外还看

---

① 《龙岗秦简》有"二百廿到百一十钱,耐为隶臣妾□□"(第40简),此简与《二年》第55简相同,可见此简二百廿到百一十钱的前面当有"不盈"二字。

是否知情。秦简《法律答问》："夫盗千钱……妻知夫盗而匿之,当以百论为盗;不知,为收。"(第14简)如果妻知道丈夫盗窃而把钱藏起来的,按窝藏盗赃300钱论处;如果妻子并不知情,那么做收孥处理。"夫盗三百钱……非前谋也,当为收;其前谋,同罪。"(第15简)上面是"夫盗千钱",不知为收;这里"夫盗三百钱",也是不知为收。这是因为夫盗三百钱以上,已经处了黥为城旦的罪。如果夫盗二百钱,妻不知,则处以"守赃"罪。既非同案,又非窝藏,又不收孥,而是做"守赃"处理,可能处理更轻。① 而汉初则完全按罪行的轻重决定罪人妻子是否为收,《二年·收律》："完城旦、鬼薪以上……皆收其妻、子、财、田宅。"(第174简)未及妻子是否知情。

3. 身份不同。

秦律规定,有人自杀,无论何种原因,家属都得告官,不告官,妻子儿女都得收为官奴婢。秦简《法律答问》："或自杀,其室人弗言吏,即葬薶之,问死者有妻、子,当收。弗言而葬,当赀一甲。"(第77简)"葆子以上,未狱而死若已葬,而甫告之,亦不当听治,勿收,皆如家罪。"(第107简)勿收,不予收孥;其原因是"家罪",所谓家罪,就是父杀伤了家里人或奴婢,在父死了以后才有人控告,不予处理。这一条与秦简第77简可对照着看,只是因为他的身份是葆子,葆子即任子,②在秦律中有所优待,不溯既往。古杀奴婢,皆当告官。在这里对不同身份的人处断有所不同。汉初略有补充,《二年·收律》："有告劾未逯死,收之。匿收,与盗同法。"(第180简)前一句与秦律一致,后一句补充规定。"与盗同法"是指对同居、典、伍的连坐。藏匿该收孥者,同居、里典和同伍的人都应连坐。

---

① 《睡虎地秦墓竹简》整理小组认为"以守赃论处,可能比一般的收赃(?)处理更重。"文物出版社1978年版,第157页。

② 学术界对"葆子"的解释不一,未有定说。这里取用秦简整理小组的意见。

4."从母为收"有特例。

秦简《法律答问》有"从母为收"的规定:"隶臣将城旦,亡之,完为城旦,收其外妻、子。子小未可别,令从母为收。"(第116简)而在《二年·收律》中对"从母为收"这一条又有补充:"毋夫,及为人偏妻,为户若别居不同数者,有罪完舂、白粲以上,收之,毋收其子。"(第177简)偏妻,偏房。偏房之子不收;其子归属男主人。

(二)明确不属于收的对象

在上文第二部分"关于'收律'"的(四)中我们罗列了汉律《收律》中4种不收的情况:1.子女已婚者,或已分户、有爵级,以及70岁以上的、被遗弃的、老而无夫的人都不收;2.犯罪行为伤害了他的妻子的,不收;3.举发夫罪者,不收;4.奴之妻,已是私家奴婢者,不收。这4种情况在秦律中又如何?

第1、2条在秦简中未见,但是从秦代二男分异、重爵的制度看可能同样存在。

在秦简《法律答问》中有"夫有罪,妻先告,不收。"(第170简)条,与上面第3条"夫有罪,妻告之,除以收及论。"(第176简)相比照,《收律》略有不同的是,妻能举发夫罪,不仅不收,而且"除以……论"即免除其罪;夫有罪,妻也可能为同案,但只要举发自首,就能免除其罪。这是对秦律"夫有罪,妻先告,不收。"所做的补充,对举发罪愆起到鼓励作用。

秦简《法律答问》:"'隶臣将城旦,亡之,完为城旦,收其外妻、子。子小未可别,令从母为收。'·何谓'从母为收'?人固卖,子小不可别,弗卖子母谓也。"(第116简)条整理小组注:外妻、子,指隶臣之原未被收其身份仍为自由人的妻、子。这说明外妻、子原来未被收孥,原因是丈夫犯了罪,仅被处为隶臣。与上文提到汉律中的收孥对象界定,是被处以"完城旦、鬼薪以上,及坐奸腐者"等罪人之妻子相合。隶臣之刑处轻于完城旦、鬼薪之刑,秦汉律均不属收孥范围。

此外,秦律的"从母为收",未见有汉律中不收其子的特例。

上面第 4 条很重要,我们注意到:作为私有财产的奴婢,"收"对之不得不有所放宽。

(三)对收的规范管理

对收的对象以及财产、田宅等都必须按法律规定加强管理。如《秦律十八种·属邦》:"道官相输隶臣妾、收人,必署其已禀年日月,受衣未受,有妻毋有。"对收人衣食的管理。《二年·收律》:"当收者,令狱史与官啬夫、吏杂封之,上其物数县廷,以临计。"(第 179 简)这种管理已成为某些官吏的专职,可见对收人管理的重视程度到汉初有所加强。

(四)与收相关的奴婢问题

秦简《法律答问》:"人奴擅杀子,城旦黥之,畀主。"(第 73 简)"人奴妾笞子,子以胎死,黥颜頯,畀主。"(第 74 简)此所谓"刑畀主之罪"(《二年》第 108 简)加肉刑后交还给主人,仍为私家奴婢。秦简《封诊式》中的"黥妾"是一则请求官府给婢女施加黥劓刑的文书,也是这种情况。施以肉刑,极其残酷,奴婢的私有财产性质得以强化了。《三国志·魏书》上说:"《汉律》:罪人妻子没为奴婢,黥面。"①是为证。

奴隶可以买卖,无论是官奴婢,还是私家奴婢。秦简《封诊式》中的"告臣"就是一则按"市正价"买卖奴隶的文书。如居延简"□买奴□□□□"(合校 227·29)奴婢的买卖在秦汉时期为法律所允许,它是我国古代奴隶制残余在秦汉间的延续。

(五)赎身的法律规定

立功可以赎、免,如《二年·钱律》:"捕一人……隶臣妾、收人、司空三人以为庶人。"(第 204、205 简)或买赎,成为自由民。如《二年·金布

---

① 《三国志·毛玠传》,中华书局 1959 年版,第 376 页。

律》:"有赎买其亲者,以为庶人,不得奴婢。"(第436简)改变奴婢身份而成为自由人。

主人要求免除奴婢的奴婢身份的,可以得到许可。《二年·亡律》:"奴婢为善而主欲免者,许之,奴命曰私属,婢为庶人。皆复使及算,事之如奴婢。"(第162简)这要比赎身更进一步了,当然这是在主人有此意愿的前提下。主人对私奴的支配权得到扩大。此外,按法律规定,在主人无后的情况下还允许免除奴婢身份,甚至于"代户",宗族的繁衍有了法律保护。《二年·置后律》:"死毋后而有奴婢者,免奴婢以为庶人……先用劳久、有□子若主所言吏者。"(第382、383简)由此可见,奴隶制的残余在封建制建立之后依然存在,而且改换形式,如赎身、爵免之类得以延续;另一方面,奴婢作为私有财产的一部分,其私有的程度有所加强。

总的说来,秦汉律中关于"收"比较的结果有这样几方面:

1. 汉简《二年》列有"收律"一律目,而秦律中则无。是没有抄录,还是秦律中本来就没有将"收律"列入法典? 都有可能。在文帝废除肉刑的同时也把收孥相坐之法废除了,但不久到了景帝又恢复了肉刑,[①]至于"收律"的法律文本是否沿用,尚不可知,但是,收孥之法的实际存在,是无可置疑的。

2. 至汉,"收"对象的界定明确且有缩小。

3. "收"是古代奴隶制残余在秦汉间的体现。

4. 奴婢的私有财产性质有所增强。

七、小结

"收孥"的出现是比较早的。隶臣妾是官奴婢,其中一些隶臣妾是

---

① 韩国磐:《中国古代法制史研究》,人民出版社1993年版,第222页。

刑徒，服劳役刑；另一些隶臣妾是被"收孥"者，是官奴婢，没有犯罪行为。被"收孥"的隶臣妾和私人奴婢的来源、身份以及承担的法律义务均有不同。不能把收孥看成是连坐的内容之一。

经过对秦汉律中关于"收"内容的比较，可见奴隶制的残余在封建制建立之后依然存在，奴婢的私有财产性质有所增强。

收孥，自秦汉至隋唐、至宋、至明清，都程度不同地存在着；奴隶制残余在无损于封建机制运作的前提下，伴随始终。

秦汉法制中的尊卑等级

秦汉法制中的尊卑等级,无疑已成为一种制度,对尊上而言是特权,对卑下而言则是某些权利的侵夺;秦汉时期法律化了的等级制是对西周宗族制度下的等级关系的改造,是新的阶级关系的调整,是秦汉中央集权统治的基础。同时,秦汉法制中的尊卑等级也是一种观念,这种观念强烈地体现在家庭关系中,与法律化了的等级制相适应。

一、法律化了的等级制

尊卑等级制由来已久。《孟子·万章下》上说:"天子之制,地方千里,公侯皆方百里,伯七十里,子、男五十里,凡四等。不能五十里,不达于天子,附于诸侯,曰附庸。"《周礼·地官·司徒》上的说法有所不同:"诸公之地,封疆方五百里,其食者半;诸侯之地,封疆方四百里,其食者叁之一;诸伯之地,封疆方三百里,其食者叁之一;诸子之地,封疆方二百里,其食者四之一;诸男之地,封疆方百里,其食者四之一。"西周时期"封建亲戚,以藩屏周。"其等级制度主要体现在五等爵位上,尽管学术界有说它是官爵班序,也有的说它是家族中的长幼尊卑,争论不断,未有定论,但是,对尊卑等级制度的实际存在都没有异议。事实上也是如此,西周时期的墓葬规制就有力地证明了这一点。

(一)秦汉法制中的尊卑等级以爵级为核心

1. 秦汉爵级起自军功论爵的制度。商鞅:"明主之所贵,惟爵。"商鞅制定了军功论爵的制度,爵位自公士至彻侯共分为 20 等级,秦至汉初一直沿袭了下来。《史记·商君列传》:"有军功者,各以率受上爵……明尊卑爵秩等级。"韩非引用商君之法时还做了具体的说明:"斩一首者爵一级,欲为官者,为五十石之官;斩二首者爵二级,欲为官者,为百石之官。官爵之迁,与斩首之功相称也。"①秦刻石上记载:"尊卑贵贱,不逾次行。"汉简《二年律令》"盗律"规定:"吏所兴能捕若斩一人,拜爵一级。"(第 61 简)如果不拜爵,则按法律规定给予奖赏。到了汉初,即使不是立军功,是官吏实施对边外盗犯的追杀,也同样是按"斩一首者爵一级"的办法拜爵,只是还补充包括"捕",还可以不拜爵而接受奖赏。相反,对于增首冒赏的则给予刑处,如《秦律杂抄》中有"捕盗律"简二枚。其中一枚是:"捕盗律曰:捕人相移以受爵者,耐。"②把所捕的人转交他人,借以骗取爵位的,处以耐刑。在《史记·建元以来侯者年表》上也有记载:"(宜冠侯)不识击匈奴,战[上]军功,增首不以实,当斩,赎罪,国除。"③正如王粲《爵论》所言:"依律有夺爵之法……以爵为赏者,民劝而费省者,故古人重爵也。"④

2. 田宅的配置按爵级授予。田宅是人赖以生存的基本条件之一,其重要性自不待言。《二年》"户律"的主要内容是户籍、田宅方面的法律规定。以田宅的配置为例,它们都得按爵级的不同授予,所授田土和宅地也有所不同。(第 310 至 316 简)具体配置如下表:

汉初田宅配置表

爵级	爵名	授田	授宅(宅大方 30 步)
20	彻侯		105 宅

---

① 《韩非子》卷十七《定法》。
② 《睡虎地秦墓竹简》,文物出版社 1978 年,第 147 页。
③ 《史记》卷二十。中华书局 1959 年版,第 1040 页。
④ 《艺文类聚》卷五十一。

续表

19	关内侯	95 顷	95 宅
18	大庶长	90 顷	90 宅
17	驷车庶长	88 顷	88 宅
16	大上造	86 顷	86 宅
15	少上造	84 顷	84 宅
14	右更	82 顷	82 宅
13	中更	80 顷	80 宅
12	左更	78 顷	78 宅
11	右庶长	76 顷	76 宅
10	左庶长	74 顷	74 宅
9	五大夫	25 顷	25 宅
8	公乘	20 顷	20 宅
7	公大夫	9 顷	9 宅
6	官大夫	7 顷	7 宅
5	大夫	5 顷	5 宅
4	不更	4 顷	4 宅
3	簪袅	3 顷	3 宅
2	上造	2 顷	2 宅
1	公士	1 顷半	1 宅半宅
	公卒士五庶人	各 1 顷	1 宅
	司寇、隐官	各 50 亩	半宅

表中彻侯受田数空缺，以上表数据和他的宅地数推测，其受田当为105顷。或则，这样的推测有所不妥，因为据文献记载列侯有封邑。

3.征徭、田赋、免老与有无爵级有关。与征徭直接有关的是傅籍。傅籍，根据不同的身份规定了不同的年龄界线。① 《二年》"傅律"上还规定，"不为后而傅者"即不是有爵级的直接继承人，根据爵级给予其子

---

① 参见本书《读〈二年律令〉札记》中的"傅籍的年龄"一节。

不同爵级而傅籍。(第359、360简)

服徭役中,按规定,有些是繁重的工种,如修路拆桥、挖池开沟等,公大夫以下[上]可以不参与。《二年》"徭律":"补缮邑□,除道桥,穿陂池,治沟渠,堑奴苑,自公大夫以下[上],勿以为徭。"(第413、414简)公大夫是爵级的第七级。

交纳田赋,以"卿"为界。《二年》"田律":"卿以下,五月户出赋十六钱,十月户出刍一石。"(第255简)"卿以上所自田户田,不租,不出顷刍藁。"(第317简)卿,指爵级第十级以上。

还有"免老",年老者免服徭役;免老的年龄与有无爵级有关。《汉旧仪》:"秦制二十爵,男子赐爵一级以上,有罪以减,年五十六免。无爵为士伍,年六十乃免老。"而《二年》"傅律"上说:"大夫以上年五十八,不更六十二,簪袅六十三,上造六十四,公士六十五,公卒以下六十六,皆为免老。"(第356简)由此看来,在汉初,无爵士伍等并不是年六十免老,而是六十六;有爵级者,按爵级也有不同的年龄界线。此外,高年者禀鬻米、授杖、睆老减半服役,也都按爵级定出了不同的年龄界线。

由上可见,秦汉法制中的尊卑等级以爵级为核心,在爵级规制下尊者与卑者的权利与义务无平等可言,它是新的阶级关系调整之后的必然结果,特别是在秦灭六国之后、汉王朝建立之初。

(二)家庭关系中的尊卑等级

本文开头说到,秦汉法制中的尊卑等级也是一种观念,这种观念强烈地体现在家庭关系中,与法律化了的等级制相适应。即家庭法在等级制法律中的体现。

家庭关系中的尊卑等级关系,其原则是尊卑相犯而不同罚。秦简《法律答问》规定:"擅杀子,黥为城旦舂。"(第69简),而"殴大父母,黥为城旦舂。今殴高大父母,何论?比大父母。"(第78简)一是杀,黥为城旦舂;一是殴,也是黥为城旦舂。显然,尊卑亲属相犯,子孙对父母、祖父母、父母、祖父母对子孙,犯同样的罪而量刑则不同。

《法律答问》又规定:"子告父母,臣妾告主,非公室告,勿听。""而行告,告者罪。"(第104简)《二年》"告律":"子告父母,妇告威公,奴婢告主、主父母妻子,勿听而弃告者市。"(第133简)子女不能告发父母、儿媳不能告发公婆、奴婢不能告发主人及主人的父母妻子儿女,不仅不接受起诉,而且对告发的要处以死刑。如果父母告子不孝,子被判了刑,"其妻子为收者,皆锢,令毋得以爵偿、免除及赎。"(第38简)

《二年》"贼律"规定:"妻殴夫,耐为隶妾。"(第33简)"子贼杀伤父母,奴婢贼杀伤主、主父母妻子,皆枭其首市。"(第34简)而且"自告者皆不得减"(第132简)。相反,"父母殴笞子及奴婢,子及奴婢以殴笞辜死,令赎死。"(第39简)

在以男性为中心的社会中,夫妻在法律上并不是平等的。《二年》"户律":"为人妻者不得为户。"(第345简)《二年》"置后律"还规定,"死,无子男代户"的情况跟上面说的对县官"为死事者"的继承人那样,承袭户籍之主,依父母、寡、女、孙等次第代户。(第380简)寡为户后,还有一些法律规定,如"予田宅,比子为后者爵"(第386简),爵位的高低,与受田宅的多少直接有关。

(三)尊卑等级已渗透在法律制度的各个方面

1. 立法方面

尊卑等级是秦汉律立法基础之一。《二年》中有"赐律"一目,是关于恩赏方面的法律。其中包括有赐衣物的标准、对象及治丧赐棺椁等方面的规定。对有爵级者的恩赏,比照有官秩者。如表:

汉初爵级恩赏表

爵级	爵 名	相应之秩	衣	食	丧 事
20	彻侯	比二千石	锦表帛里	口粲糯各一盛等	棺钱千椁钱六百

续表

19	关内侯	〃	〃	〃	〃
18	大庶长	比千石	〃	食二盛等	〃
17	驷车庶长	〃	〃	〃	〃
16	大上造	〃	〃	〃	〃
15	少上造	〃	〃	〃	〃
14	右更	〃	〃	〃	〃
13	中更	〃	〃	〃	〃
12	左更	〃	〃	〃	〃
11	右庶长	〃	〃	〃	〃
10	左庶长	〃	〃	〃	〃
9	五大夫	比八百石	〃	〃	棺钱六百椁钱三百
8	公乘	比六百石	缦表帛里	〃	〃
7	公大夫	比五百石	〃	食一盛等	〃
6	官大夫	〃	〃	〃	〃
5	大夫	比三百石	〃	〃	〃
4	不更	比有秩	〃	〃	〃
3	簪袅	比斗食	〃	〃	〃
2	上造	比佐史	〃	〃	〃
1	公士	〃	〃	〃	〃
	公卒、士伍、庶人		〃	〃	棺钱三百
	司寇、隐官		布表布里	〃	〃

2．司法方面

以下仅以不孝罪和奴告主的法律规定为例，做简要的说明。

秦简《法律答问》第102简很值得注意，说的是"免老"的老人控告不孝的儿子，问"谒杀，当三环之不？"要求处死，是否需要经过"三宥"的程序？法律解释说：不需要，"亟执勿失"，要立即逮捕，不要让他逃跑了。这是一则控告不孝的案例，提的是司法程序的问题。答复是不需要经过"三宥"的程序的。结果是"亟执勿失"，不要让他逃走了。在秦墓竹简的《封诊式》中还有一则相类的案子：某甲控告儿子丙不孝,令史前往捉拿,捉来后,"丞某讯丙,辞曰：'甲亲子,诚不孝甲所,毋它坐罪。'"丙供称：是甲的亲生儿子,也确实对甲不孝,没有其他犯罪记录。结果是如何处断的？没有说。① 显然,以上都是司法实践中碰到的实例。从采用"甲"、"乙"符号来代替姓名这一点看,事后经过了整理。意思是《法律答问》所涉内容的涵盖面相当广泛,而不仅是对"不孝"罪的有罪论定。上面所引二则都是实例。第102简中老人要求判处不孝之子死刑;官府也当回事在办。虽然是说"亟执勿失",但是没有交代处理的结果。《封诊式》上的案子也是这样,审讯后也没有交代处理的结果。这说明在司法实际中对"不孝"罪的论定和处理还有斟酌的余地,处刑相当谨慎。在汉简《二年》"贼律"中规定："其子有罪……父母告不孝,勿听。年七十以上告子不孝,必三环之。"（第36简）从儿子身份和父母年龄两个要件方面做出限制。

主人与奴婢的不平等关系是法定的,秦汉法制得以强化。如诉讼,《二年》规定："奴婢自讼不审,斩奴左趾,黥婢颜頯,畀其主。"（第135简）奴婢自讼一般说来不可能获得胜诉,因为在封建的等级制度下,奴婢对主人是一种私有财产,其人身权利掌握在主人手里,实际上取消了奴婢上诉的权利。在唐之后就直接规定,奴不能告主,"自今以后,奴告主者,皆不许受,便令决杀。"②《元史》上记载有钦察之奴告主的事,结果是奴被戮杀。③

3. 行政管理方面

主要体现在吏治方面。在《秦律杂抄》"不当禀军中而禀者"条中规定："不当禀军中而禀者,皆赀二甲,废;非吏也,戍二岁。"不应当从军

---

① 《睡虎地秦墓竹简》,文物出版社1978年,第263页。
② 《旧唐书》卷一二五《张镒传》。
③ 《元史》卷一二一《速不台传》。

中领取粮食的而领取了的,是官吏,罚二甲,撤职;如果不是官吏,处罚就重得多,罚戍边二年。以官、以秩代罚。传世文献上也有"贬秩"的记载,如《汉书·循吏传》:"(黄霸)征守京兆尹,秩二千石。坐发民治驰道不先以闻,又发骑士诣北军马不适士,劾乏军兴,连贬秩。"

官秩,官吏的俸禄。秩,俸禄。《二年》有"秩律"一目。详细地罗列了自上到下各级职官的俸禄。这是迄今为止所见到的官俸明细最详备者。郡守,秩二千石;边郡有长史,秩皆六百石。郡尉,秩比二千石;有丞,秩皆六百石。县令,秩千石至六百石;县长,秩五百石至三百石。县令、长都有丞、尉,秩四百石至二百石。百石以下有斗食、佐史之秩等等,不一而足。①

在《二年》"传食律"中,对驿站供给人饭食和马匹草料,以及官员随从的额定人数都有所严格规定:"食从者,二千石毋过十人,千石到六百石毋过五人,五百石以下到二百石毋过二人,二百石以下一人。"(第235、236简)官阶不同,随从人员的多寡不同,驿传供应饭食不同。"传食律"分为三种人:一御史的卒人,二爵级在大夫以上的,三随从。每餐的饭食有多少,菜羹有好坏。其他爵级的,如不更、簪袅是一种待遇,上造以下包括官佐等又是一种待遇,在《二年》的"传食律"中也有这样的规定。随从者的多少,有爵级者依此可以比照有官秩者,"食从者,卿以上比千石,五大夫以下到官大夫比五百石,大夫以下比二百石。"(第237简)

秦律"效律"规定:"官啬夫赀二甲,令、丞赀一甲;官啬夫赀一甲,令、丞赀一盾。"这是指清点物品,出现有超过或不足的情况,官吏应予以处罚。只是官啬夫和令、丞有所区别,责任有重轻之分。

---

① 《汉书》卷十九《百官公卿表》。

此外，还有个连坐的问题。"什伍连坐"①，官吏是除外的。秦简《法律答问》："吏从事于官府，当坐伍人不当？不当。"（第155简）

二、尊卑等级的法律化基于中央集权统治

《商君书·农战》中有云："凡人主之所以劝民者，官爵也。"《算地》又云："故刑戮者所以止奸也，而官爵者所以劝功也。"刑戮与爵赏是统治者治民的两个重要方面。在郭店楚简的《赏刑》（或作"尊德义"）篇中也说："赏与刑，祸福之基也。或前之者也。爵位，所以信其然也。"爵位能体现赏与刑，是施行政教与禁令的手段。

对于诸侯王、彻侯置姬妾都有明确的不同规定。《二年》"置吏律"："诸侯王得置姬八子、孺人、良人。"（第221简）"彻侯得置孺人、良人。"（第222简）吏及宦皇帝者、中从骑以及它内官，因所任职位不同，所以他们的休假天数也长短不等（《二年》第217简）。

宗室子孙，即使没有爵级，也有优遇。秦简《法律答问》：没有爵位的宗室子孙应判处赎刑的，"得比公士赎耐"（第185简）。

秦律"游士律"规定："有为故秦人出、削籍，上造以上为鬼薪，公士以下刑为城旦。"犯同样的罪，因爵级不同，处刑也不同。上造是爵级的第二级，公士是爵级的第一级，以下就是一般的庶人百姓了，上造以上服劳役刑，公士以下则要处以肉刑并服城旦的劳役。

还有保举问题。《二年》"置吏律"："有任人以为吏，其所任不廉、不胜任以免，亦免任者。"以此来保证所保举人的素养和能力。有官职的免去职务，没有官职的人保举了"不廉、不胜任"者后，则"其非吏及宦

---

① 《尉缭子·伍制令》："军中之制，五人为伍，伍相保也。十人为什，什相保也。"什伍连坐之制起自军法。《商君书·境内》："其战也，五人束簿为伍。"

也,罚金四两,戍边二岁。"(第210简)用罚金和劳役刑予处罚。这里实际上就是用官职来抵当罪罚。

《二年》"置后律"对"疾死置后者"的有爵者继承人的爵级做了严格规定,见第367、368简。

《二年》"户律":"自五大夫以下,比地为伍。"(第305简)五大夫爵级第九级,居民里之中。"令不更以下更宿门。"(第309简)不更爵级第四级,必须轮值更役。

对逃亡罪的量刑有明确的时间界线,《二年》"亡律"规定:逃亡满一年的,处耐;不满一年的,系城旦舂。但是又按身份论,有无爵级论处不同:"公士、公士妻以上作官府,皆偿亡日。其自出也,笞五十。"(第157简)公士,二十爵级的第一级。对有爵级的在官府劳作,以抵偿逃亡的天数。如果逃亡后能自首的,笞五十。不同的对象做不同的处断。女子逃亡,处以赎耐;两次赎耐,"耐以为隶妾"(第158简)。奴婢犯罪,逃亡后能主动回到主人家的,受笞刑一百等(第159简)。

三、尊卑等级制度在汉初已形成网络

(一)汉初刑处中的爵位制比秦更具体、详备

汉初的爵位制比秦更具体、详备,从秦汉律的比较中可以看出。如秦简《法律答问》规定:"内公孙无爵者当赎刑,得比公士赎耐不得?得比焉。"(第185简)在《二年》"具律"中则规定:"上造、上造妻以上及内公孙、外公孙、内公耳玄孙有罪,其当刑及当为城旦舂者,耐以为鬼薪白粲。"(第82简)量刑具体,且比秦重。

秦律中有些"量"是不确定的。如秦简《法律答问》第163简征发徭役不按时报到的"笞伍十;未卒岁而得,笞当加不当?当。"不应征报到的应笞打50下,未满一年被抓住了,要不要笞打呢?要。既然要笞打,

打多少呢？没有解释。在《二年》"亡律"中规定明确："给逋事，皆籍亡日，輖数盈岁而得，亦耐之。"逋事，逃避官府役使。逃避役使的天数都要登记在册。监视是十分严厉的。累计逃避徭役的天数，满一年的，处耐。依照"亡律"规定，不满一年的，则系城旦。

又如，秦简《秦律十八种》规定："为作务及官府市，受钱必辄入其钱缿中。"这一条与《二年》"金布律"中的一条内容相近："官为作务，市及受租、质钱皆为缿，封以令、丞印而入，与参辨券之，辄入钱缿中，上中辨其廷。"秦律中规定收钱要当众明示把钱投入缿中。汉初则用书券，受钱者、官府和上廷三方各执一券。表明是作务者在市场为官府作手工业的劳作，所得报酬由官府收入，或给券，称之"参辨券"。

（二）尊卑等级制度网络的形成

秦汉法制中尊卑等级制度的网络，当从纵横两个方面来看。纵的方面就是我们上面说的爵级和家庭关系，横的方面则是指秦汉法制中的刑等和减、免、赎。

如前所述，爵，始自军功，由军功而赐予。青海大通孙家寨汉简："斩捕首虏二级，拜爵各一级；斩捕五级，拜爵各二级；斩捕八级，拜爵各三级，不满数，赐钱级千。"[①]爵也有赐予民的，也有可以买得的，如《汉书·惠帝纪》云："（元年）民有罪，得买爵三十级以免死罪。赐民爵，户一级。"《汉书·文帝纪》云："（下诏）朕初即位，其赦天下，赐民爵一级。"出钱买爵出于赎罪。这样一来就把爵级与刑罚中的减罪、免罪、赎罪紧密地联系在了一起。《汉律》中有《爵律》一目，是关于有爵者的法律规定。汉简《二年》中抄存有3条。从内容看，《爵律》与《赐律》的性质相近。在这中间，爵及赐均可抵罪："当拜爵及赐，未拜而有罪耐者，勿拜赐。"（第392简）而且，爵级能抵钱，一级万钱："诸当赐受爵，而不当拜

---

① 《文物》1981年第2期。

爵者,级予万钱。"(第393简)汉朝赐爵制度,是沿袭秦制而来。《汉旧仪》上云:"秦制二十爵,男子赐爵一级以上,有罪以减,年五十六免。"明确有罪可以爵减。①《二年》"具律"上说:"上造、上造妻以上,及……有罪,其当刑及当为城旦舂者,耐以为鬼薪白粲。"(第82简)。又,"公士、公士妻及□□行年七十以上,若年不盈十七岁,有罪当刑者,皆完之。"(第83简)上造,是二十级爵的第二级,判刑城旦舂的减刑为耐鬼薪白粲。公士,是二十级爵的第一级,最低一级,年龄在70以上、17以下而处刑的人都减判为完。这两条在《汉书》中也有大体相同的记载。都是爵减的具体法律规定。

爵免,《睡虎》中《军爵律》有云:"欲归爵二级以免亲父母为隶臣妾者一人;及隶臣斩首为公士,谒归公士而免故妻隶妾一人者,许之,免以为庶人。"退还爵级还可以为父母、妻子免罪,即"爵免"。在汉初依然沿用着,《二年》"钱律":"捕盗铸钱及佐者一人,予爵一级。其欲以免除罪人者,许之。"(第204简)这里的"免除罪人",当然也包括可以为父母、妻子免罪;《二年》"爵律"有云:"诸诈伪自爵、爵免、免人者,皆黥为城旦舂。"(第394简)这从反面的角度说,爵免指自己,免人指他人。实际上,爵免包括免自己的罪罚和免除他人罪罚两个方面的内容。以上两条就是汉初爵免或诈伪爵免的具体法律规范。

由此可见,汉初法律对有爵者来说,可以用爵级来免除刑罚,不仅对自己,而且可以庇及父母、妻子乃至其他人。又如《二年·置后律》云:"女子比其夫爵。"(第372简)而《二年·具律》又云:"杀伤其夫,不得以夫爵论。"(第84简)鉴此,可以说明汉初女子能依据丈夫的爵级实行(若有罪)爵赎、爵减、爵免,对丈夫有所伤害则另当别论。

---

① 在《汉律摭遗》卷十《具律二》"爵减"条下,引有《汉书·薛宣传》及颜注,说明爵减的存在,并在按语中联系《唐律》,云:"诸七品以上之官……妻、子孙犯流罪以下各减一等,与爵减之意相合。"

秦简《法律答问》:"臣邦真戎君长,爵当上造以上,有罪当赎者,其为群盗,令赎鬼薪鋈足;其有腐罪,[赎]宫。"秦对少数民族君长有优待的赎罪规定,他们(相当于上造以上的爵位)享有爵赎特权。

相反,也有不能享受"爵减"、"爵免"、"爵赎"权利的情况。除上面提到的女子"杀伤其夫,不得以夫爵论。"外,《二年》"贼律"有云:"贼杀伤父母、牧杀父母、殴詈父母,父母告子不孝,其妻子为收者,皆锢,令毋得以爵偿、免除及赎。"(第38简)

与不能用削爵或赏赐来抵罪同样性质的法令还可见《奏谳书》案例十五,案例中引有《律》:"盗赃值过六百六十钱,黥为城旦。令吏盗,当刑者刑,毋得以爵减、免、赎。"一条,此条律文的前半段承袭《秦律》,见睡虎地秦墓竹简《法律答问》"士伍甲盗……赃值过六百六十……甲当黥为城旦。"(第32简)条;而后半段为《睡虎》秦律所无。说的是:唆使下级官吏盗窃的,该处什么罪刑就按什么罪刑执行,不能用他的爵级减罪、免罪或赎罪。这样看来,在汉朝之初,爵级是可以减罪、免罪或赎罪的。秦及汉初都存在这种"爵当"现象。

此外,还有赏赐爵级,但有时也有以钱代爵的情况。《二年》"爵律":"诸当赐受爵,而不当拜爵者,级予万钱。"(第393简)一级爵位相当于一万钱。在《秦本纪》集解中称:"赐爵一级,愿为官者五十石。"《汉书·惠帝纪》即位后就普遍赐爵:"赐民爵,户一级。""赐民爵一级。中郎、郎中满六岁爵三级,四岁二级。……"

还可以用爵级赎免。"军爵律"规定:"欲归爵二级以免亲父母为隶臣妾者一人,及隶臣斩首为公士,谒归公士而免故妻隶妾一人者,许之,免以为庶人。工隶臣斩首及人为斩首以免者,皆令为工。"放高利贷而获利的,对秩600石以上的官员以及朝官有个规定:"吏六百石以上及宦皇帝,而敢字贷钱财者,免之。"(《二年》第184简)予以免职的处分。

在秦汉的法律规定中已有罪等的概念。加罪一等、加罪二等,多用于鞫狱、乞鞫、告的法律条文中。如秦简《效律》如果会计账目自查出错误,可以"减罪一等"。①《二年》"具律"对鞫狱故纵、不直等各种不同情况,做出不同的刑处,其中:"其受赇者,加其罪二等。所予赃罪重,以重论之,亦加二等。"(第 95 简)"乞鞫不审,加罪一等。"(第 114 简)"告律":"告不审及有罪先自告,各减其罪一等。"(第 127 简)

(三)刑处中的等级与尊卑等级网络相应

刑处中的等级包括刑等,以及与犯罪人相关责任人及其身份有关。

如,秦简《法律答问》第 1 简"害别徼而盗,加罪之。"对"加罪"做了解释,是捕盗者在背地里作盗犯罪,为此处以重刑。根据行盗人数和所盗财物的多少,处以"斩左止"、"黥以为城旦"、"黥劓以为城旦"等不同的刑罚;为什么要加罪处刑呢? 不做说明。这里无须对立法的依据做出说明,而只要指明怎样的罪名需要加罪、如何加法。在这一款中处断明白,分别不同情节做出不同的刑罚处断;这些不同的刑罚与后代的"刑等"相类。"五人盗,赃一钱以上,斩左止,又黥以为城旦;不盈五人,盗过六百六十钱,黥劓以为城旦;不盈六百六十到二百二十钱,黥为城旦;不盈二百二十以下到一钱,迁之。求盗比此。"分成四种情况,其刑处要件是行盗人数和赃物价值;五人是一条界线,六百六十钱、二百二十钱又是一条界线。说的是"害盗别徼而盗",实际上"求盗比此"一语就点明了对所有捕盗者犯盗窃罪罪处的刑罚适用。

《二年》"贼律":"鬼薪白粲殴庶人以上,黥以为城旦舂。"(第 29 简)"奴婢殴庶人以上,黥頯,畀主。"(第 30 简)被处耐罪而没有说明具体的劳役刑种的话,那么对不同身份者则有不同的处断:"庶人以上耐为司寇,司寇耐为隶臣妾,隶臣妾及收人有耐罪,系城旦舂六岁。""城旦舂有罪耐以上,黥之。"(第 90、91 简)

---

① 《睡虎地秦墓竹简》,文物出版社 1978 年版,第 126 页。

秦汉律对商贩的处罚较重。"市贩匿不自占租",如果不自己申报租税,则按盗窃论处,并没收贩卖物品和钱款。而且还牵连到列长、伍人、啬夫和吏主,分别罚金一斤、二两不等(《二年》第260简)。

四、尊卑等级制度对后代的影响是深远的

尊卑等级制度对后代的影响主要体现在服制、官当、宗室特权诸多方面。此外,法律化了的尊卑等级也顺理成章地成为儒家伦理道德观念形成的背景条件之一。

在《二年》"置后律"中规定,对县官"为死事者"的继承人,或承袭父爵,或为公士,"毋子男以女,毋女以父,毋父以母,毋母以男同产……毋父母、妻子、同产者,以大父;毋大父,以大母与同居数者。"(第371简)这样的顺序排列可以为其后法律中的服制规范所参照。当然,若有物故,或自杀,那样,或数减后爵,或不予置后。(第375简)

《二年》"捕律"规定:"(追捕罪犯)逗留畏耎弗敢就,夺其将爵一级,免之;毋爵者戍边二岁。"(第143简)削爵一级,免除刑罚;而没有爵级的人,则戍边二年。这就是说,夺爵一级相当于戍边二年?这是个"爵戍"问题,①爵戍,就是用爵级来抵偿戍边的惩处。爵戍四岁,也就是用爵级来抵偿戍边四年的惩处。这样看来,用爵级来抵偿戍边的惩处至少有爵戍四岁和爵戍二岁两种情况。与后代的"官当"相仿。

在秦简《法律答问》的解释中对某些特定对象有些优待政策及至特权。如:第107、108、109、112简提到的"葆子","葆子"是指任子,《汉仪注》上说:"吏二千石以上,视事满三年,得任同产若子一人为郎。"在第109简中规定:葆子案件尚未判决而诬告他人"其罪当刑隶臣,勿刑,行

---

① 参见本书《"爵戍"考》一文。

其耐,又系城旦六岁。"对葆子免刑,而改处耐城旦。在第113简中特地对"赎"刑做出解释的时候,对"臣邦真戎君长"即少数民族的头领也有优待的政策。这些优待政策的规定如果说还有它存在的理由的话,那么对"吏"、对"大夫"不一视同仁作同"伍"之人看待,就不是一般的优待了。第155简"吏从事为官府,当坐伍人不当?不当。"官吏在官府服役,同伍的人有罪,"吏"不加连坐。第156简"大夫寡,当伍及人不当?不当。"明确规定"大夫"不与一般百姓合编为"伍"。第185简对宗室子孙还有减刑的规定。这些已经超出了优待的范围,而是一种特权的享有;当然这种特权的生成是与当时的等级制度联系在一起的。第162简在解释"履锦履"的时候虽然只是对什么是"锦履"的问题加以说明,但是这种区分丝织鞋的本身就是以区分不同身份为出发点的。《二年》"具律"规定:"吕宣王内孙、外孙……有罪,如上造、上造妻以上。"(第85简)"置吏律"规定:"诸侯王得置姬八子、孺子、良人。"(第221简)"赐律"规定:"赐公主比二千石。"(第295简)法律化了的尊卑等级制度为保护封建特权张本。

至于说儒家伦理道德观念形成的背景条件问题,最典型的是对"不孝"罪的处断。秦简《答问》第102简说的是"免老"(六十岁以上的老人)控告不孝的事,问"谒杀,当三环之不?"要求处死,是否需要经过"三宥"的程序?法律解释说:不需要,"亟执勿失",要立即逮捕,不要让他逃跑了。汉简《二年》"贼律"中规定:"其子有罪……父母告不孝,勿听。年七十以上告子不孝,必三环之。教人不孝,黥为城旦舂。"(第36、37简)这个"孝"字出现在法律的文本中,对"不孝"罪及教人不孝罪的刑处也很不轻,其意义超出了法律本身,其影响是深刻的。

秦汉律令中的"廷行事"

所谓"廷行事",也就是判案成例。用"廷行事"表示成例比照,就是说,相类的案件在以前曾有过发生并已有处断结论,现在判决此同类的案子可据以比照。这是审判程序范围内的方法问题,但用在法律解释中则为解释提供了切实的凭据,显然有判罪切合情理,有增强说服力的作用。在睡虎地秦简《法律答问》(以下简称《答问》)的说明文字中曾指出:将判案成例"作为依据,反映出执法者根据以往判处的成例审理案件,当时已成为一种制度。"

在睡虎地秦简《答问》中有"廷行事"一语。"廷行事",在汉代也称"行事"。《汉书·翟方进传》上说:"行事以赎论。"师古注云:"行事有阙失,罪合赎。"这解释是不确的,所以《汉书补注》重引刘敞所云:"汉时人言'行事'、'成事',皆已行、已成事也。""下文所谓自设不坐之比是也。"王念孙《读书杂志·行事》也说:"行事者,言已行之事,旧例成法也。"汉律常称"比"、"决事比"、"故事"。

比,例也。《礼记·王制》:"必察小大之比以成之。"郑注:"小大犹轻重。已行故事曰比。"比,即成案。① 表明先秦时期判例法的存在。《汉书·朱博传》记载,朱博认为出身于武吏的司法官员不通法律,担心他们断狱会出差错,就招来正监典法掾史共同编撰"前世决事吏议难知者数十事"。用此类成例来断案,"为平处其轻重,十中八九"。这是一

---

① 《十三经注疏》,中华书局1980年版,第1343页。

则用先例审案的典型材料。《汉书·食货志》:"自是后有腹非之法比。"句师古注曰:"比,则例也。"《汉书·刑法志》师古又注曰:"比,以例相比况也。"据此可证,在汉代腹非之法自张汤始,其后有以此故事比照者。这些都表明自先秦至汉,判例法的事实存在及其施行。

一、秦简《法律答问》中的"廷行事"

在秦简《答问》中,"廷行事"一语共出现有 13 处之多,有第 38、42、56、59、60、66、142、148、149、150、151、152、162 等号简。① 这 13 款"廷行事"大致可分这样几种情况:

1. 明确结论,言下之意可照此判决办。如第 56、66、149、150 号简,或说成例按某罪论处,或说明成例的刑处对象和刑罚。

如第 56 号简:"盗封啬夫何论?廷行事以伪写印。"成例按伪造官印论罪。伪造官印在汉律中根据官印的不同等级,做有不同的处断,《二年·贼律》中规定:伪写皇帝信玺、彻侯印、小官印的,分别判处腰斩、弃市、完为城旦舂;替人伪造的,处黥为城旦舂;毁坏封印的,处耐为隶臣妾。秦时的成例是否有这样细密,不得而知;但是,啬夫可视作小官,那么当处完为城旦舂。

又如第 149、150 号简,是关于粮仓管理方面的法律规定,仓房没有关好,"容指若抉"、"禾稼能出",要罚"赀一甲"。罚"赀一甲"是以前判决此类案件的处断,现在可以参照执行。

2. 用成例做具体说明。如第 148 号简因债务强行扣押人质的,和双方同意质押的,都做"赀二甲"的处罚,用成例解释说:"廷行事强质人者论,予者不论;和受质者,予者□论。"按成例,强行扣押人质的应论

---

① 据《睡虎地秦墓竹简·法律答问》的竹简编号,文物出版社 1990 年版。

罪，而自愿给人作人质的则不论罪；双方同意作押，自愿去给人作人质的也要论罪。照律文都作"赀二甲"的处罚，但在成例中则对负债方自愿去给人作人质的则不论罪。不仅根据具体情况做区别分别对待，而且用成例加以补充说明。

对此，汉律量刑为重。《二年·杂律》："诸有债而敢强质者，罚金四两。"（第187简）未及和受质者。这是一则秦"廷行事"不适用于汉制之例证。

3. 以成例作为定罪量刑的依据。如第152号简对仓库管理不善的处罚是按鼠洞的多少和大小来量定的，成例已有明确规定。

又如第59、60号简就是两条"廷行事"，没有设问也没有引律，直接将成例列出，显然有可"照此办理"的意思，发挥与律同样的作用。"廷行事：吏为诅伪，赀盾以上，行其论，又废之。"官吏弄虚作假，其罪在罚盾以上的，依判决执行，同时要撤职永不叙用。"廷行事：有罪当迁，已断已令，未行而死若亡，其所包当诣迁所。"有罪而流放，已经判决，还未执行而死亡或者逃亡了，随往流放地点的家属仍应前往流放地。

4. 用作参考。第38号简对盗窃一百钱，控告他的人故意加了十钱，对控告者如何论处？《答问》解释说："当赀一盾，赀一盾合律。虽然，廷行事以不审论，赀二甲。"两种论处，一依"律"，一为成例，没有结论。

由此可见，"廷行事"是我国古代法律的法源之一。它具有法律文本必备的各种要素；在《答问》中的"廷行事"可以作为律的补充，与律具有同样的法律效力。这与西方不同，在罗马法系中成例一般不具有法律效力。

二、《封诊式》是否是"廷行事"

睡虎地秦简中还有98枚《封诊式》简，《封诊式》中有各类案例，这些案例是成例不是？若是成例，就可以肯定它是"廷行事"无疑。还是先看内容吧。

98枚《封诊式》简共分25节，每一节都有标题，它们是：1 治狱、2 讯狱、3 有鞫、4 封守、5 覆、6 盗自告、7 □捕、8 □□、9 盗马、10 争牛、11 群盗、12 夺首、13 □□、14 告臣、15 黥妾、16 迁子、17 告子、18 疠、19 贼死、20 经死、21 穴盗、22 出子、23 毒言、24 奸、25 亡自出。其中第8、13的缺字，姑且按内容补为"盗铸"和"诊首"。

从这些标题我们就能看出它们中间有各种不同的情况：属于鞫狱方面的，如1、2、3、5等；属于法医检验方面的，如18、20、22、23等；属于诉讼方面的，如14、17等；属于捕亡方面的，如7、25等；属于民事方面的，如16等；其他属于刑事案件。这中间当然有交错，是大而言之的归类，不作进一步的细分。

最近，读到张廷皓先生题名为《江苏连云港市出土的汉代法律版牍考述》的文章，①在这篇文章中，他概括出汉代"决事比"的形式特征，从而依据这些特征判定花果山版牍1是集簿非"决事比"。他说：

> 秦汉律令中的"决事比"当有一定程式，如以秦律《封诊式》为例，即可发现有下列明显特点，一、每一案例之中，凡涉及人名者，均以不定代词"某"或天干数"甲"、"乙"、"丙"等相称。如"男子甲"、"公士甲"、"士伍丙"、"子小男子某"、"妾丙"等。凡涉及乡里名称者，亦不直书，仅写作"某里"、"某乡"而已。二、对各案例的记录，均不表述具体时间。三、对案件经过的叙述十分详尽。

凭上述三条可以断定秦律《封诊式》为"决事比"，即秦时所说的"廷行事"。一、二条是它区别于其他案例的特点，但第三条并非它所独有，也不能作为它是"决事比"的理由。我们对照《法律答问》中的"廷行事"

---

① 《纪念林剑鸣教授史学论文集》，中国社会科学出版社2002年版，第268页。

会发现它们虽然不一定有十分详尽的案件经过,但有一点是《封诊式》所缺少的,那就是《封诊式》没有定性量刑的断案结论。这恰恰十分重要。作为一则成案,如果不做出定性量刑的断案结论,后来人怎样比照着去做出正确的判断呢?看来这是个问题。

《封诊式》中用甲、乙取代当事人人名,具有拟案性质。一般是在典型的实案基础上将姓名隐去,让读的人只知道案情乃至调查、检验、审讯的过程,而不清楚它发生在谁的身上。一方面保护了当事人的名誉,另一方面使具体的案例具有了普遍的意义。不过,说"廷行事"一定是隐去人名的,这说法未免绝对了点。用甲、乙取代当事人人名,也并不是"廷行事"的必要条件。在汉简《奏谳书》的第3案例中引用成例"人婢清助赵邯郸城",则直书其名。关键的问题是它们缺少了定性量刑的断案结论后,也就发挥不了成案的功能了。

为什么不把断案结论也写上去呢?断案结论应该是有的,就像我们现在看到的汉简《奏谳书》中的案例那样。之所以不把断案结论写上去有这样两种可能:一是有意识将它们删去了,认为没有必要;二在原来的案件文本上本来就没有断案结论,制作《封诊式》的人没有见到过结论,而只是隐去姓名就完成了任务。前者认为没有必要,说明制作《封诊式》并非作"廷行事"用;后者原案件文本上本来就没有断案结论,表明所见到的文本尚未进入审结阶段。制作这样的《封诊式》,只能是在县道以下,如乡官的职责范围为县级,或为县道官初审之前的文书档案。如《二年·具律》云:"乡官谨听,书其告,上县道官。"其目的是为司法文书人员制作合乎规范的文书程式提供范本。正如《封诊式》的整理小组的"说明"中说:《治狱》和《讯狱》两节,"内容是对官吏审理案件的要求。""其余各条都是对案件进行调查、检验、审讯等程序的文书程式,其中包括了各类案例,以供有关官吏学习,并在处理案件时参照执行。"最后一句说"参照执行",有采用判例的嫌疑,似乎应该改为"并在制作司法文书时参考使用"才妥当些。

另外,在 25 则《封诊式》中,绝大多数是"爰书"。所谓"爰书"就是文书。秦简整理小组已经说得很明白了。先引了《汉书·张汤传》注:"爰,换也,以文书代替其口辞也。"又用《汉书补注》补充说:"传爰书者,传囚辞而著之文书。"还说:简文中的爰书意义较为广泛,包括司法案件的供辞、记录、报告书等。而且,我们注意到这些爰书大都出自于县、乡一级:"敢告某县主"(3、5 数字指《封诊式》的编次)、"乡某爰书"(4)、军戏某爰书(12)等;当事人也大都是乡、里、亭的一般民众,有某里士伍(4、11、12、13、14)、某里公士(6、10、15)等,公士为爵级的第一级。涉及的吏员也是最基层的,如某县丞(4)、街亭求盗(9、19)、某亭校长(11)、某里典(18、20)等。由此可见,说在原来的案件文本上本来就没有断案结论,可能性很大;对最基层的县、乡来说,是很实际的,对基层的司法文员来说能掌握这些爰书的制作已经足够了,至于如何审理断案、审理的结果对他们来说没有过多关心的必要。

因此,我们不能把《封诊式》看做是"旧法成事品式",不能视做判例成案,因为没有足够的根据可以证明《封诊式》中实例是作为审判依据的成例而制作的。

三、《奏谳书》中的"决事比"

江陵张家山汉墓出土的《奏谳书》227 简,包含春秋至西汉时期的案例 22 件。总的说来它是议罪案例的汇编,但其中也引有个别成案的例子。

(一)成案"婢清亡之诸侯"

很典型的例子是《奏谳书》的第 3 例:高祖十年(前 197)七月三日胡状、丞憙所谳一案。在这个案子中,记述了临淄狱史阑送女子南去了关中,后又假装生病而回往临淄,过关时被查出,遭拘捕。在议谳中引了这样一个案例:"人婢清助赵邯郸城,已即亡,从兄赵地,以亡之诸侯论。"当时官吏们议论,一种意见认为阑与婢清一案性质相同,可按"从诸侯来诱"论处;另一种意见认为可以按奸淫和藏匿黥舂罪罪人论处。结果是"吏议:阑与清同类,当以从诸侯来诱论。"处阑黥为城旦。

由此可见,"人婢清助赵邯郸城"案例是当时"旧法成事品式"的遗存。结果是采用判例法,与"人婢清助赵邯郸城"一案做了同样的判决。《奏谳书》竹简整理小组认为,"《奏谳书》这类案例汇编也可能与比有一定联系。"但是,这只是可能。唯一可以肯定的就是《奏谳书》第3例引用的这则"人婢清助赵邯郸城"成案,是作为判案依据的"比"。不过,这还不是《奏谳书》议罪案例本身。

(二)关于史䲡辨冤故事

有文认为:在《奏谳书》中收录东周时期的案例是因为能为秦汉司法人员借鉴,符合秦汉统治者的需要,《奏谳书》案例十九、二十便是。①这是指两则春秋时期的案例,即《奏谳书》中第十九、二十两则:"史䲡替宰人和婢辨冤"与"柳下季治佐丁"。在这一节里,我们先说一说史䲡辨冤的故事,原文如下:

> •异时狱□曰:为君、夫人治食不谨,罪死。今宰人大夫说进炙君,炙中有发长三寸;夫人养婢媚进食夫人,饭中有蔡长半寸,君及夫人皆怒,劾,史猷治,曰:说毋罪,媚当赐衣。君曰:问史猷治狱非是。史猷曰:臣谨案说所以切肉刀新磨(?)甚利,其置庖俎。夫以利刀切肥牛肉庖俎上,筋膈尽斩,炙脾大不过寸,而发长三寸独不斩,不类切肉者之罪。臣又诊炙肉具,桑炭甚美,铁炉甚磬。夫以桑炭之磬铗口而肉颇焦,发长三寸独不焦,又不类炙者之罪。臣

---

① 彭浩:《谈〈奏谳书〉中秦代和东周时期的案例》,《文物》1995年第3期。

又诊夫人食室,涂□甚谨,张帷幕甚具,食室中毋蔡,而□毋道入,臣又诊视媚卧,莞席敝而经绝,其莞碎,媚衣袖有敝而絮出,碎莞席丽其絮,长半寸者六枚。夫以卫夫人有一婢,衣敝衣,使卧席,卧席碎者丽衣,以为夫人炊,而欲蔡毋入饭中,不可得已。臣操敝席丽媚衣絮者,愿与饭中蔡比之。

• 此以下□八月(?)

君出饭中蔡比之,同也。史猷曰:炙中发,臣度之,君今旦必游而炙至,肉前,炙火气□人而暑,君令人扇,而发故能飞入炙中。君曰:今旦寡人方汲汲扇而炙来,然且与子复诊之。君俯视席端,有随发长二寸以上到尺者六枚。君复置炙前,令人道后扇,发飞入炙中者二枚。君曰:善哉!亟出说而赐媚新衣,如史猷当。

这则史䱷为宰人和婢辨冤的故事,与《韩非子·内储说下》中的"文公发烧炙"一节文字相类似。① 引录如下,以便对照:

晋平公觞客,少庶子进炙而发烧之。平公趣杀炮人,毋有反令。炮人呼天曰:"嗟乎!臣有三罪,死而不自知乎?"平公曰:"何谓也?"对曰:"臣刀之利,风靡骨断而发不断,是臣之一死也。桑炭炙之,肉红白而发不焦,是臣之二死也。炙熟,又重睫而视之,发烧炙而目不见,是臣之三死也。意者堂下其有翳憎臣者乎?杀臣不亦蚤乎?"

与"晋平公觞客"相对照,前后二者有明显不同:前者的中心人物是卫国的大夫史猷,史猷即史䱷。关于史䱷,注云:"字子鱼,卫国人,见《左传》。"② 前者史猷辨冤为实,是个实际的案例;后者为晋国无名炮人,并无确指,炮人伸冤是虚,为分析君臣之间的利害关系是实。由此

---

① 李学勤:《〈奏谳书〉解说(下)》,《文物》1995年第3期。
② 《张家山汉墓竹简》,文物出版社2001年版,第226页注四。史䱷,卫国大夫,以忠直称。字子鱼,又称史鱼。在《韩诗外传》上曾记载有史鱼"尸谏"卫灵公(误作献公)的故事。

可见,《韩非子》只是借用了史䲡辨冤的故事借题发挥而已。

那么,《奏谳书》抄录的这则史䲡辨冤故事是一般的案狱故事,还是具有成例的性质? 我们认为它只是一则案狱故事。

故事开头说"为君、夫人治食不谨,罪死。"这倒可以看做是当时卫国的一条法律。

在史䲡辨冤的故事中,用了两个同样性质的事例,一个是替宰人说辨冤,一个是为婢媚辨冤。辨冤的依据是:宰人的刀很锋利、炭火又旺而三寸长的头发不断、不焦,所以"不类切肉者之罪"、"又不类炙者之罪";婢媚穿着破烂,草屑附着在破衣的败絮上,半寸长的草掉在饭里,这种事是势必会发生的。后来史䲡还在国君的面前做了个飞发进炙的实验,证实头发很有可能随风飞入炙中。结果,免除了宰人说的罪名,赐给了婢媚新的衣服。

显然,这是一则故事,而且是经过了加工修饰。两个同样性质的事例并不是发生在同一人身上的,也没有说发生在同一时间、同一地点,然而故事却将它们组织在了一起,其原因是为了说明同一个问题,达到表达直臣史䲡能为下层民众伸冤这一主题的目的,因此,只能说它是一则案狱故事。

如果我们把它当做成案来对待,有作为判例范式的可能,那样又有这样一些问题需要解决:罪行是什么,定罪的法律依据又是什么,最后是如何判决的? 罪名当然是"为君、夫人治食不谨",具体表现在炙中有发和饭中有蔡;但是"治食不谨"的依据(炙中有发和饭中有蔡)都被史䲡一一地否定掉了。没了依据,罪名不能成立,判决无从谈起。事实上正是如此,史䲡辨冤故事缺乏作为判例范式的起码条件。

为此,我们又怀疑起"为君、夫人治食不谨,罪死。"这条法律的存在来了。把炙中有发和饭中有蔡都理解为"治食不谨"的话,那么"不谨"就没有了限制,君王可以随心所欲,为所欲为,草菅人命的事将随时发生。这样的法律条文能说合乎情理？在实际的生活中能够予以实施？那就更不用说判例的范式了。

（三）关于柳下季治佐丁案的故事

《奏谳书》中第 20 则关于柳下季治佐丁案案例原文如下：

> 异时鲁法：盗一钱到廿，罚金一两；过廿到百，罚金二两；过百到二百，为白徒；过二百到千，完为倡。又曰：诸以县官事诇其上者，以白徒罪论之。有白徒罪二者，加其罪一等。白徒者，当今隶臣妾，倡，当城旦。今佐丁盗粟一斗，值三钱，柳下季为鲁君治之，论完丁为倡，奏鲁君。君曰："盗一钱到廿钱罚金一两。今佐丁盗一斗粟，值三钱，完为倡，不已重乎？"柳下季曰："吏初捕丁来，冠鹬冠，臣案其上功牒，署能治礼。儒服，夫儒者君子之节也。礼者君子学也，盗者小人之心也。今丁有小人心，盗君子节，又盗君子学，以上功再诇其上，有白徒罪二，此以完为倡。"君曰："当哉。"

这一则案例与上一则史鳍辨冤故事不同，按判例范式应具备的条件而论，无论是罪名，还是判罪依据以及判决它都有了。佐丁所犯罪行是盗粟一斗，再加上他"以上功再诇其上"他申报功劳而做盗贼的事欺骗了上司，所以，最后被从重判处"完为倡"。而且，在这则柳下季治佐丁的案例中保存着鲁国法律的部分律文，这是以前我们所不知道的。鲁国法律律文有：1. 盗一钱到廿，罚金一两；过廿到百，罚金二两；过百到二百，为白徒；过二百到千，完为倡。"鲁国的货币计算采用十进位制，与秦国采用十一进位制不同，故量刑也不尽相同。"[①] 2. 诸以县官事诇其上者，以白徒罪论之。3. 有白徒罪二者，加其罪一等。

既然如此，我们是不是就可以把它看做为成案，为判例范式，称之"廷行事"了？恐怕还不行。有这样几个问题还需要解决：柳下季是否

---

① 李学勤：《〈奏谳书〉解说（下）》，《文物》1995 年第 3 期。

确有其人？鲁君,是哪一位鲁国国君？"儒者君子之节"的内容出现在案例中,又说明了什么？

柳下季,《张家山汉墓竹简》整理小组加注云:"柳下季,即鲁大夫展禽。封于柳下,字季,谥惠,故又称柳下惠,见《论语·微子》、《左传·僖公二十六年》。"①认为展禽与柳下惠、柳下季为同一人。笔者对此尚存怀疑,附于注。② 不过,这不影响这则故事是否判例的判定。根据《左传》,展禽是鲁僖公、文公时人。这样看来,"异时鲁法",指的就是鲁僖公、鲁文公时期或者是他们之前的鲁国法律。

为什么要处佐丁"完为倡"的理由是:佐丁盗粟,此为盗君子节,一詑上;能治礼的佐丁盗粟,此为盗君子学,二詑上;按鲁法"诸以县官事詑其上者,以白徒罪论之。有白徒罪二者,加其罪一等。"如果按盗粟一斗论罪,罚金一两则可。而按柳下季的"詑上"罪处断,实际上加了三等罪:从罚金一两、罚金二两、白徒到完为倡。重轻如此悬殊,何也？是法律与道德在这里发生了碰撞。柳下季的道德标准是儒家所倡导的礼。因为触犯了儒家的道德规范就要加重处罚,这从案中的鲁国法律看,也是缺乏依据的。当然,有的时候道德问题与法律问题纠缠在一起,不那么容易分开来,比如秦律中的"不孝罪"就是。但是在这个案例中儒家关于"礼"的说教,无法找到法律上的依据,即使是以直臣著称于世的柳下季也没有摆出法律上的根据来。其原因就在于故事的中心思想不在于断案的本身,断案是载体,以此宣扬"礼"的神圣不可侵犯是它的本

---

① 《张家山汉墓竹简》,文物出版社2001年版,第227页注四。

② 《左传·文公二年》同样记有展禽讥臧文仲祀海鸟爰居的事,杜注:"展禽,柳下惠也。"未及柳下季。但是韦昭注本身前后有矛盾,一说字展禽,一说字季。可证韦昭在无法解释《国语》中出现的柳下季时,也就作一人之异名看。孔颖达《左传正义》:季,五十岁之字;禽,二十岁之字。家有大柳,树惠德,因号柳下惠。此恐为牵强附会之说,无征可言。柳下惠的事迹另外有多处可见:《论语·微子》、《论语·卫灵公》、《孟子·公孙丑》、《孟子·万章》、《战国策·燕策》等。但是均无一处兼称之为柳下季者。姑且存疑。

意。不能不说这是很巧妙的反衬法。据此,我们的结论是:柳下季治佐丁案的故事不能看做成案,而只是一则以宣扬儒家的"礼"为宗旨的案狱故事。

此外,案例中有这样一段插说:"白徒者,当今隶臣妾,倡,当城旦。"句中的"今"是指汉初的"今"呢,还是指抄本所依据的原本所在的当时?无法确定。但是,有一点是可以肯定的,那就是它已不是原本,即鲁僖公、鲁文公时期的本子了。在汉初,将这则故事抄录下来,放在《奏谳书》中,尽管有点不伦不类,但是表明当时人对儒家所倡导的礼的关注程度,已露端倪。

(四)《奏谳书》中的其他案例

除了上面提到的3则案例外,还有案例19则。这19则案例,发生在秦王政时期的3例,发生在汉高祖时期的8例,其余8例没有记下年月。

这19则案例的时间,与墓主生前的生活时间比较接近。最早的案例是秦王政元年,即公元前246年,与吕后二年,公元前186年,相距仅60年;最接近的是汉高祖十一年,即公元前196年,相距只有10年。很显然,这些案例是当代人的案件记录。

这些当代人的案件记录,是不是以编写成案为目的,制成判例范式为后来的司法者参照执行?很可惜,《奏谳书》的编者没有交代。

唯一的办法是读《奏谳书》的简文,从简文中探讨它的编写意图。

这19则案例大致可以分成详与略两种情况,略者是指《奏谳书》中案例的第6至第13则。以第8则为例,大致情况是这样的:一名叫宜的奴隶逃亡了,越过边关道口。名叫有的官大夫派守卫士卒出去追捕,没有抓到。定罪疑惑不决。最后廷尉审决:应判处官大夫有赎耐。(《二年·津关令》:"吏卒主者弗得,赎耐。")

这是一则刑处失职犯罪官大夫的案例。情节简单,但扼要明白。

有处断,也干脆。如果将它看做是成案判例,也应该说是可行的,因为它具有可参照性:有案件的过程,案件的性质,处断的结论。其他几则略的也大致是这种写法,第 6 至 13 例分别是汉中郡守、北地郡守、蜀郡守、河东郡守所上奏的谳书,所涉及的地域较广,说明它不是某个特定地区的卷宗,具有广泛的代表性。可惜,这 8 则谳书没有注明时间;是没有注明,还是有意识的删削?如果说是有意识的将时间删去,是不是又反而说明这样做为的是提升它们的普遍意义。① 从这个意义上说,它们是经过整理加工过的,有准备用作成案的企图的。

再看详的,详的主要是指第 1 至第 5 则、第 14 至第 22 则(除去第 19、20 两则),共 11 则。以第 1 则为例,其大致情况是这样的:

高祖十一年(前 196)六月,蛮夷地区的一名成年男子叫毋忧,他被征发去守边服役。不料,在半途他却逃跑了。一名射手叫九,他把毋忧抓住,送到南郡夷道的官府。

毋忧辩解说:"我是蛮夷地区的男子,只要每年缴纳 56 钱的徭赋,就不必去守边服役。"

南郡尉窑说:"南郡征召守边是执行上级的命令,《蛮夷律》上并没有规定谁不该去守边服役,就征发毋忧去了。想不到他半途逃跑了。"

官府追问毋忧,说:"《蛮夷律》上规定,蛮夷的成年男子每年缴纳了徭赋,就可以不去守屯。但是并不是说就不能派遣你去守边。退一步说,即使不该派遣去守屯,而现在南郡尉窑已经征发毋忧去守屯了,毋忧就是守屯的士卒。毋忧半途脱逃,就没有道理。"毋忧说:"有蛮夷君长可以证明,问下级官吏没用。"再审问一遍,口供跟

---

① 在本文的第二部分曾经引述《江苏连云港市出土的汉代法律牍考述》一文中的内容,文中在论"决事比"的特征时说"对各案例的记录,均不表述具体时间",就是其中的一点。

前面说的没有两样。

官府审问结果,上述情节清楚。处毋忧有罪疑惑不决,移交它县决断。判决结果:处毋忧腰斩。也有的不赞同。最后廷尉终审,维持原判:腰斩。

这是一则少数民族地区的男子被征发去守边服役而半途逃亡的案件。案件的性质是严重的。从毋忧南郡尉窑与官府的对话中可以明显看出这是在审讯,审讯的内容照实做了记录,记录不避重复不厌繁琐,写得很具体。最后是议罪的情况记录。

其他一些记录详细的案例大都也是如此。其中,如第17、18、22等则案例记载得尤其详细。读者读到这些极其详细的审问记录往往会不耐烦。

统览这些记载详细的案例记录,作为案件的档案说来是真实的,齐备的,反映了案件的真实面貌。如果把它们作为成案,未尝不可。不过,我们以为,作为成案的判例范式应该说还有一个去粗取精,精益求精的制作过程。在前面我们提到成案中常常用某某,或甲、乙、丙来替代案件中的当事人,这就是一个加工修饰的过程。又比如上文第一部分的第3小节中提到的《答问》第59、60号简"廷行事"的表述,简练明确,且又考虑周全。但是,在上述的11则案例中虽都有详细的审问、议罪记录,但记录都相对的原始,缺乏应有的技术处理。当然技术处理并不是要求人为地去改变原案的实际,而只是在文字表达、段落结构方面的加工整理。就是这一点在这些案卷中都没有能做到。可能它曾经粗略地将案卷做了时间上的编排,而没有多做文字的修饰工作。显然,它的编写目的并不是像我们预想中的那样是用来做成案用的,而只是保存些自己认为重要的案例材料,以备个人或某地方部门参考而已。如果这个工作能继续做下去,按判例范式的要求去做些加工润色的话,确实它将是极好的"廷行事"档案,可惜,古人并没有这么去考虑;或许这件事已经超出了他们考虑的职责范围了。

四、小结

综上所述,在秦汉时期的司法实践中,已经采用了判例法。秦简《答问》中有明显表明是"廷行事"的有 13 处,而秦简《封诊式》则不能看做是判例范式。汉简《奏谳书》情况比较复杂:在第 3 则中引用了成案"婢清亡之诸侯",而两则春秋故事只能看做是案狱故事,《奏谳书》中第 6 至 13 例写得简略的案例有可能是成案,而记录得很详细的第 1 至 5、14 至 22 例则没有成为判例范式的可能。

秦汉律令中的"廷行事"当有一定程式,在形式上一般有这样几个特点:

1. 涉及人名可以隐去姓名,用甲、乙、丙代替(也可以直书姓名);

2. 一般不注明具体时间;

3. 案例情节的叙述简明扼要。包括案件的经过、案验、审讯以及审处结果。必须有处断结论。

秦汉律刑处述略

刑处，包括刑罚和处分（或称处罚）两个方面。这两个方面有时很难严格区分，这是由秦汉律综合性特点所决定的。影响秦汉律刑处的因素有很多，毫无疑问，罪犯所犯罪行或一般违法行为的轻重程度是刑处的主要依据。此外，等级制度下的法律，诸如爵级、官职等都直接会对刑处产生影响。本文暂时避开爵制、官制不论，①主要对决定刑处轻重程度的其他因素做些探讨。

主要探讨的问题有下面三个：一、决定刑处的依据，本文归纳为四个方面：不同对象、不同性质、危害程度和不同后果；二、规范刑处所采用的手段，本文归纳为确定时限、量化、确立参照系和法定程序四方面；第三点是刑处的实施，案件的调查是前提，因此案件的调查也普遍得到重视。

《盐铁论·刑德》上说："昔秦法繁如秋荼，而网密如凝脂"，以往我们没有感性认识，而今研读秦汉律之后，即使仅就刑处而论，其立法的严密性程度也是前所未有。

一、决定刑处轻重程度的依据

定性量刑有一个因时而化的问题，社会背景的不同决定刑处轻重

---

① 另见本书《秦汉法制中的尊卑等级》一文。

的程度也不同。即《尚书·吕刑》上所言"刑罚世轻世重。"古人将惩罚犯罪与时势的密切关系做了最直率的表述。此外，从法理学的角度说，罪刑相应应是一条原则，不过，在具体的立法操作中受多种因素的影响，情况就变得复杂起来。加之民事、行政等方面的强制手段与之交织在一起，因此，适用刑罚和处分在不同的时期、不同的时段都会有所变化。在这方面，秦汉律的情况概述如下：

（一）决定刑处轻重程度的依据之一：适用对象

商鞅主张"壹刑"，刑无等级。《韩非子·有度》上也说："刑过不避大臣，赏善不避匹夫。"不过，这是针对贵族特权说的，而这里所讨论的是适用刑处的具体对象，对象不同，刑处轻重则不同；这里的具体对象指：违法者、执法者、连坐对象、收孥对象。

1. 违法者

（1）犯盗，首先得区分一般犯盗与群盗的不同。一般犯盗，如秦律上规定"或盗采人桑叶，赃不盈一钱，何论？赀徭三旬。"（第7简）罚30劳役的钱。一天劳役假定为6钱，那就是180钱，这样的处断用今人的眼光来看，太离谱了！不符合过错与惩罚相适应的原则。不过，出自先秦法家主张的采用重典以刑去刑的思想，也并不足怪。群盗，五人为群，《二年》"盗律"上规定："盗五人以上相与攻盗，为群盗。"（第62简）秦律《答问》规定："五人盗，赃一钱以上，斩左止，又黥以为城旦；不盈五人，盗过六百六十钱，黥劓以为城旦；……"有共同犯罪性质，甚至可以看做是犯罪集团（还可分出主从），团伙犯罪危害大，相应的负刑事责任也重。

（2）违法者的身份。服劳役刑而逃亡的，逃亡者身份不同，量刑则不同。《二年》"亡律"："城旦舂亡，黥，复城旦舂。鬼薪白粲也，皆笞百。"（第164简）窝匿罪犯是违法，被窝藏的对象如果是犯死刑的，黥为城旦舂；其他的则处于被窝藏者同样的罪。《二年》"亡律"有规定："匿罪人,死罪,黥为城旦舂;它各与同罪。"(第 167 简)实际上这里的对象是指与违法者相关的人的身份。

(3) 是否自愿。这与债务纠纷案有关。秦律《答问》指出,因债务强行扣押人质的,和双方同意质押的,都作"赀二甲"的处罚,用成例解释说:"廷行事强质人者论,予者不论;和受质者,予者□论。"(第 148 简)按成例,强行扣押人质的应论罪,而自愿给人作人质的则不论罪;双方同意作押,自愿去给人作人质的也要论罪。如何定罪,与债务人债权人之间关系的处理有关。

(4) 是否为官府认可(合法)。有关婚姻方面的案子,婚姻是否为官府认可,其处断则不同。(《答问》第 166 简)用今天的话说,是一个是否为合法婚姻的问题。若是休妻,则要报告登记。(《答问》第 169 简)

(5) 是否违礼。秦简《答问》"公祠未□"条中"盗其具"盗一份供品,它的价值不满 1 钱,"盗之当耐",要处以耐刑(第 26 简),其原因显然是对先君主的不恭。复,报,是指淫季父之妻。《二年》"襍律":"复兄弟、季父伯父之妻","复男弟兄子、季父伯父子之妻",分别处以"黥为城旦舂"①、"完为城旦"(第 195 简)违背伦常,触犯尊长,从重。

2. 执法者

秦汉律对执法者的违法行为毫不姑息,必予以严肃的惩处。

(1) 以执法对象罪行的轻重作衡量标准。《答问》捕捉犯有赀罪的人,故意"杀之,完为城旦;伤之,耐为隶臣。"分别杀还是伤(第 124 简)。分别执法对象不同。《答问》抓获了私运珠玉出关的人,怎样给予奖赏?"其耐罪以上,购如捕它罪人;赀罪,不购。"(第 140 简)视被捕犯人罪刑轻重而定,被捕犯人罪刑的轻重,也就表明所犯私运珠玉罪的轻重,购赏自应有所不同。

---

① 此处"舂",多余,可能为衍字。

(2) 连带责任。秦律《答问》规定,空仓的草垫下残留有粮食一石以上,仓库的主管按成例处"赀一甲"(第151简)。负责监管的令史也要负连带责任,赀"一盾"。

(3) 处罚重于一般人。犯和奸罪,对"吏"则加重论处。《二年》"襍律":"诸与人妻和奸,及其所与皆完为城旦舂。其吏也,以强奸论之。"(第192简)以强奸论之,也就将处以腐刑,成为宫隶臣,受过宫刑的官奴。

(4) 执法有误,依法论处。如秦简《答问》:"甲贼伤人,吏论以为斗伤人,吏当论不当?当谇。"谇,行政处分。

3. 连坐对象

《史记·商君列传》有云:"令民为什伍,而相牧司连坐。"《二年》"贼律"对降诸侯、谋反等罪,处"腰斩","其父母、妻子、同产,无少长皆弃市。"(第2简)《盗律》对劫人、谋劫人罪处以磔刑,并"罪其妻子,以为城旦舂。"(第68简)

《秦律杂抄》"不当禀军中而禀者"条是对不应当从军中领取粮食的而领取了的,分别处罚了当事人,以及与之相关的徒食、屯长和仆射,即一起吃军粮的军人、屯长和仆射。因为他们没有报告,被处以戍边一年。实际上他们也成了什伍连坐的对象了。

4. 收孥对象

秦汉律中有收孥方面的法律规定。收孥,指犯罪人妻子儿女被收入为官府的奴婢。罪人的妻子儿女所指罪人是指被处以"完城旦、鬼薪以上,及坐奸腐者"(《二年》第174简)等的犯罪。秦简《答问》:"隶臣将城旦,亡之,完为城旦,收其外妻、子。"(第116简)外妻、子,指隶臣之原未被收其身份仍为自由人的妻、子。

(二)决定刑处轻重的依据之二:不同性质

讨论性质问题不可能不谈及罪行或违法行为的危害程度,不过,这里所说的性质不是指罪行或违法行为的本身,而是在罪名基本确定之后,从对罪行或违法行为的态度角度着眼,指举告、自首(及窝藏)、同谋、知情等。此外,还有动机问题。

1. 控告

控告,有这样几种情况:基本符合实际情况的,不予论处(如《答问》第40、41简);失实的,又分故意与不是故意两种情况,故意的,按"诬告"论;不是故意的,以"控告不实"论(《答问》第43简)。这样就与动机有关。《答问》第33、34简中就针对"吏"违反了司法程序而出现误判的情节,司法解释是这样的:"吏为失刑罪;或端为,为不直。"一般的误判是一种过失,以用刑不当论罪;如果是故意的,则以不公论罪。在《答问》第38、39简中在提到控告不实的犯罪时,对故意不实控告者的处罚就存在着分歧;好在《答问》将这种分歧作为司法解释写了下来,使我们对这个问题能看得更清楚一点。"(告人)盗百,即端盗加十钱,问告者何论? 当赀一盾。赀一盾应律。虽然,廷行事以不审论,赀二甲。"此条文说的虽是普通百姓之间的故意不实控告,但对"吏"来说法理是同一的。控告者故意私加十钱,按秦律律文应处罚一盾;但是在以往的实际办案中则处罚二甲。有没有定论? 没有。这个解释权是给司法者了。

《二年》"告律"规定:"诬告人以死罪,黥为城旦舂,它各反其罪。"(第126简)明确除诬人死罪处以"黥为城旦舂"外,诬告者要受到反坐。

2. 自首(及窝藏)

是否自首,处断悬殊。《二年》"具律"规定:"□□□□□,以其罪论之;完城旦舂罪,黥之;鬼薪白粲罪,黥以为城旦舂。其自出者,死罪,黥为城旦舂;它罪,完为城旦舂。"(第100简)所缺五字,按律文文意推测,可能是指"匿而不出者"。自首者在其原罪之下减刑,从轻处罚。

又,留止逃亡者和戴罪逃亡者的,知其逃亡,而留宿的,按时间的长短和不同的对象而予论处。《二年》"亡律":"诸舍亡人及罪人亡者,不知其亡,盈五日以上……"(第170简)雇佣戴罪逃亡者的,不知其逃亡,按留止逃亡者不知情处理。"取亡罪人为庸,不知其亡,以舍亡人律论之。"(第172简)

3. 知情与不知情

秦简《答问》第167、168号简,娶亡妻以为妻,有知情与不知情的区别。

对知情不报者的论处是相当重的。在《二年》"盗律"中规定:"知人略卖人而与贾,与同罪。不当卖而私为人卖,卖者皆黥为城旦舂;买者知其情,与同罪。"(第67简)这样的处断与"连坐"是相应的。秦简《答问》在解释"与同罪"时说:"其同居、典、伍当坐之。"(第20简)也可以说秦律是把同居、典、伍作为知情者看待的。又,"钱律"规定:"诸谋盗铸钱,……知为及买铸钱器者,与同罪。"(第208简)知情不告,按同样的罪刑处断。

4. 公私

公私要分清。秦简《答问》"以其乘车载女子,何论?赀二甲。以乘马驾私车而乘之,毋论。"(第175简)乘坐安车规定,不能用这种车乘载妇女;而私车可以。又如《二年》"徭律"规定:"若擅兴车牛,及徭不当徭使者,罚金各四两。"(第415简)擅兴车牛,大多就是去干私活了,加重处罚。

5. 年龄

有法定的年龄界线,即刑事责任年龄的规定。秦简《答问》规定身高六尺,十五岁为成年。(第6简、第158简)此记载与史籍相合,《礼·内则》:"成童舞象学射御"郑注:"成童,十五以上。"《二年》"具律"规定:"公士、公士妻及□□行年七十以上,若年不盈十七岁,有罪当刑者,皆完之。"(第83简)对刑事责任的年龄做了规定,秦汉律有所不同,前者15,后者17。十岁以下,除杀人罪,不负刑事责任。《二年》"具律"规

定:"有罪年不盈十岁,除;其杀人,完为城旦舂。"(第86简)

6. 动机

在秦简《答问》中常见"端"字,表示故意的意思。秦律已经明确犯罪的主观动机为量罪判刑的依据之一。例如第43简:"甲告乙盗牛若贼伤人,今乙不盗牛、不伤人,问甲何论?端为,为诬人;不端,为告不审。"甲控告乙,情况不实,对甲要不要处理?解释是这样的:如果是故意的,作诬告论处;不是故意的,作为控告情况不实处理。明知会造成危害,并希望发生这样的结果,是谓故意;故意犯罪不同于过失犯罪,其危害大,量刑重。如《二年》"钱律"规定:"诸谋盗铸钱,颇有其器具未铸者,皆黥以为城旦舂。"(第208简)盗铸钱,有预谋,当属故意犯罪。

(三) 决定刑处轻重的依据之三:危害程度

数量能反映一定的程度,有时还有一些不能量化的行为发生,如失火就是。秦简《答问》失火连带烧毁了里门、城门,烧毁里门的程度要轻于城门,因此分别处罚一盾、一甲。

秦简《答问》对斗殴罪的伤害程度有较细的论定:"缚而尽拔其须眉"、"拔人发"、"啮断人鼻若耳若指若唇"、"斩人发结"、"决人唇"(第81至87简)等。斗殴中所用器物也有不同:"斗以针、䤘、锥"、"以兵刃、殳、梃、拳指伤人"(第86至92简)等。此外,对"大痍"的判定则视其受伤的程度(《答问》第208简)。

秦律规定:因债务强行扣押人质的,以及双方同意质押的,都作"赀二甲"的处罚。《答问》:"百姓有债,勿敢擅强质,擅强质及和受质者,皆赀二甲。"(第148简)用成例做解释说:"廷行事强质人者论,予者不论;和受质者,予者□论。"强行扣押人质的应论罪,而自愿给人作人质的则不论罪;双方同意作押,自愿去给人作人质的也要论罪。对此,汉律量刑为重。《二年》"杂律":"诸有债而敢强质者,罚金四两。"(第187简)未及和受质者。前文已经谈到了这一点,这里从危害程度的角度再谈一下。

《二年》"襍律"中有"强与人奸者,腐以为宫隶臣。"(第193简)明示宫刑这种残酷刑罚的存在。而且,"诸与人妻和奸,及其所与皆完为城旦舂。其吏也,以强奸论之。"以强奸论处就意味着当处以宫刑。对吏加重了处罚。

对"强略人以为妻及助者,斩左趾以为城旦。"(《二年》第194简)

(四)决定刑处轻重的依据之四:不同后果

《二年》"具律"规定:"译讯人为诈伪,以出入罪人,死罪,黥为城旦舂;它各以其所出入罪反罪之。"(第111简)翻译作假,而致人死罪的,处译讯人黥为城旦舂。其他罪则反坐。视其造成的后果论罪。

在《商君书·赏刑篇》中说:"所谓壹刑者,刑无等级。自卿相将军以至大夫庶人,有不从王令,犯国禁,乱上制者,罪死不赦。有功于前,有败于后,不为损刑;有善于前,有过于后,不为亏法。"商鞅主张:在法律面前太子犯法与庶民同罪,然而,法律的制定与法律的实施总存在着距离。

二、规范刑处的手段

(一)规范刑处的手段之一:确定时限

秦律"徭律"规定,征发徭役,如果耽搁不加征发,应罚二甲。迟到三到五天,斥责;六到十天,罚一盾的钱;超过十天,罚一甲的钱。"御中发征,乏弗行,赀二甲。失期三日到五日,谇;六日到旬,赀一盾;过旬,赀一甲。"汉简《二年》"行书律":"邮人行书,一日一夜行二百里。不中程半日,笞五十;过半日至盈一日,笞百;过一日,罚金二两。"(第273简)

逃亡罪以一年为界线,逃亡不满一年的处以服城旦舂的劳役;一年以上处以耐刑。《二年》"亡律"："吏民亡，盈卒岁，耐；不盈卒岁，系城旦舂。"（第157简）官奴婢逃亡也分别处以城旦舂六年或三年，"隶臣妾、收人亡，盈卒岁，系城旦舂六岁；不盈卒岁，系三岁。"（第165简）

按时间的长短和不同的对象对留止逃亡者做出论处。《二年》"亡律"："诸舍亡人及罪人亡者，不知其亡，盈五日以上……及亡收、隶臣妾、奴婢及亡盈十二月以上□赎耐。"（第170、171简）并确定溯及既往的时效。

时限还有另外一层意思，指案发与审讯不同时，赃值起了变化，该怎样处断？当按案发时的时值论罪，并追究官吏的用刑不当之罪。见《答问》"士伍甲盗"条（第32至36简）另外，赦前盗钱，则不溯前愆（第37简）。

（二）规范刑处的手段之二：量化

对刑处轻重程度的量定，很重要的是数量的核定及其层级，从中体现出秦汉法制中量化理念的确立。

1. 犯赃数额

秦简《答问》中首先将一般犯盗与群盗区分开来，其界线是五人。一般犯盗窃罪，按赃物的价值论，分三档：660钱以上、不满660到220钱、不满220钱到1钱，处以肉刑和劳役刑、流放刑等。而群盗性质严重，处刑相对一般犯盗要重得多。

2. 免役比例

在官府做工可免除赋役，但是，根据手艺的不同等级，可以免除赋役的有一定的比例，《二年》"复律"："大数率取上手十三人为复，丁女子各二人，它各一人，勿算徭赋。……新学盈一岁，乃为复，各如其手次。盈二岁而巧不成者，勿为复。"（第280简）对劳作的管理来说，这种比例的确定是很有意义的。

3. 运输规程

传送运输有行进速度的规定。《二年》"徭律"规定:"事委输,传送重车重负日行五十里,空车七十里,徒行八十里。"(第412简)

4. 仓储管理的规章制度

以粮食管理方面的法律规定为例。仓库中的粮食腐烂了,腐烂多少? 分不满100石的,100石到1000石的,1000石以上的三种情况,分别予以斥责、罚一甲、罚二甲,并赔偿损失。

衡器、量器要求准确,有误差的,按误差的大小处罚。在《睡虎地秦墓竹简》"效律"的注⑥列有一表,照录如下:

衡制

石(120斤,1920两)	误差16两以上	赀一甲
	8两以上	一盾
半石(60斤,960两)	8两以上	一盾
钧(30斤,480两)	4两以上	一盾
斤(16两)	3铢(1/8两)以上	一盾
黄金衡累	1/2铢(1/48两)以上	一盾

量制

桶(10斗,100升)	误差2升以上	赀一甲
	1升以上	一盾
斗(10升)	1/2升以上	一甲
	1/3升以上	一盾
半斗(5升)	1/3升以上	一盾
参(3 1/3升)	1/6升以上	一盾
升	1/20升以上	一盾

物品的清点,有超过或不足的,处罚分四档:价值在110钱到220钱的,220钱到1100钱的,1100钱到2200钱的,2200钱以上。对此,

分别予以斥责、罚一盾、罚一甲、罚二甲。同时,对物资的称量不足也划有数量上的界线,不同的量予以不同程度的处罚。

"效律"中关于领漆后,对漆质量的检验,看水减的情况,分四种情况处理:水减200斗以上的、200斗以下到100斗的、100斗以下到10斗的、不满10斗的,分别予以赀二甲、赀一甲、赀一盾、补足原数的处理。

还有,会计出现差错,也有个钱数多少的核定,而且官府的啬夫负有连带责任。

在秦律中,对数量的论定是相当细的。如仓库里有鼠洞三个以上,按成例罚赀一盾。鼠洞有大小,小老鼠的洞三个算一个鼠洞。

对"大误"的判定视其价值的大小(《答问》第209简),660钱是条界线。

5. 债务抵偿

《秦律十八种》"司空律"规定,以劳役来抵偿债务的人是否穿囚服,是否加狱具都有明确规定,其对象不同处置也不同,对象可分为公士以下、鬼薪白粲下吏毋耐私奴婢、葆子以上。前者不穿囚服,不加狱具;中者穿囚服,加狱具;后者不加监管(服城旦舂劳役的都穿红色囚衣)。

用劳役抵偿债务,它与服刑有所不同,与减、免、赎也不同。

(三)规范刑处的手段之三:确立参照系

在定罪量刑中时以"盗"为参照系。秦简《答问》"吏有故当止食",却不加停止仍旧照发。如何处理?"当坐所赢出为盗"(第154简)。按其多发的做盗窃处罪。

在定罪量刑中时以"官秩"为参照系。在《二年》的"传食律"中有这样的规定。随从者的多少,有爵级者依此可以比照有官秩者,"食从者,卿以上比千石,五大夫以下到官大夫比五百石,大夫以下比二百石。"(第237简)"吏官卑而爵高,以宦皇帝者爵比赐之。"(第294简)"赐公主比二千石。"(第 295 简)等。

此外,还用"廷行事"表示成例比照。也就是说,相类的案件在以前曾有发生并已有处断结论,现在判决此同类的案子可据此比照。以成例作为定罪量刑的依据。如《答问》第 152 简对仓库管理不善的处罚是按鼠洞的多少和大小来量定的,成例已有明确规定。又如《答问》第 59、60 简就是两条"廷行事",没有设问也没有引律,直接将成例列出,显然有可"照此办理"的意思,发挥与律同样的作用。

(四)规范刑处的手段之四:法定程序

告诉必须按诉讼程序进行,并划定告诉的区域范围。汉简《二年》"具律"规定:"诸欲告罪人,及有罪先自告而远其县廷者,皆得告所在乡,乡官谨听,书其告,上县道官。廷士吏亦得听告。"(第 101 简)

县廷无权裁断死罪、过失杀人等重大案件,必须按法定的司法程序上报。《二年》"兴律"规定:"县道官所治死罪及过失、戏而杀人,狱已具,勿庸论,上狱属所二千石官。二千石官令毋害都吏复案,闻二千石官,二千石官丞谨掾,当论,乃告县道官以从事。彻侯邑上在所郡守。"(第 396、397 简)

三、案件调查受到普遍重视

此外,在刑处的实施过程中,即司法和行政处分的实践中,案件调查的问题也已经受到秦汉律立法者的普遍重视。

(一)证据问题

从审案的角度看,不能用拷打,但是在案犯多次欺骗又拒不服罪的情况下,可以施行拷打,见秦简《封诊式》"治狱"、"讯狱"两则。汉简《奏谳书》第 17 案例是一则冤案平反的例子,屈打成招而酿成冤案。由此看来,在刑处过程中,提供证据就显得尤为重要,如《封诊式》第 8 则

"□□"搜到的钱和钱范就是证据;"盗马"中的苍白杂色母马、丹黄色帛面夹衣、鞋一双等也是求盗提供的证据。在《封诊式》"群盗"一则中除具弩、箭之外,还取了首级一个;照例要检验尸体,为此报告中做了说明,因为山里路险无法运出,得到上级同意。在"经死"一则中,即使是缢死的,也"令甲、女载尸诣廷。"要把尸体运送到县廷里去。若是杀伤人,必须检验受伤情况,如"夺首"中所说:"诊首,已诊丁,亦诊其痍状。"检验还比较的仔细。《奏谳书》第17案例中的验伤也是很认真的,文书上记述说大如指的有十三处,小的伤痕相复叠交错,从肩一直到腰,密不可数。

(二)有无前科问题

有无前科也是调查的内容之一。当然它不可能作为审理案件的依据,在《封诊式》的案例中几处提到它,说明有无前科也是案件调查、检验的必要内容,而且对当前处罪会造成影响。"覆"中就列出"所坐论云何,何罪赦",曾犯过什么罪,判过什么罪刑或者赦免等。"盗自告"一则里罪犯自首,就说自己"无它坐",没有其他过犯。"□捕"、"群盗"中也有罪犯的口供称:"甲无它坐"、"皆无它坐罪"。有前科的人重新犯罪,是否从重处罚?答案应该是肯定的。

(三)案发现场的保护问题

在文书中对案发现场的描述也是很细致的,如"贼死"、"穴盗"等则从对死者、对盗洞现场的描述看,现场受到了保护,比如"贼死"中说到被杀死者的鞋,是"秦綦履",一只离男子六步有余,一只离男子十步;把履给男子穿上正好合适。由此看来,保护案发现场、刑事侦查在当时已经受到重视。

(四)有无疾病问题

罪犯有无疾病,也是调查、检验的内容之一。不仅是防止疾病传染的问题(如"疠"),如《封诊式》"告臣"中即使报告说骄悍的男子丙没有病，官府还是派史某对他进行检验，证实没有病。还有，如果是患有毒言者，这是有罪的，如"毒言"中士伍丙的外祖母因是宁毒言者被论罪，流放。

  诸如此类的案件调查是十分重要的，为司法实践中定性量刑的依据所必需。再结合上文对影响秦汉律刑处依据、规范手段的探讨来说，这些都有助于我们对秦汉法制构作的深入认识。此外，还能看到秦汉律刑处的诸多方面都为其后的刑罚制度、刑罚原则和刑等的确立打下基础，它对其后我国法律制度的影响是深刻的。

说"辜"二题

辜,古代法律术语,也用作为"保辜"或"辜限"的省写。辜限,就是对伤害罪适用的在伤害行为实施以后需要经过一定时间再确定伤害后果的规定。此规定秦汉已然,还可能相当细密。

一

《二年律令》"贼律"中有辜限的规定:"斗伤人,而以伤辜二旬中死,为杀人。"(第24简)二旬,20天是辜限;被斗殴受伤者在20天内因伤重而死,处斗殴伤人者犯有杀人罪。"父母殴笞子及奴婢,子及奴婢以殴笞辜死,令赎死。"(第39简)"诸吏以县官事笞城旦舂、鬼薪白粲,以辜死,令赎死。"(第48简)辜,辜限,后两条未及辜限时间,按第24简的律条所示,辜限亦当为20天。在同一法律文本中的规定,无须重复。这20天的辜限,与历史文献记载相合,《汉书·功臣表》:昌武侯单德坐伤人二旬内死,弃市。①

其后,《唐律》中的辜限已根据伤害程度做了长短不同的时间限定,有10天、20天、30天乃至50天的不同。

《法律答问》、《秦律十八种》等秦简中未出现"辜"字,是不是在秦律中"辜限"的概念还没有确立?还是抄写有所遗漏?

---

① 《汉书》,中华书局1962版,第568页。

事实恐怕并不是这样的。秦简《答问》中有"人奴妾笞子,子以肶死,黥颜頯,畀主。"(第74简)一条,律文中的肶字,整理小组引《淮南子》作"犹病也"的解释。① 肶,《汉语大字典》认为"同'股'",以《广韵》为据。②《集韵》引说文称㚔,臯也。古作㚲。也有引《博雅》的,把肶解作"殠,曝也。"③说法不一,释义均难安妥。

《答问》第74号简,这是一条与"奴杀子"内容相同的法律条文。秦简《答问》规定:"人奴擅杀子,城旦黥之,畀。"(第73简)如果在这条条文中的"人奴"后面再加上一个"妾"字,就可以说,它基本上已经把第74号简的内容包括了。虽然第74号简说的是先"笞"后死,但被笞打而死的事实与"擅杀子"性质相同,处刑也相同,那么何以还要另立一条?是不是因为先"笞"后死,中间包含有"端不端"(故意不故意)的意思?只是未在律条中说明,我以为,不说明就表明它是用不着论其"端不端"的。既然用不着论其是否故意,那又为何要另立一条,说"子以肶死"?按理说,人已死是既成事实,至于笞打之后如何死法则与她犯杀人罪的性质严重程度相比就是次要的了。从这一角度看,"子以肶死"说的不是如何死法(如上说病死、股伤死、曝死)的问题,而可能是一个时间问题。这样我们就把"肶"当作"㚔"字来看待了。

"㚔"与斗殴有关。在《答问》第74号简的下半段就是一条关于斗殴方面的法律规定:"丨相与斗,交伤,皆论不也?交论。"它们抄在一起,相互间应该有所联系,这联系恐怕就在这个"肶"(㚔)字上。看开头引的汉简《二年》"贼律"中的三条条文,它们中间就是"斗伤人"、"殴笞子"的犯罪。再则,从句型上看,它有与《答问》第74号简中"以肶死"相

---

① 《睡虎地秦墓竹简》,文物出版社1978年版,第183页注①。
② 《汉语大字典》第四册,湖北、四川辞书出版社,第2056页。
③ 何琳仪:《战国古文字编》,中华书局1998年版,第473页。附注:书中笔画索引误作373。

同的句型:"以殴笞辜死"、"以辜死"。鉴于此,我们无须再去字书中查检"肶"的字义了,依据这几点就可以对《答问》"人奴妾笞子,子以肶死,黥颜頯,畀主。"句中的"肶"下断语:肶,同辜。

再回过来看一下它们的字形结构。肶的写法在《睡虎地秦墓竹简》图版上是:肯,古与月为上下结构,而不是铅印本上的右左结构。更不能视作肶。《二年》"贼律"中的"辜",也是上下结构,上边是"古",下边像是"手"字的形状,写作辜,与上面说的上下结构"肯"字很相近。"肯"与辜字音相同,字形相近,可能出于抄写者的笔误。

秦时辜的具体时限不可得知,只能暂付缺如;①但是,据此可以推翻以前把"辜限"最早出现在汉代的结论,而提前汉初乃至秦。

二

张家山汉简《奏谳书》第六则案例有云:"公大夫昌笞奴相如,以辜死,先自告。"②整理小组注云:"以辜死,《睡虎地秦墓竹简·法律答问》作'以殈死'。"此注与《睡虎地秦墓竹简》书上所作"患病而死"的解释有所不同,在这里等于将"殈"与"辜"作通假或异体看。这样理解不错的话,那么,与上则中笔者的意见相同。

在《居延新简》中有这样一枚木简:"以兵刃索绳它物可以自杀者予囚,囚以自杀、伤人,若自伤、伤人而以辜二旬中死,予者髡为城旦舂。及有"(新简 EPS4T2·100)这是一条比较完整的有关自伤、伤人及辜限的法律条文。可归属于囚律。此木简明确辜限的时间为二旬,即20

---

① 不过,汉承秦制,根据汉律向前推测秦律的保辜时间可能也是 20 天。正因为有这样的通例,在秦律律文不再做出说明,也很正常。就跟《二年》第 39 简、第 48 简的写法那样,不必每条都要把辜限的时间写出来。

② 《张家山汉墓竹简》,文物出版社 2001 年版,第 216 页。

天。此简出土于甲渠第四燧探方2,大致时间可确定为西汉后期。

无独有偶。《居延新简》中还有这方面的记载:

㢠□□□申第三燧戍卒新平郡苦县奇里上造朱疑,见第五燧戍卒同郡县始都里皇□

□所持钕,即以疑所持胡桐木丈从后墨击意项三下,以辜一旬内立死。案疑贼杀人。甲辰,病心腹□□(新简 EPF22·326)

此简出土于破城子房屋22,其所示时间大致在西汉末东汉初。这是一桩斗殴杀伤人案的纪录,意被人用胡桐木杖打成重伤,在伤后一旬10天内死去。"案",考验,调查。如《奏谳书》第21案例中有云"捕奸者必案之校上"。最后调查朱疑犯有贼杀人罪。此案涉及三人:朱疑、皇□、意。意是被害者,在辜限之内10天死去。与《二年》规定"斗伤人,而以伤辜二旬中死,为杀人。"相合。不过,对"以辜一旬内立死"可以有两种理解,一种理解是辜限20天,10天不到被害者就死了;还有一种理解是辜限10天,10天不到被害者就死了,正好在辜限之内。① 虽然两种理解结论是一样的,但是对辜限是20天,还是10天,在法律规范上说必须是确定的。正如我们在上则中提到唐律的辜限分别情况有10天、20天、30天乃至50天的不同。《唐律·斗讼》:"诸保辜者,手足殴伤人限十日;以它物殴伤人者,二十;以刃及汤火伤人者,三十日;折跌肢体及破骨者,五十日。限内死者,各以杀人论;其在限外及虽限内,以他故死者,各依本殴伤法。"分别对伤害程度不同的情况,规定出辜限的不同时限。会不会在汉代这种密如凝脂的法律规定就已经存在?

还有,《新简》EPF22·326上说"以疑所持胡桐木丈",动手殴击的

---

① 前提是释文无误。因为也有将"二"误释为"一"的可能。观察图版,当无错。

人并不是朱疑,而只是因为胡桐木丈原是朱疑所持,有贼杀人的嫌疑,所以说"案疑贼杀人"。

可能此案还未了结,因为最后出现了"甲辰,病心腹"的新情况;病心腹,要害之疾也;①如果说"甲辰"是指伤后的时间,"病心腹"是指被害者原有心腹病的话,处断是否会起变化?很显然,"甲辰"表示患病的时间。值得注意的是,木简上面还有"□申"二字,可能也是表示时间的,如果"□申"中所缺的是个"丙"字的话,按干支推算,那么其间相差只有8天,在限内;如果所缺的不是"丙"字,那肯定超过了10天,在限外。假如按唐律的规定"其在限外及虽在限内,以他故死者,各依本殴伤法。"②言,是不当处朱疑以贼杀人罪的。何况朱疑是否动手殴击还不可知。

可惜得很,无法找到与之相联缀的简,只能提出问题,悬而不决。

---

① 《素问·痿论》:"心,主身之血脉。"《素问·金匮真言论》:"腹为阴。"《史记·越王勾践世家》"吴有越,腹心之患。"取其喻义。(《左传》作心腹之患)
② 《唐律·斗讼》"诸保辜者"条。此条下有疏议云:"他故,为别增余患而死者",指与斗殴伤无关的疾病等。

"先令券书"简解析

"先令券书",相当于当今的遗嘱,也称遗令。① 先令,生前写下的嘱托。《汉书·景十三王传》景帝子赵敬肃王彭祖孙缪王元"病先令",师古注云:"先令者,预为遗令也。"

在居延简中也曾有"先令券书"出土,引残简试作联缀如下:

(1) ☐父病。临之县南乡见啬☐

☐☐☐破胡☐☐☐☐(合校202·11)

(2) ☐

☐知之。当以父先令。户律从☐(合校202·10)

(3) ☐☐☐为☐☐券,书财物一,钱☐

☐☐☐到。二年三月癸丑☐(合校202·15)

首先,应解决如此联缀是否合理的问题。认为合理的理由是:它们都出土于A8破城子;都是双行书写的木简;其大致内容又与先令券书有关(具体内容的解说见下文)。

其次,确定先令券书订立的大致时间。与上引三简同时出土的简中有"神爵元年"简(合校202·9)、"☐凤二年"简(合校202·18)、"神爵三☐"简(合校202·25),如此看来,这份先令券书大概订立在神爵、

---

① 《吕氏春秋·顺民》:"齐庄子请攻越,问于和子,和子曰:'先君有遗令曰,无攻越,越猛虎也'。"《后汉书·赵歧传》:"自虑奄奄,乃为遗令。"均与遗嘱同义。

五凤年间。又,简(3)上标有时间"二年三月癸丑□",其中缺字应当是个"朔"字,据此查《二十史朔闰表》与癸丑朔相合,其确切的时间可以确定为:五凤二年三月,即汉宣帝时,公元前56年3月。这一时间比仪征胥浦一〇一号汉墓出土的朱凌"先令券书"要早60年;朱凌遗嘱为元始五年(公元5年)所立。

是否再能找到与此相关的木简?以上三简是双行书写的木简,因为此份先令大凡是采用双行书写形式的,据此,还可引出与上三简可能相关的简三枚,其中简(6)与另二简相紧邻,简的形制大致相同:

(4)□□中辨在破胡□☒

☒(合校202·22)

(5)☒□属□贝①

☒望□□(合校202·20)

(6)☒光适男孙☒(合校202·21)

只是可能相关。木简残损严重,字迹不易辨认。之所以把这三枚简也看成是与先令券书可能相关的简,其原因是:简(5)中"属"字有归属义,与分割财产可能有关;最后一字左为"贝"旁,右旁虽不清楚,但是它与财物、财产可能有关。最值得注意的是,简(4)中的"中辨"二字,与参辨券有关,它是参辨券分析后的一部分,《二年律令·金布律》规定:"官为作务,市及受租、质钱,皆为缿封以令、丞印而入,与参辨券之,辄入钱缿中,上中辨其廷。"(第429简)这里的"中辨"就是参辨券剖分后的中间部分;称"中",那就有左和右,一分为三,此为中。"破胡"二字在简(1)中已经出现过,关系还很直接。破胡,隧名;居延中有名破胡者,也就有说它也可能是甲渠候官某人名。无论是地名还是人名,与先令

---

① 按:此字左为"贝"旁,右旁不清。

都可能有关系。简(6)中有"适男孙"三字,适,同嫡;嫡男孙,就是嫡亲的孙子。《经法·六分》"适子父",①适通嫡。光,可能就是儿子的名字了,孙子也可能是在遗嘱继承的考虑范围之内。不过,此三简缺字太多,内容不是很明朗。

虽然这是些断简残篇,但经过联缀,我们还是能领悟出"先令券书"的大概。为此我们先引张家山汉简《二年·户律》中的有关律条,以资比照:

> 民欲先令相分田宅、奴婢、财产,乡部啬夫身听其令,皆参辨券书之,辄上如户籍。有争者,以券书从事;毋券书,勿听。所分田宅,不分户,得有之,至八月书户;留难先令、弗为券书,罚金一两。(第334、335、336简)②

上述"户律"规定了先令券书的制作,立下先令券书的时候乡部啬夫必须"身听其令"亲自参与,券书一分为三,即采用参辨券。又明确规定遗产纠纷的解决,必须以券书为凭,先令券书是法定的有效凭证。为保证遗嘱的实施,有严格的制度保证:对阻挠立券书者予以法律制裁,对遗产授权人则加以法律保护。汉初法律对"先令券书"规定得如此清楚、周全,出乎我们的预想。

江苏仪征胥浦一〇一号汉墓曾出土了一份"先令券书",竹简16枚,为元始五年(公元5年)墓主朱凌临终前所立遗嘱。朱凌子女有兄弟姐妹6人(有的是同母异父)。其中一弟名公文,十五岁离家,自出为姓;今贫而归,要求获得朱家田产的继承权利。为此,朱家在母亲(妪)的主持下对田土做了重新分配,立下遗嘱,即一份出土的"先令券书"。

《二年》户律上规定,"先令券书"要求写明所分田宅、奴婢、财产等,

---

① 马王堆汉墓帛书《经法》,文物出版社1976年版,第16页。
② 《张家山汉墓竹简》,文物出版社2001年版,第178页。

一分为三，即参辨券。朱凌遗嘱是否要像《二年》中户律所规定的那样作"参辨券"？从墓主留下的券书文字本身即可证明是必须的，是否一分为三则不可知。随葬的这份"先令券书"可能是抄件。作为遗嘱的"参辨券"照例是三份；但是到了西汉之末，遗嘱的份数及制作可能有所发展变化，也说不定。只是要有乡三老、都乡有秩及亲属参加（包括代为立据），与户律上对立遗嘱的要求必须有乡部啬夫亲自参与，得以监督是一致的，同样的具有见证或公证性质。

在上文所引的简（3）中有"券书"二字，在"券书"之前很可能就是"参辨"二字。之所以认为它是"参辨"二字，是因为在《二年》"户律"中有"乡部啬夫身听其令，皆参辨券书之"的规定。其中还提到遗嘱的内容，包括财物和现金；还有时间，这时间可能就是立遗嘱的日子。简（1）中的"父病"，同样是遗嘱内容的一部分，父亲生了重病，他担心身后在财产的继承问题上产生矛盾，所以在患病时就立下遗嘱。简（4）中的"破胡"二字，与前简（1）中的"破胡"相应。"见啬□"当是"见啬夫"，有啬夫见证，合乎订立遗嘱的要求，与《二年》中的规定"乡部啬夫身听其令"相符合。简（2）中的"户律"二字很重要，它表明订立遗嘱的依据，依据汉律"户律"上的规定去做。可见，宣帝时期汉律在户律中订立有先令券书的规定，跟汉初吕后时期《二年》户律中的规定一脉相承。

为此，我们对汉代遗嘱继承的状况有了较清楚的认识，下面再结合有关文化资料做一点说明：

一、汉代遗产的法定继承与遗嘱继承同时并存。遗嘱继承受法律保护，在汉律的"户律"做出了明确规定。

在《二年》"户律"中规定："民大父母、父母、子孙、同产、同产子，欲相分予奴婢、马、牛、羊、它财物者，皆许之，辄为定籍。"这是法定继承的一部分。前面我们征引了《二年》中遗嘱继承方面的法律条文，"民欲先令相分田宅、奴婢、财产"也同样得到法律的认可。正因为在法律上已经做了规定,所以在居延"先令券书"中出现"户律"二字,作为立遗嘱的依据,具有法律效力。

在上引《二年》"户律"的规定中"子孙"二字特别值得我们注意,"子孙"包括儿女和孙子辈;他们都是法定继承人。女儿在法定继承人之列,朱凌先令券书中姐妹就都有合法继承权。又比如,被法史学界经常所引用的应劭《风俗通义》中的"沛郡有富家公"故事,①就将遗产分给了女儿。至于孙子辈也在合法继承人之列,上引居延简中的"嫡男孙"正可验证这一点,把"嫡男孙"简置于居延"先令券书"之中应该说与汉律的规定也是相符合的。他们是法定继承人,在遗嘱继承中他们得到了立遗嘱人的认同,尽管今人理解的遗嘱继承者不一定是法定继承人。

二、汉代遗嘱继承在处理赘婿、妾生子问题上,反映出浓厚的封建宗族观念。

《二年》户律中有"入赘"一语,"孙死,其母而代为户。令毋敢逐夫父母及入赘,及道外取其子财。"(第338简)表明汉初现实生活中存在"赘婿"情况,对招赘有限制;把"赘婿"看做外人。《二年》置后律规定:"夫同产及子有与同居数者,令毋贸卖田宅及入赘。"(第387简)都置"赘婿"在合法继承人之外。

---

① 在应劭的《风俗通义》上记载着一则官府干预遗令的故事,内容如下:沛郡有富家公,赀二千余万。小妇年[儿]裁数岁,顷失其母,又无亲近,大妇女甚不贤。公病困,思念恶婿争其财,儿判不全,因呼族人为遗令云:"悉以财属女,但遗一剑与儿,年十五还付之。"其后又不肯与,儿诣郡自言求剑。时太守,大司空何武也。得其辞,因录女及婿,省其手书,顾谓掾史曰:"女性强梁,婿复贪鄙;畏残害其儿,又计小儿正得此,则不能全获,故且俾之女内,实寄之耳。不当以剑与之乎!夫剑者,亦所以决断,限年十五者,智力可以自居,度此女婿必不复还其剑,当问县官。县官或能证察,得见伸展,此凡庸何能用虑强远如此哉?"悉夺取财以与子,曰:"弊女恶婿温饱十岁,亦以幸矣。"于是论者乃服。(又见《太平御览》卷八三六、《折狱龟鉴》卷八"何武"条,唯文字略有不同。何武,宣帝时人,《汉书》有其传。居延"先令券书"产生的时间大致与此相当。)张传玺在《中国古代契约发展的四个阶段》一文中引述了这则故事后说:"这个故事说明了在汉代,为遗产继承而留下的'遗令'是得到社会承认的,也具有法律效力。"(参见张传玺《秦汉问题研究》,北京大学出版社1985年版)

《二年》户律又规定:"主母、假母欲分孽子、假子田以为户者,皆许之。"(第340简)孽子,即庶子;假子,即前妻之子。法律上把庶子、前妻之子看做是合法继承人。

这两点在民间流传的历史故事中时有反映,我们不能忽视这方面的材料。应劭《风俗通义》中讲的何武依据遗嘱判案以保护弱者、贬斥赘婿的故事是典型的一例。在明代冯梦龙的《增广智囊补》上还记载了一个与何武判案相类似的故事。① 尽管故事中出现"秦使者",但就其内容看已经搀杂进了后代人的一些观念。从遗嘱效力的角度看,以上两则故事在对赘婿分割家产的鄙弃,以及女儿、庶子享有遗产继承权方面都是一致的;故事中一是"妾生子",一是"小妇子",都通过法律手段得到解决。

古代封建宗法观念的核心是父系家长制、嫡长子继承制,是以血缘关系为纽带的维护家族世袭利益的制度。汉代遗嘱继承在处理赘婿、妾生子问题上得到充分体现,并受到法律的保护。

三、汉代的遗嘱已经具备了现代遗嘱继承中的基本方面。

居延"先令券书"的数枚残简也同样具备了遗嘱的基本方面:

(一)父亲为遗产授权人,由他出面立遗嘱,之所以要在这个时候立遗嘱,原因是"父病",必须尽快解决家族财产的继承和保护问题。

(二)遗嘱内容:居延简中有"财物一,钱□"字样,包括了财产和现金。理应还有田产、住宅等。

---

① 故事是这样的:有富民张老者,妻生一女,无子,赘婿于家。久之,妾生子,名一飞,育四岁而张老卒。张病时,谓婿曰:"妾子不足任吾财,当畀汝夫妇矣。但养彼母子,不死沟壑即汝阴德矣。"于是出券书曰:"张一非吾子也,家财尽与女婿,外人不得争夺。"婿乃据有张业不疑。后妾子壮,告官求分。婿以券呈官,遂置不问。他日,秦使者至,妾子复诉,婿仍前赴证。秦使者因更其句读,曰:"张一非,吾子也,家财尽与,女婿外人不得争夺。"曰:"尔妇翁明谓女婿外人,尔尚敢有其业耶?诡书'飞'作'非'者,虑子尚幼,恐为尔所害耳。"于是断给妾子。人称快焉。

(三)有证人,如"见啬□",即请啬夫为证人。《二年》规定"乡部啬夫身听其令",朱凌遗嘱的订定要有乡三老、都乡有秩及亲属参加,以及在沛郡富家公分财则"呼族人为遗令",显然都是属于见证人乃至公证人的性质。它是订立遗嘱的要点之一,古今同一,别无二致。

(四)有订立的时间。"二年三月癸丑□",即五凤二年三月。"朱凌遗嘱"则订立在元始五年,西汉之末。

当然还有个遗嘱继承人和如何分割的问题。遗嘱继承人大多是享有法定继承权者。按照《二年》户律和"朱凌遗嘱"可以看出。若非法定继承权者作为遗嘱继承人,往往会产生遗产纠纷。沛郡富家公分财、富民张老者的遗嘱,而后引起纠纷的就说明了这一点。究其原因是宗法观念在起作用。

最后还有这样一枚残简:

(7)☑□□□　　□子光

☑□□(合校 190·17)

在上文简(6)中有"光适男孙"四字,此"光"可能就是简(7)中的"子光",其儿子名光。不过缺字太多,即使有关,也不能说明什么问题。附于文末,聊以备用而已。

居延"言变事"案复原

居延简中有"上言变事"册，前贤们做了复原。① 所依据的主要是地湾出土的《合校》387·12、562·17等十数枚简，其中最主要的一枚是《合校》387·12；562·17简：

> 肩水候官令史鱳得敬老里公乘粪土臣熹，昧死再拜，上言□变事书。（合校387·12；562·17）

"上言变事书"，是关于紧急事态的报告。《简牍文书学》一书中指出，"变事书，直书朝廷的紧急情况报告。"并且引用史证证明了这一点。"变事，非常事件。《汉书·平帝纪》：'寝令以急变闻'，师古曰：'非常之事，故云急变。'关于非常事件的报告，简云'上言变事'，史籍亦称'上变事'、'变告'等。"又引《汉书·张汤传》师古注云："师古注：'飞变犹言急变也。'知变事乃为危害程度较严重的紧急事件，故可直诉朝廷，不必逐级传递。由于变事书是直书朝廷的文书，故文首言'粪土臣某昧死再拜'，与常规之上行文称'敢言之'有别。"② 又，《二年·置吏律》有云："郡守二千石官、县道官言边变事急者，……皆得为驾传。"（第213简）注云："变事，紧急事件。《汉书·梅福传》'数因县道上言变事'注：'变谓非常之事'"。

---

① 大庭脩：《秦汉法制史研究》，上海人民出版社1991年版，第253至255页。文中引征出于迈克尔·洛伊博士《汉代的公文书》一书。

② 李均明、刘军：《简牍文书学》，广西教育出版社1999年版，第245页。史籍称"上变事"、"变告"，而简上称"上言变事"。不过，在"上言变事"的原简"变"之前是断简处，见《居延汉简释文合校》第548页，作"上言□变事"。能否直接相联，尚须斟酌。

此外，在居延 A8 破城子出土的简牍中，我们见到多枚"言变事"简，与上述"上言☐变事"简的情况有所不同，笔者以为它是一桩关于"言变事"的案子。试逐条引录，将其复原如下，并略做解说：

(1)☐言变事，后不欲言变，昧彭人☐①

　　☐欲言变事，皆证，它如爰书，敢言之。（觚）（合校 27·21A）

(2)☐☐☐☐敞后不欲言变事，爰书自证☐今☐☐☐☐（合校 46·26）

简(1)中用了"它如爰书，敢言之"的常见文书用语。很显然，它属于常规之上行文，而不是直书朝廷的"上言变事"的紧急报告，这里没有一个"上"字。有一个"上"字，必定是上报朝廷无疑；但是，没有一个"上"字的"言变事"书，那也就不能说是直书朝廷的紧急情况报告了。简(1)的开头有个缺字，这个缺字会不会就是个"上"呢？从整枚木简的内容看它当是一个"欲"字，说的是起先敞"欲言变事"，后来又改变了主意，"后不欲言变事"了。

简(2)中所采用的是"自证"爰书，当事人自己的陈述或申辩。据此可以证明简(1)开头的缺字不可能是个"上"字。下文中所引简(4)、简(6)也都能证明这一点。由此可见，简(1)是一份司法笔录文书的残简，上呈给上一级机关的是一桩关于"言变事"的案件卷宗；不论它是正本还是副本或抄件。简(2)则是一份"爰书"，即当事人的自证法律文书。

一、"言变事"的含义

变事，突发事件。变事是相对经事来说的。如《史记·太史公自

---

① "昧彭人"，可能有蒙骗别人的意思；彭，通旁，表旁侧之意；旁人，知见人。

序》云:"守经事而不知其宜,遭变事而不知其权。"言变事,可以是关于非常事件、紧急情况的报告。《汉书·楚元王传》所附刘向传中有云"乃使其外亲上变事",师古注释"变事"二字时称:"非常之事,故谓之变也。"刘向传中又云:"不悔前过,而教令人言变事,诬罔不道。"说的是刘向暗中联络萧望之等人议论罢退外戚弄权者的事;后来事情漏泄,反被谮毁。这种谋划改变现状的活动,毫无疑问被视做陷害欺骗、大逆不道的犯罪行为。刘向被谮的结果是"辞果服,遂逮更生(向)系狱"。

"言变事"中的一个"言"字有主客对象的不同。上言变事的"言"是报告,而"欲言变事"中没有一个"上"字,句中的"言"字在自证爰书中就不可能是报告的意思了,可引申为议论、提出的意思。"言变事"中"变事"的另一种含义,可以理解为变革、改革,"言变事"也就是提出了要"改革现状"的主张。① 当然这种主张与一般建设性的建议有所不同,因为此事以后受到了追究和调查;这种主张又不同于刘向传中所说的"教令人言变事",并没有构成事变。而且,这种企图"改变现状"的改革主张或提议并不是针对朝廷的,多数情况下可能是由于地方僚属之间矛盾的激化而引发了受压一方谋划改变现状的活动;表面上是改革的提议,实际上隐含着触动既得利益者的谋划活动;即使没有实际的行动,对此改革表示反对的一方也不会坐视不管,双方的明争暗斗在所难免。

"言变事"的另一种含义会不会也可能指谎报军情?因为这变事发生在边陲,很容易使我们联想到这一点。但是在所见"言变事"简中未

---

① 有认为:"变事书,如译为现代汉语,就是变革的建议或改革意见书。'宣帝嗣位,事不师古,官员班品,随意变事。'意为改革、变化,于变通是一个意思的深化,'变通者,趋时者也'……此外,'变事'也可能还有变故、紧急之含义。'变故'与'变化'一意相通,并无根本区别,在不同场合,不同事物上也可作不同的理解。"见《居延汉简通论》,甘肃教育出版社 1991 年版,第 195 页。

有明确说明。如上文所引张家山汉简《二年》中云"言边变事急者",明确是边陲的紧急事件,特地加上了一个"边"字。而在这里我们看不出有一点上报边防紧急事件的迹象。①

再说"爰书"。大庭脩在《爰书考》中曾经引用过简(1),认为它"可能是对调查自证爰书的答复",他还认为同出土于破城子的"□皆不服,爰书自证,书到如律令"(合校206·31)简,是对某件事有所不服,而以爰书自证有关的简,与诉讼有密切关系。② 这里说的与诉讼有密切关系的"爰书自证",与上引简(2)相同,也可以把它看做当事人敞对"言变事"的不服而有所申述。

二、居延"言变事"案的当事人

上面引录的"言变事"案,涉案者是个名叫敞的人,他可能是一位候长或燧长。起初他与令史根、尉史彊一起谋划、提出"改革现状"的建议。但是后来又改变了主意。为什么以后又改变了主意?其中的缘由我们今天无法知道。为此事,候官逐一做了查证,笔录了敞的自述和知情人的证言。敞不服,还受到了严刑拷打。敞"言变事"则确有其事,写成爰书上报;自证,敞的自述,承认有此事,但是反复强调"后不欲言变事"。均明明白白地记录在案。困难的是有关木简已经被散乱或遗失了,需要我们汇聚、联缀直至复原。

那么,敞何许人也?上面说可能是候长、燧长的敞,没有确定。在

---

① 至于"惊事告急",魏《新律》已归属于《惊事律》。若是谎报军情,在法律文本上归入"奏事诈不以实"中,如《唐律·诈伪》上规定:"上书诈不以实,徒二年"。《晋书·刑法志》所录新律序略云:"上言变事,以为《变事令》,以惊事告急,与《兴律》烽燧及科令者,以为《惊事律》。"而在《秦汉法制史研究》第253页上有云:"据《魏新律序略》,'上言变事书'列入厩律条中。"所记有所不同,不知何故。

② 《简牍研究译丛》第一辑,中国社会科学出版社1983年版,第231、229页。

有关"言变事"案中,涉及嫌疑人敞的地方都没有交代他的身份。在居延简中名叫敞的人又有不少,有李敞、张敞,还有王敞,因为"言变事"之敞未及身份,难以判定,只有经过求证才有可能把它弄清楚。

为解决当事人问题,首先要限定事件发生的大致时间。

与上面简(2)同出土于 A8 破城子的还有这样三枚简:

(3)城北候长徐弘(合校 46·22)

(4)敞欲言变事☐(合校 123·47)

(5)☐敞后不欲言变事。爰书:谊数召根,不肯见谊,根且☐(合校 46·23)

这里涉及徐弘、敞、谊和根(包括在下文中提到的彊)四五人。

(一)徐弘

候长徐弘在任的时间是建昭二年前后。建昭二年,为汉元帝时年号,公元前 37 年。见《合校》135·1 简"☐☐☐二年闰月癸卯城北候长徐弘☐",此二年据《二十史朔闰表》及与之相关人的活动可以推定为建昭二年八月十四日。[①] 之所以能确定简(3)徐弘简与此案有点关系,是因为它跟简(5)是同地紧接在一起出土的,图版字迹相近。还有,他的名字还出现在与本案有关的简(14)中。[②]

(二)敞

居延简中有执胡燧长李敞(新简 EPT51·239)、有第十九燧长敞(新简 EPT53·138)、有十燧长张敞(新简 EPT40·9)、临桐燧长王敞

---

① 李振宏、孙英民著《居延汉简人名编年》:"在居延汉简的时间阈限内,'二年'有闰月并且闰月之中含'癸卯'日的年份,有征和二年、元康二年、永光二年、建昭二年、建始二年、绥和二年、始建国地皇二年、更始二年等。又,在 EPT51·18 中与候长徐弘同简的尉史彊有确切的纪年简,标明为'建昭五年',因此,简 135·1 应参照定为'建昭二年'。"

② 此外,《新简》EPT51·594 简上说"亭燧举告,尉谓候长弘",根据他的身份,受理属下的告劾,此人可能就是徐弘。

（合校214·105）等。

那么，他究竟是哪一位敞？为弄清敞的身份，我们要设法找到与敞相关联的线索。因其名同时与谊出现在《合校》220·11；220·2"出钱六百　给止害燧长李潭十二月奉　十二月戊午令史敞付谊☐"简中；其名又与根、充同时出现在《合校》123·61"☐坐之。根意恐。☐昌、充白根☐王敞☐"简中。鉴于此，他就是活动于建昭年间的王敞，其身份是临桐燧长。"王敞曾任却适燧长、令史等多种职务，最初是由戍卒提升起来，并知其籍贯张掖郡觻得县安定里。"①

（三）谊

有名"谊"者，谊与此案的关系重要。上引简（5）中说，谊几次要把根叫去，根却不肯见他。这当然与"言变事"的追查有关。

谊，何许人也？在破城子一地出土的简牍中，就有"谊循行部，教告卒率道毋状。令第卅八隧卒郭辅离署。"简（新简EPT51·123）有"令史谊"简（新简EPT51·131）有"居延廷都尉谊"简（新简EPT51·189）有"☐甲渠鄣候谊谓第四候☐　☐☐☐如律令　☐☐以来☐"简（新简EPT51·365AB）等，是甲渠鄣候谊？还是令史谊？还是都尉谊？我们得设法弄清谊的身份。

据考，谊是位高级戍吏，"他还是一直担任甲渠候职，直至河平五年。"②以他担任候职的身份来追查此案是完全可能的。

（四）根、彊

有名"根"者，根是个知情者。或许还是"言变事"的同谋人。据下文所引简（14）的署名可以确定根是位令史，有"☐☐也。君即以根不

---

① 《居延汉简人名编年》，中国社会科学出版社1997年版，第172页。
② 《居延汉简人名编年》，中国社会科学出版社1997年版，第188页。

信,前居延遝根等□"简(《合校》123·26)可知:根,即令史任根者,且有不信记录。

彊任尉史之职。尉史彊,姓王。见"尉史彊封"简(新简 EPT51·340)。① 也可能是"言变事"的同谋人,他曾受到调查,以下二简就可能与此有关:"不诣官"(合校 46·31)"诣□就来召彊,曰:马在田。故未就马蒲去。□月十一日彊不诣官,即劾彊□问彊□□十二月□"简(合校 46·33)。

三、对"言变事"的追查

在《居延新简》破城子探方 EPT51 出土的简中有这样的记录:

(6)□□□□□复使根、彊来,曰"欲言变事,候故使我来召,奈何不往?"敞复曰:"病,未欲言。"根、彊去。(新简 EPT51·2)

(7)□十一日子候乃移病书□使令史根等　　官(合校 123·53)

这是根、彊和敞的对话。来召敞是"候"的指令。此"候"可能就是甲渠鄣候谊。特地指使根和彊前来,叫敞前去见"候",追究"言变事"事。敞没有即时应招,与上面所引简(5)"谊数召根,不肯见谊"相应。因此,此简中"复使根、彊来"的发指令者就是谊。病,恐怕就是敞说"后不欲言变事"的理由,或遁词。

简(7)中子"候"如果是指敞的儿子的话,那么此简就是敞为"病"出具的证明。此"候"与甲渠鄣候谊之"候"无关。

追查过程中为不让敞叫喊,用布巾封住了他的嘴,反复拷问了敞,

---

① 另有一条涉及彊的简:"□女子郑奉自言未得夫彊,奉言府"(合校 123·49)是否与"言变事"有关,不得而知。附此以备考。

同在A8破城子出土的214·55简和123·58简可以为证：

(8)"以布巾奄敞□，不审候使□"（合校214·55）①

(9)敞辞曰：初□言，候击敞数十下，胁痛不耐言。（合校123·58）

(10)根前所白候。爰书言，敞后不欲言，今乃言。候击敞数十下，多所□（新简EPT52·178）

奄、掩古通用。主司此案的是由某"候"主使，也许就是甲渠鄣候谊，采用了严刑逼供，敞痛不欲生，苦不堪言。尽管根一再申述，候依然故我，逼供不止，以致"敞后不欲言，今乃言"迫使敞供认；反反复复，最后，敞还是没有承认；敞和根、彊他们心里很清楚，一旦承认有"言变事"的活动，其罪名肯定不轻。

(11)听受若。又顷，根、彊还言敞，言胁恿不耐言变事（新简EPT51·7）

受，人名，令史，下见简(12)。听受若，听凭受要怎么办就怎么办。胁恿，威胁利诱。胁，迫也。《汉书·常惠传》："使使胁求公主。"师古注："胁谓以威迫之也。"恿，劝也；见《广雅·释诂》。耐，能也；见《玉篇·而部》。意思是在威胁利诱之下也不能承认"言变事"。

(12)不服。书到，令史受□验□□（新简EPT51·55）②

(13)□□送府君尉，留听受。敞□□□（合校123·8）

---

① 之所以可以确定此简与上述言变事相关。一、人名"敞"；二、同地出土214·60简："■右候长弘、燧长充贵责钱凡九□"中人物与敞有关。在上文中，我取用了破城子出土的新简。正如谢桂华先生《居延汉简的断简缀合和册书复原》一文所言，1930年—1931年从破城子旧出和1973年—1974年新出的居延汉简，其中一部分断简是可以进行缀合和复原成册的。本文也是一个例证。

② 此简下还有这样一简："□十二月辛巳朔庚□　　□一编，敢言之"（新简EPT51·56）上移文书，它交代了时间。"□一编，敢言之"是文书固定格式。但是经查：其月日可查的，只有初元三年和永始二年，与"言变事"案的时间不合。

经过令史受的案验。

前面简(2)说到有敵的申述,自证。看来,敵受不了严刑拷打,想招认;而令史根、尉史王彊对敵说,无论怎么威胁利诱也不能招供。结果敵没有服罪。

令史受,是候官的书记官,实际的操作都由他在做。

由此看来,其实际做法是将敵的"言变事"作为"诸□陈欲反之言"的行为来处理的。在《唐律·贼盗律》有这样一条律文:"诸□陈欲反之言,心无真实之计,而无状可寻者,流二千里。"量刑着实不轻。上面所引简(1)(2)中的"欲言变事"和"后不欲言变事",以甲渠候谊看来,恐怕就是这种情况。认为居延简中的"言变事"在性质上与"□陈欲反之言"是相通的,"后不欲言变事"与"心无真实之计"情况也相同。当然,这是用唐律律文来衡量、推测的,历史背景不同,甚或当事人的主观愿望也有所不同,或者说即是如此在程度上恐怕还有很大差别。

四、"言变事"案的结果

我们没有见到有关"言变事"案审结方面的简牍,但是从下面的简中可以做些推测:

(14)谊不留难敵变事,满半日时。令史根,尉史彊,守塞尉万,候长吕宪、王充、徐弘,候史成遂(新简EPT51·18)

留难,阻拦为难。从"留难"一词可以想见敵的"变事"是准备有所行动的,问题是在"变事"发生之前要看主管的态度,主管"留难"与否?不留难,还得要追究领导责任。情况发生了变化。因为作为担任候职的谊没有及时"留难敵变事",且有众职司作证;谊在处理"言变事"一案的过程中也难免失职之咎。留难有个时间界线,上面谊没有留难敵变事的时间被确定为"半日"。这一点极其重要,它为我们探讨追究职官处理突发事件失责的罪错问题,提供了新的实证材料。

"满半日时"中的"日",会不会是"月"字之误？有见"轵以闻。非所谓留难变事,当以留奉□□□□ □律令。吏用□疑或不以问[闻],为留变事满半月"简(疏 162；敦 1700),其中"满半月",是"月"不是"日"。也许二者可以并存？因为这枚《疏》162 简"'律令'以下简文无图版可查。"以及它是针对"留难变事"而言,所以笔者认为它应该是个"日"字,而不是"月"；半月的话,时间过长就失去了留难的意义。又如,《新简》EPF22·21 简有"先以证财物故不以实,臧五百以上,辞已定,满三日,而不更言请者,以辞所出入罪反罪之律辨告。"满三日是个时间界限。① 古代理官决罪"三日得其宜,乃行之。"② 满三日的规定可以作为上引简(14)"满半日"的参照。鉴于此,"满半日时"中的"日"应该是个"日"字,而不是"月"字。由此看来,在不同的时期,不同性质的罪名,决罪的时限是有所不同的。

这枚简(14)还有两点值得注意:

一是它罗列了许多有明确身份的 7 个人的名字,像这样的罗列法一般是在怎样的情况下才会出现？文件的起草一般二三人足矣。在居延简中好像还没有出现过这样的情况。

二是根、疆与此案有牵连,但已经与候长们的署名并列在一起,是何缘故？③

此"言变事"案结果未做处理。就地解决了,也未再向上报告。其原因恐怕有三:一、敞一再强调"后不欲言变事",从其后的有关木简中

---

① 另见"……先以证不言请,辞已定,满三"(《新简》EP F22·288)一简,简末亦当是一"日"字。

② 见《说文·晶部》"叠"字条据扬雄说。

③ 笔者推测:在这份一长串的名单中首列"令史根"和"尉史彊",颇有点像是反诉,对主管此案的谊"不留难敞变事"提出了反诉。如果反诉说能够成立,那么,这是古代司法史上的第一个反诉个案。当然,不能全用现代法律中反诉的意义来衡量它、要求它。

可以得到证明,敞并未受到削职或处刑;二、与根、彊"合谋",死不招认;三、谊不留难,反受罪责。在居延简中还见有"甲渠鄣候谊叩头死罪死罪。谊职事数无状,罪当死。叩头死罪死罪。"(新简 EPT59·14)一简可供参考。当然,"言变事"案的处理可能只是此简中所说的"谊职事数无状"中的一桩而已。①

五、余下的问题

如本文开头指出的那样,"言变事"一案表面上是改革的建议的谋划和提出,实际上可能是由于地方僚属之间矛盾的激化而引发了受压一方谋划改变现状的活动,那么,敞所谋划改变现状的"言变事"对象是谁? 从见到的简中还不能知晓。

除敞"言变事"一案之外,在疏勒河地区可能还曾发生过类似"言变事"的事件,如:"☐☐反多变事。世甫急为之"(疏 343)这与"上言变事"、"言变事"又有所不同。看来,这里已经出现了实际的变事行动,主官也已采取了应急手段。

又如,"☐☐诏书律变告乃讯问辞"(新简 EPT51·270)"●令相长、丞尉听受言变事者,毋☐"(新简 EPT52·48)前一简表明对"变告"事态朝廷极其重视,曾颁发过诏书。后一简像是长官们在听取令史受的汇报。此令史受是不是就是上文"言变事"案简(11)(12)中的受? 若是,可以编联到"言变事"案中去,可惜木简残损严重,不明前后文意,暂时搁在余下的问题中。②

---

① 此简主要是针对谊以私钱偿吏社事。事见新简 EPT52·99。
② 另有数简尚须斟酌:"☐置辞言不欲言"(合校 123·16)"☐及死为解,解何? 具对"(合校 123·57)"☐☐☐反欲言即来言不☐☐"(合校 46·28)。

夏侯谭、原宪斗殴案编序

《居延新简》破城子探方68出土有"谭、宪争言械斗案"简10余枚，学者研究此案均按原简排列的顺序复述情节。案件的情节很简单：甲渠候官的主官令史夏侯谭与第四候长原宪饮酒后发生口角而引起斗殴，夏侯谭遭受重伤，原宪逃跑，追捕未果。

按原简顺序阅读，发现其中有些地方不很连贯，因此，本文对它做了一些更动，说明一下更动的依据以及有关诉讼程序方面的问题。为下文叙述方便，先按原简排列的顺序照录如下（笔者给它们加上了序次）：

(1)□让持酒来过候饮。第四守候长原宪诣官，候赐宪、主官谭等酒，酒尽，让欲去。（新简EPT68·18）

(2)候复持酒出之堂煌上饮，再行酒，尽，皆起。让与候史候□□（新简EPT68·19）

(3)夏侯谭争言，斗。宪以所带剑刃击伤谭匈一所，广二寸，（新简EPT68·20）

(4)长六寸，深至骨。宪带剑持官六石具弩一、櫜矢铜鍭十一枚，持大（新简EPT68·21）

(5)□櫜一，盛糒三斗、米五斗，骑马兰越隧南塞天田出。案宪斗伤（新简EPT68·22）

(6)盗官兵，持禁物，兰越于边关。微亡逐捕未得。它案验未竟。（新简EPT68·23）

(7)乃九月庚辰,甲渠第四守候长、居延市阳里上造原宪,与主官(新简 EPT68·24)

(8)人谭与宪争言,斗。宪以剑击伤谭匈一所,骑马驰南去,候即时与令史(新简 EPT68·25)

(9)立等逐捕到宪治所,不能及。验问燧长王长,辞曰:宪带剑持官弩一、箭十一枚、大

　　　掾谭(新简 EPT68·26AB)

(10)革橐一,盛糒三斗,米五斗,骑马兰越隧南塞天田出西南去。以此知而(新简 EPT68·27)

(11)劾。无长吏教使劾者,状具此。(新简 EPT68·28)

一、案件发生的时间

此案发生的时间有二说:一据原简中的"九月庚辰",确定为建武五年九月;一据新简 EPT68·3"五月丁丑甲渠守候博移居延写移如律令/掾谭　　谨移劾状一编敢言之"简,认为劾状上报于"五月丁丑",九月是去年的九月。在陈公柔先生《居延出土汉律散简释义》一文的第三部分中引了谭、宪斗殴一案,于 EPT68·28 简的后面接上了 EPT68·3"五月丁丑甲渠守候博移居延写移如律令/掾谭　　谨移劾状一编敢言之"简。并且说:"谭具状自劾,于五月丁丑……但因简文残缺,不能确悉其案发于过去的九月,而迟于今之五月始呈报上级。"[1]

其实,此案应该是发生在"九月庚辰"的。在破城子探方 68 出土的简中还有这样三枚"移劾状"简可知:

(12)建武五年九月癸酉朔壬午,令史立敢言之。谨移劾状

---

[1] 载《燕京学报》新九期。

（新简 EPT68·13）

(13)建武五年九月癸酉朔壬午，甲渠令史立劾移居延。（新简 EPT68·14）

(14)狱，以律令从事。（新简 EPT68·14;15）

单凭"九月庚辰"要确定是哪一年的九月是有困难的。但是可以依据上面的三简用纪年朔闰推算，九月壬午是九月十日，那么"九月庚辰"就能推算出来了。如果据此能推算出它就是本年九月的某一天，那就不可能是去年的日子了。一查，由九月壬午（十日）正好可以往前推出"九月庚辰"是八日这一天。这样我们就能把这件"谭、宪争言械斗案"发生的时间确定在建武五年（公元 29 年）九月八日。不是"五月丁丑"。

"五月丁丑"简虽也同时出土于破城子探方 68，但它应该是另一告劾简的一部分。说"五月丁丑"简，是甲渠守候博据谭自上劾状，上报居延，但是在简尾有"掾谭"字样，由谭亲自签发，这就不合情理。作为此案当事人的令史谭自应回避。上面三简中令史立，是候官的书记官，负责候官公文的拟稿和发文。

二、告劾者是谁

如果把上面 EPT68·3 简中的"五月丁丑"看作是此案发生的时间，那么"掾谭"就是此案的告劾者，可以说是当事人的自诉。但是，我们在上一节中已经把此案发生的时间确定在建武五年（公元 29 年）九月八日了，而且简(12)、(13)、(14)中的立状者是令史立，就是简(9)开头的那位一起去追捕原宪的叫"立"的令史。而且，劾状就是以他出面纠举起诉并发出的。正由于此，我主张应该把简(12)、(13)、(14)插入原简的编序中，使告劾状、案验文书完整。

告劾者是令史立，而不是此案的当事人夏侯谭。

谭,甲渠候官斗食主官令史,姓夏侯,张掖郡居延鞮汗里人,四十九岁,"以主领吏、备盗贼为职"。

立,令史。"令史立的简很简单,多是在文书上签名,看不出其他情况。"①

三、原简编序的调整

在原简的编排中有上下文字脱节的情况,最明显的是上引简(7)与简(8),即新简 EPT68·24 简与新简 EPT68·24 简之间不合辙:"……原宪,与主官"与"人谭与宪争言,斗……"相编联后,所出现的"主官人"一词,在史籍和居延简中都没有这样的提法;在简中只提"主官谭"、"主官夏侯谭",如果作重新调整,简(3)就要接到简(7)的后面去,很自然地成了"主官"与"夏侯谭"相连接的情况,很合契。退一步说,假如"主官人"这样的提法成立,简(7)与简(8)上下语句也不通顺,"……上造原宪与主官人谭与宪争言,斗",前面说原宪"与"谭,后面紧接着又"与宪"争言,扞格不通。

为此必须稍作改动,重新编排,分成举劾和案验两部分:

(一)举劾　依此为:简(1)、(2)、(8)、(9)、(10)、(11),末尾再加上简(12)。

(1)□让持酒来过候饮。第四守候长原宪诣官,候赐宪、主官谭等酒,酒尽,让欲去。

(2)候复持酒出之堂煌上饮,再行酒,尽,皆起。让与候史候□□

(8)人谭与宪争言,斗,宪以剑击伤谭匄一所,骑马驰南去,候

---

① 李振宏、孙英民:《居延汉简人名编年》,中国社会科学出版社 1997 年版,第 364 页。

即时与令史

(9)立等逐捕到宪治所,不能及。验问燧长王长,辞曰:宪带剑持官弩一、箭十一枚、大　　掾谭

(10)革橐一,盛糒三斗、米五斗,骑马兰越隧南塞天田出西南去。以此知而

(11)劾。无长吏教使劾者,状具此。

(12)建武五年九月癸酉朔壬午,令史立敢言之。谨移劾状。

(二)案验　依此为:简(7)、(3)、(4)、(5)、(6),末尾再加上简(13)、(14)。

(7)乃九月庚辰,甲渠第四守候长、居延市阳里上造原宪,与主官

(3)夏侯谭争言,斗。宪以所带剑刃击伤谭匈一所,广二寸,

(4)长六寸,深至骨。宪带剑持官六石具弩一、稾矢铜鍭十一枚,持大

(5)□橐一,盛糒三斗、米五斗,骑马兰越隧南塞天田出。案:宪斗伤,

(6)盗官兵,持禁物,兰越于边关。徼亡逐捕未得。它案验未竟。①

(13)建武五年九月癸酉朔壬午,甲渠令史立劾移居延

(14)狱,以律令从事。

四、案件的告劾、案验和处断结果的推测

夏侯谭、原宪斗殴案档案可以分为告劾和案验两部分。不过,从已

---

① 在陈公柔的《居延出土汉律散简释义》一文的第三部分中引了谭、宪斗殴一案,于新简EPT68·14简后接上了EPT68·1"建武五年五月乙亥朔丁丑主官令史谭敢言之"简。

见的简中不能了解此案的审处结果。

（一）告劾状

告劾状，即告诉文书。告诉文书的主体是叙述原由，在谭、宪斗殴案的告劾状中就详细地记叙了谭、宪斗殴以及原宪出逃的全过程。而且得到燧长王长的证实。

"以此知而劾"和"无长吏教使劾者"两句话是告劾状的惯用语，以示所述合乎事实，无徇情挟私之处，按照告劾的诉讼程序提起申诉。

在简(9)背面有"掾谭"二字，是当事人夏侯谭的签字，表示情况属实。

最后交代立状的时间、立状人。

（二）案验书

案验，在上移告劾状的同时，签发机关必须做好案情的调查。

案验书的表述与上面"告劾状"的内容基本相同。但是，两相比较我们会发现它们之间还是有不少的差别，比如，案验书不仅记述谭受了伤，而且还把伤的严重程度做了具体的描述："广二寸，长六寸，深至骨"。又比如，原宪逃跑时携带的武器不只是说"官弩"和"箭"，而且说清楚它是怎样的"官弩"和"箭"，说原宪"持官六石具弩一、槀矢铜鍭十一枚"。为什么会有这些差别的呢？就是因为它是案验书，案验书的制作要求做到这些。报告中还特别加了个"案"字，考察，调查的意思。说"案：宪斗伤"、"兰越于边关"，宪逃跑前受过伤，已经逃出边陲的津关，这二点补充特别重要。在"告劾状"中并未言及原宪受伤，在此做了调查和必要补充。兰，同阑。如"阑越塞天田出入迹"简（合校 455·3）。《汉书·汲黯传》臣瓒注："无符传出入为阑"。《二年律令·津关令》规定："越塞阑关，论未有□，请阑出入塞之津关，黥为城旦舂；越塞，斩左止为城旦；吏卒主者弗得，赎耐；令、丞、令史罚金四两。"《唐律·卫禁》："诸越度缘边关塞者，徒二年。"对出逃者来说罪责难逃，对主官者来说也难脱干系。诚然这是汉初的或唐代的法律规定,至于东汉初,处罪的程度可能轻重会有所不同,但是罪错则无法推卸。

以上这些表明,告劾状、案验书之所以要在事发后两天内制作出来,如此神速,就是因为他们各方都在寻求解脱。试想,谭作为此案的当事人,是在酒后斗殴,并且还伤了人,无疑是有罪错的人;还有那些职官:让、候史候、令史立、燧长王长等人都可以说是"弗得"越塞阑关者的"吏卒主者",他们对自己会不会被牵连进去不会不有所顾忌。

从司法文书制作的角度看,告劾状、案验书是不同类别的司法文书,其制作要求也有所不同。

"它案验未竟"这是案验书的惯用语。表明经过了案情调查,但是调查是初步的,也可能是不全面的,调查远未结束;话不说死,给自己留下余地。

那么,这样的案验调查工作应该由哪一级机关来承担?由谁负责?从本案的案验调查看,还是由签发移劾状的机关负责,由候官的令史具体操办。

案验书的最后交代案验的时间、出具报告人:"建武五年九月癸酉朔壬午,甲渠令史立劾移居延狱,以律令从事"。"以律令从事"是司法文书的惯用语。

事实很清楚,案验书与告劾状是在案发后两天内同时发出的。

(三) 处断结果的推测

没有发现有审理此案的简。很可能此案并未受理。因为原宪出逃以后一直没有声息。我们在破城子探方68发现这样一简:"□□候长原宪因亡,尽今年。"(新简EPT68·211)由此可知原宪因械斗出逃到年终也未抓到,所以被自然除名,并停止俸给。

至于夏侯谭,任主官令史直到建武七年。"谭、宪争言械斗案"不了了之。建武七年后因为夏侯谭"无状"(渎职)而被斥免。

张宗、赵宣赔偿纠纷案解说

下面是居延简"张宗、赵宣赔偿纠纷案"的有关记载，出土编号为破城子229（各简的编序由笔者外加）：

（1）□书曰：大昌里男子张宗，责居延甲渠收虏燧长赵宣马钱，凡[少]四千九百二十将[钱]。召宣诣官。□[先]以□[证]财物故不实，臧二百五十以上，□[辞]已□□□□□定，满三日，而不更]辟

（2）□赵氏故为收虏燧长，属士吏张禹，宣与禹同治。乃永始二年正月中，禹病，禹弟宗自将驿[？]牝胡马一匹来视禹。禹死。其月不审日。宗见塞外有野橐佗□□□□

（3）□宗马出塞逐橐佗，行可卅余里，得橐佗一匹还。未到燧，宗马萃僵死。宣以死马更[及？]所得橐佗归宗，宗不肯受。宣谓宗曰："强使宣行马幸萃死，不以偿宗马也。"

（4）□□共平。宗马直七千，令宣偿宗，宣立以□钱千六百付宗。其三年四月中，宗使[偿？]肩水府功曹受子渊责宣，子渊从故甲渠候杨君取直[宣？]三年二月尽六（合校229·1；229·2）

引文方括号内的文字，是《居延汉简释文合校》整理者之一谢桂华先生的补正。他纠正了以往的误释（补正文字放在方括号内，暂时还确定不了的加问号表示），对读者正确把握赔偿纠纷案的来龙去脉及其处

断很有帮助,①今做解说以续貂。

此案发生的时间为永始二年、三年,即西汉成帝时期,公元前15、前14年。

此案的当事人是曾任收虏燧长的赵宣。张宗,大昌里人,曾任第十七候史,见《居延新简》EPT43·5简:"第十七候史张宗持府记尉檄诣官,三月戊午餔时入"。永始二年正月,收虏燧长赵宣用候史张宗的马去追野骆驼,马不幸猝死,为此发生了赔偿纠纷。拖延了一年多之后,这桩赔偿纠纷案在永始三年四月方始解决。

一、"☐书"指的可能是爰书

"☐书"中的缺字可能爰书的"爰"。秦简《封诊式》上的治狱案例大多采用这种表示法,"爰书"二字置于案例的开头。爰书,《汉书·张汤传》"传爰书"注:"爰,换也,以文书代换其口辞也。"《汉书补注》:"传爰书者,传囚书而著之文书。"包括个人的申告、自证和官府的处断。②

此案开头的缺字是否就是一个"爰"字?因为这里是断简处,缺字字数也不可知,是一个还是二个、三个不能确定。如居延汉简有"☐殴杀爰书"(新简 EPT51·275)。"……戍卒病死爰书"(新简 EPT51·136)"●始建国四年正月驿马病死爰书"(合校 96·1)"●右男子范长实自证爰书"(合校 206·1)等,有的可能在开头,更多的放在下结论

---

① 谢桂华:《汉简所见律令拾遗》,《纪念林剑鸣教授史学论文集》,中国社会科学出版社 2002 年版第 255 页。

② 大庭脩对爰书的看法是:一、汉代将"代口辞之书"(即向官府申告个人私事的文书)称之为"爰书",并根据其内容冠以"秋射"、"自证"等词。二、爰书的文体原则上似乎是以"某自言"为开头的。自证爰书似乎以"证所言"为结束语。三、爰书既经提出,就由官府按照法定的程序进行处理,确认情况是否属实,再借官方之手进行办理,这时是由官方组织出面调解的。载《秦汉法制史研究》,上海人民出版社 1991 年版,第 519 页。

处;在爰书的前面还加上了主题词。

会不会是"劾书"？一般所见的有写作劾状、劾状辞的,但也有写作劾书的。如,"☐劾书叩头叩头"(新简 EPT50·195)也不是绝对不可能。①

不过,从它的内容看,并与秦简《封诊式》相比照,看来还是"爰书"的可能性大些。它是一份赔偿纠纷的验问和处理结论文书。在这份爰书中客观地记录了此案的当事人、时间、地点、事件起因和调查经过及其结果。特别是在"爰书"的最后还有赔偿责任的裁定以及偿还的执行,从这个意义上说,它也可以说是一份判决书。如是,该爰书的形式结构构成表明,当时司法文书的制作手段已经相当成熟。

"召宣诣官"与《新简》EPF22·1—36"候粟君所责寇恩事"中"召恩诣乡"是同样的表述方法。前者是验问,后者则采取自证的方式验问。之所以不把"张宗、赵宣赔偿纠纷案"也看成是自证,一方面它没有出现"自证"字样,另一方面它采用了客观的叙述方式,赵宣自称不可能用"赵氏"一词,张宗自证则不会说诸如"强使宣行马"之类有利于对方的话。显然,"召宣诣官"是由甲渠候官负责验问。

二、律条的征引

对案件进行验问。先告示:"先以证财物,故不以实……"的法律规定。如在"候粟君所责寇恩事"有云:

"建武三年十二月癸丑朔乙卯,都乡啬夫官以廷所移甲渠候书召恩诣乡,先以证财物,故不","以实,臧五百以上,辞已定,满三日,而不更言请者,以辞所出入罪反罪之律辨告。乃"(新简 EPF22·1、2)

---

① "此为追债之讼辞"见陈直《居延汉简研究》,天津古籍出版社 1986 年版,第 293 页。

"……先以证财物,故不以实,臧五百以上,辞已定,满三日,而不更言请者,以辞所出入罪反罪之律辨告。……"(新简 EPF22·21)

以上征引都是案验书、告劾状中的常用语。此常用语,不是一般的文书套语,实际上它是法律条文的征引,具有法律效力。此条律文包含有四方面的内容:一有物证;二有数额,即现今所谓标的;三有时限;四有责任。这很重要,它通常是定罪的依据,以致成为案验书、告劾状文书的固定格式。

在"张宗、赵宣赔偿纠纷案"中划定的数额是"二百五十"一条界线。① 《汉书·萧望之传》"受所监臧二百五十以上"师古注云:"二百五十以上者,当时律令坐罪之次,若今律条言一尺以上、一匹以上矣。"居延简得以印证。不同时期确定的犯赃数额的标的也会有所不同。②

此外,"张宗、赵宣赔偿纠纷案"中引用此条条文时有所省略:"□[先]以□[证]财物,故不实,臧二百五十以上,□[辞]已□□□□□[定,满三日,而不更]辞"把"以辞所出入罪反罪"一句省去了。之所以省去,是因为它不是告劾、自证,而是官府直接的案问。其实此常用语有时还可以有多种省写法,如:"□先以证财物,不以实律辨 □□有敢不予何齐"(新简 EPT53·181)此简在"不以实"之后并无"臧五百以上,辞已定,满三日……"等语,全省略了。在张家山汉简《二年·具律》中有规定,云:"证不言请(情),以出入罪人者,死罪,黥为城旦舂;它各以其所出入罪反罪之。狱未鞫而更言请(情)者,除。吏谨先以辨告证。"(第 110 简)从居延简可知,征引此条律文大多出现在验问、告劾或自证爰书中。在西汉中期到东汉初年这条律文的表述已

---

① 又如"□故不以实,臧二百五十以上。令辨告"(新简 EPT51·290)"□贾而卖而先以证财物,不以实,臧二百五□"(新简 EPT54·9)

② 连劭名在《西域木简所见〈汉律〉中的"证不言请"律》一文中认为时间不同,做过修改。见《文物》1986 年第 11 期。

有了较大的变化,特别是增加了数额、时限等方面的内容;从中可见,律文的变化反映出法律的修订必然与社会经济发展、解决经济纠纷相适应的道理。

三、何以加"故"

此案在介绍赵宣的时候,有这样两句话:"居延甲渠收虏燧长赵宣"和"赵氏故为收虏燧长"。为什么在后一句要加上一个"故"字?难道说过去是收虏燧长,现在已经不当燧长了。如果现在已经不当燧长,又去担当什么职务了?是升,是降,是什么原因?

据《合校》137·2简上称:"戍卒、张掖郡居延昌里大夫赵宣,年卅"年纪三十,籍贯居延昌里,身份是大夫,是戍卒。《合校》161·2简又称:"□□起六月丁丑　鸡鸣时当曲燧卒赵宣,受居延收降卒　□"由此看来,赵宣(若不是同名者)又曾当过"当曲燧卒",如果说当"当曲燧卒"时的六月丁丑,是在永始三年之后,那么他的收虏燧长之职被革削了。查纪年朔闰表,永始四年六月六日正好是丁丑日。由此可以得到证实,①赵宣的确已被革去了收虏燧长的职务。

这一点得到确证之后,那么,从追偿的角度看,在当时对于赖账的不讲信用行为的处理是得力的。

除此而外,在了结此案的最后说:"子渊从故甲渠候杨君取直[宣?]三年二月尽六"中还用了一个"故"字,用这一个"故"字表明"甲渠候杨君"是前任者,永始三年四月之时已经调离甲渠候。从中可知:早在四月份之前,赵宣二月、三月的俸钱就被扣压了;清算旧账还得找到原主

---

① 在他的年龄段中,据朔闰表推算,另一个六月丁丑日是建平元年(前 6 年)六月十六日,其时赵宣 44 岁。

管杨君这个经办人。

四、是私马,还是驿马

原简释文有"驿[?]牝胡马一匹"一句。"驿"字上打了个问号。《合校》本作"驿牝",后谢文作了订补,作"驿?牝"。谢文说:"按文例当改作指马的毛色的字,因笔迹不清,姑且存疑。"此说颇有见地。它很可能是个"骍"字。在居延简中多见骍马;骍,赤黄马。《诗经·鲁颂·駉》疏:"骍为纯赤色……其色鲜明者也。"①如:"所假官骍牝马一匹"(罗布 1)"献驴一匹、骍牡两"(疏 370)等。

但是,说用"骍"字也不尽然。如居延简中有"☐言已买马骊牝、聊牝各一匹,特齿☐"(新简 EPF22·585)"㷉燧居主养驿马"(新简 EPF22·352)等。从毛色上看,不一定是"骍",也可能是骊牝、聊牝;从是否驿马角度看,也不是没有可能,所以谢文说得很谨慎。

我以为,释文中一个"自"字说明这匹马是张宗的私人马。是私人的马,不能是"邮驿"的马。如果是燧的驿马,一般说来早就按律处理了,如《二年·金布律》有规定称"亡、杀、伤县官畜产……皆令以平贾偿。"(第 433 简)正因为是私马,被拖延了下来。从上一年的正月中一直到今年处理此事的四月中,拖宕了一年零三个月。

五、简(2)与简(3)之间有脱节

"张宗、赵宣赔偿纠纷案"简(2)与简(3)之间的上下文意思不连贯。

---

① 《诗经》有"骍牡"一词,是赤色的公牛,与居延简中的"骍牡"不合。董仲舒有言"鲁郊用纯骍刚,周色尚赤。鲁以天子命郊,故以骍。"见《古文苑》卷十一。

先是说"宗自将驿[?]牝胡马一匹来视禹","宗见塞外有野橐佗",明显是宗骑了马,是宗见到野橐佗。但是结果是宣赔偿宗马钱。看来这中间的脱字部分在"宗见塞外有野橐佗"之后,是张宗催促赵宣去追逐的,也就是简上说的"强使宣行马",宣用宗马去追逐橐佗,结果把张宗的马累死了,引起了这起赔偿纠纷案。

甲渠候官对赵宣提出的理由:"强使宣行马幸莝死"不予支持。幸,非分,料想不到。莝,通猝。

六、赔偿问题

先说赔偿金额问题。"张宗、赵宣赔偿纠纷案"的处理结果是:赵宣赔偿张宗 7000 钱(此价为"共平"),先付了 1600 钱,还余 5400 钱。不过,在简(1)中说少 4920 钱未偿还,因追偿无果,提出了诉讼,后来与负债肩水府功曹事一并处理,审理才有了结果:赵宣所欠余款用永始三年二月至六月共五个月的俸钱抵偿。赵宣是收虏燧长,月俸当为 900 钱。居延简中燧长的月俸,是 900 钱。如"第廿二燧长史丰　八月禄钱九百"(合校 214·25)"第廿八燧长程丰　十月奉九百"(合校 286·17)五九四十五,4500 钱,既不足 5400,也不足 4920 之数。

还有"死马更[及?]所得橐佗"的归属问题。马肉、马骨等是都得处理的,当然处理这些东西在当年即永始二年正月之时。处理决定中未有涉及。其实,如果不对橐佗、马肉、马骨做出裁定,恐怕还会有问题的。早年出土的《流沙坠简·簿书类》简中见有律条一:"言。律曰:畜产相贼杀,参分偿和。令少仲出钱三千及死马骨肉付循,请平。"(疏 480)又《居延新简》"□追逐格斗有功还,畜参分以其一还归本主。"(新简 EPF22·228)说的都是畜产处理的具体办法。《二年·金布律》上也有规定"及牧之而疾死,其肉、革腐败毋用,皆令以平贾偿。"(第 433

简)这虽然是对县府而言,若推而及之,民事纠纷的处理与之也是一致的。看来,上节里所存在的差额,估计由当年的马肉、马骨等做了抵消,或另行补足。鉴于此,简(4)之后可能还有有关此案的木简未能见得。

最后是偿还问题。案中云:"宗使[偿?]肩水府功曹受子渊责宣,子渊从故甲渠候杨君取直[宣?]"张宗要偿还肩水府功曹受子渊钱,再由子渊去向赵宣索求;结果子渊从甲渠候杨君那里获得赵宣2月到6月底共计5个月的薪俸。

汉简法律术语零拾（四则）

遝、遝书

遝，作为一般语词，有两种用法：一迨也，及也。《说文》："遝，迨也。"《广雅·释言》："遝，及也。"《隶释》十一《汉太尉刘宽碑》："未遝诛讨，乱作不旋"。一同沓，如杂遝。遝，当有二读，一读 dài，音带，"及也"；一读 tà，音沓，重积也。

"遝"，也常出现在秦汉时期的法律文本中，如睡虎地秦简《效律》："吏坐官当论者，毋遝免、徙。"（第350简）注云："遝，及，参看《睡虎地秦墓竹简·法律答问》之'废令、犯令'条。"据此查《法律答问》，其第143简："法（废）令、犯令，遝免、徙不遝？遝之。"注："遝，及。"犯废令、犯令的罪，对已经免职或调任的应否追究？应予追究。"此处意思是追究"。追究，是"及"义的引申。又见睡虎地秦简《秦律十八种》："遝其未靡，谒更其久。"注云："遝（dài，带），《方言》：'及也'。"①是上述"遝"的前一种用法。

《二年律令·收律》有规定："奴有罪，毋收其妻子为奴婢者。有告劾未遝死，收之。匿收，与盗同法。"（第180简）这里的"遝"一般都解作"及"，但是，作"及"解与上句"奴有罪"相矛盾，有罪不收，而告劾则收，不合常理。此处"遝"似作"逮"解，其句义可能是告劾后未拘捕得死罪

---

① 《睡虎地秦墓竹简·秦律十八种》，文物出版社1978年版，第72页。

者;因为奴死罪,妻、子无所依,所以收之;与上半句相联系,即使"其妻、子为奴婢者",也收。如果可以这样理解的话,那么,这里的"逮"同逮,拘捕的意思,而不是作"及"解的逮。据此,可以看做是"逮"的第三种用法,同"逮",表拘捕、捕捉之义。

又如在《奏谳书》第18例儋乏不斗的案例中,有数处出现"逮"字。"移徙(?)逮之"(第137简)句注云:"逮,与'逮'字通用。"但是,与"逮"字通用,并未说明是作"及"解的逮还是作拘捕讲的逮;按照惯例,与"逮"字通用,理解为作"及"解。我的意见是后者,作拘捕讲。案例中有"逮赿未来未捕"(第141简)一句,就是指赿开始时逃走了,官府发出对他的逮捕命令,后来他可能自己又来投案,故称"赿来会逮"。① 若此,仅注曰"逮者,及也。"看来是不够的,明确起见,可以直接解作拘捕。除此之外,在第18例儋乏不斗的案例中还有数处用了"逮"字,如:"赿主逮未来"(第142简)、"攸逮赿未来"(第151简)"当逮赿"(第156简)等句中的"逮"均未再做注,表明此数处的"逮",其意义和用法同上,逮,与"逮"字通用。我以为,这里的"逮",也可以看做是逮书的省写,也就是拘捕令。未来,是指对打了败仗而逃跑的人,应该把他们抓起来。赿是主管,却未能把他们抓回来。另外如居延简"☐☐也。君即以根不信,前居延逮根等☐"(合校123·26)即此,下了对根的拘捕命令。

在有关汉简中,还出现有"征逮"、"逮书"、"逮遣"等语;"逮书"是汉代法律专用术语,所指逮捕命令,或移狱文书:

> 律曰:赎以下可檄,檄勿征逮,愿令史移散官宪功算,臬维蒲封。② (合校157·13,185·11)

这是一条律文。檄,征召。《说文》段注引《光武纪》李贤注曰,"《说

---

① 今核以《张家山汉墓竹简》图版,逮当为"建"。
② 臬维蒲封,指木简的编缀和封缄。

文》以木简为书,长尺二寸,谓之檄,以征召也。"既然"檄"是征召的意思,为什么又说"檄勿征逮"?显然,征逮与征召不同。我以为,征逮的逮,同逮。《说文通训定声》:"逮,与逮同字。"征逮,虽也有招致的意思,但是它带有强制性,强制执行。正因为这样,在下征召的檄文中特别做了限制,"檄勿征逮"。征逮,也可以直接写作"征逮",见下例:

  移人在所县道官,县道官狱讯以报之,勿征逮,征逮者以擅移狱论。(新简 EPS4T2·101)

从内容和文字形式看,此简极可能是当时的一条法律条文。^① 擅自征调犯人者作擅移狱论处。据此可证,逮,与"逮"同音同义;这个同音同义的"逮"也不作"及"义解,它可以直接理解为表示拘捕意义的"逮"字。

从居延汉简中出现的"逮"字简可知"逮"往往与狱、诏狱有关,如下列数简即是:

  □令史光,敢言之。遣中部坞长始昌,送诏狱。所逮□(合校 218·3)

  ●遣士吏奉、尉史常,自诣狱,还逮。移居延。(合校 214·106)

  诏狱。所逮居延觻汗里彭贤等(合校 334·9)

以上三简的内容相近,是移狱文书的残简。在移送诏狱的文书上得写明遣送者身份、姓名,以及被遣送者的姓名、籍贯等。有的移狱文书或直接称之"逮书",或简称"逮"。如:

  逮 戍卒䚦得安成里王福,字子文,敬以 逮书捕得。福盗械

---

 ① 定稿前读得《中国法制史考证》甲编第三卷《汉简中所见汉律论考》一文,文中说"这枚简文从行文语气看,明显是法律条文。"与笔者看法相同。见该书第 28 页。此外,此条条文与《二年》第 116 简的律文表述形式相近,也可看做此简为律条的旁证之一。

(合校 58·17;193·19)

　　　右劾逯遣书(合校 49·19)

　　　●右逯遣(新简 EPT59·314)

　　　移魏郡元城逯书曰:命髡钳,笞二百☐(新简 EPT51·470)

　这里的四枚居延简有三点尚须斟酌:

　一是《合校》58·17 和《合校》193·19 合成的那枚简,简的开头已经写了"逯"字,表明了文书的性质,那么何必再要在后半截写上"逯书"二字? 之所以将它们联在一起,其主要原因恐怕是因为它们所逮捕的对象是王福一人。我以为,它们很可能是两枚简,一是逮捕令,一是捕得后的报告。凭此《合校》58·17 简可知,"逯书"可省写作"逯"。

　二是对"逯遣书"的理解。有认为"劾逯遣书","是指弹劾文书及受遣文书,既然是因劾受遣,那可能不是免官故郡,就是降职使用了。"①照此解释,逯,作"及也"解。然而,它下面的一简与此相近,"右逯遣"若末尾补上一"书"字亦可;不过这里并没有缺字符号"☐"。但是"右逯遣"与"右劾逯遣书"相比照,没有了告劾文书的"劾"字,这里的作"及"义讲的"逯"字就无法上下系连,无处落实。可见这里的"逯"并不作"及"用。劾逯遣书,包括告劾书和逯遣书。受遣文书(逯遣书)内也包括被"逯"的遣送对象。正由于这一点,我们将上文中所引"有告劾未逯死,收之。"句中的"逯"理解作"逮",表拘捕、捕捉之义。

　三逯书的功用之一是移送犯人的公文。从上引"元城逯书"可知,在逯书这种移送犯人的公文上还必须写明所处刑罚等。这一例中的

――――――――――

① 薛英群《居延汉简通论》第 190 页。在该书"律令文书"的司法程序一节中单列"劾逯遣书"一项:"●右劾逯遣书(合校 49·19)"并引《广雅·释言》逯,音踏,召也。他说:"'逯',音杳,召诣也。这里是专用名词,'逯书',已属《捕亡》之法定文书之一,具有强制性,这是对'逯'字原意之引申,不宜依原'逯'字之含义来理解。"前后不很一致。此段引文见《居延汉简通论》,甘肃教育出版社 1991 年版,第 225、228 页。

"逯书"就不是逮捕人,而是执行处罚的移文;被移送的对象是已处以髡刑、笞二百的犯罪者。

由此可见,"逯"用如"逮",表拘捕义,是其用法之一。"逯书",可以作拘捕令用,有时也作移狱用的遣送文书。

捕 人 相 移

睡虎地秦墓竹简《秦律杂抄》中有"捕盗律"简二枚。其中一枚是:"捕盗律曰:捕人相移以受爵者,耐。"①把所捕的人转交他人,借以骗取爵位的,处以耐刑。

捕捉犯人能得到爵位?能。在汉简《二年律令》中也有这方面的法律规定:能活捉群盗一人,赏爵一级。(第148简)

在《二年》的《捕律》中有两条与之性质相近的律文。一条是:"数人共捕罪人而当购赏,欲相移者,许之。"(第150、151简)大意是:几个捕盗的亭卒一起把罪犯捉住了应当得到赏金,但是有人想要把被捕的犯人移交给别人,这是允许的。秦律不是规定说不能转交给别人吗?怎么在《二年》中又说"许之"了呢?是不是到了汉初"捕人相移"方面的规定有了变化?不是的。我们的理解是因为"数人共捕"的缘故。几个捕盗的亭卒在追捕中各人的作用是不一样的,在上司可能并不清楚,如果平均分配就可能造成矛盾。这条律条说"欲相移者"实际上也就是由他们自己去分配所得到的悬赏赏金。

另一条是:"捕罪人弗当以得购赏而移于它人,及诈伪,皆以取购赏者坐赃为盗。"(第155简)②大意是:捕捉罪犯不应当因为要想获得赏

---

① 《睡虎地秦墓竹简》,文物出版社1978年11版,第147页。
② 《张家山汉墓竹简》,文物出版社2001年版,第154页。

金而将犯人转交给别人,或者其中有欺诈行为,都因此而获得赏金的按"坐赃为盗"处理。照此看来,把捕捉到的犯人转交他人在汉律中也是不允许的,这里强调的是"移于它人",与上一条"相移"情况有所不同。明确以悬赏赏金的多少作"坐赃为盗"处理,而不论其是否获爵,也不施耐刑。在"捕人相移"这一点上,可以说是汉承秦制,但相比之下,《二年》的规定更合情理,也具有可操作性。①

此外,居延简中有"移狱"简。如"移人在所县道官,县道官狱讯以报之,勿征逮,征逮者以擅移狱论。"(新简 EPS4T2·101)犯人的提审或转移都有严格的法律规定,不能擅自遣送移狱。

锢、禁锢

"锢",出现在《二年律令》"贼律"中:"……父母告之不孝,其妻子为收者,皆锢,令毋得以爵偿、免、除及赎。"(第 38 简)整理小组加注云:"锢,禁锢。"锢的对象是被收孥的妻子儿女?问题是既然已经被收孥,在官府充当了隶臣妾,失去人身自由,也就无须再说禁锢。

又,《奏谳书》第 14 例中称:"平当耐为隶臣,锢,毋得以爵当、赏免。""不自占名数,皆耐为隶臣妾,锢,勿令以爵、赏免。"锢的对象是隶臣、妾,与上引"贼律"律条的处断相近。

在传世文献对"禁锢"的解释中,所指对象与上面所指称的对象隶臣、妾有所不同。《左传·成公二年》:"子反请以重币锢之"句杜预注:"禁锢勿令仕。"所禁锢者是奔晋的巫臣。《汉书·贡禹传》:"(文帝时)

---

① 此外要说明的是,《二年律令》"捕罪人弗当以得购赏而移于它人"句中的"当"字后面原来是给它加了个逗号的,似不妥。加了逗号后,"捕罪人弗当"一句的大致意思就成了"没有按规定捕捉罪犯"。当,恰当,正当。而把逗号去掉后,"当"是应当、应该的意思,这样,它就跟"数人共捕罪人而当购赏"句中的"当"字相一致了。

贾人、赘婿及吏坐赃者皆禁锢,不得为吏。"这里指的是商人、赘婿和有罪的吏。①《汉书·息夫躬传》:"躬同族亲属素所厚者,皆免废锢"句师古注云:"终身不得仕。"这里所指同族亲属。上面所指,是官吏或特殊对象商人、赘婿,都不是如张家山汉简中所指的隶臣、妾。因此不能用终身不得仕来理解汉简中的"锢"字;然而"锢"又与"终身不得仕"有某种暗合,它是对隶臣、妾的权利的剥夺,予以不得"以爵偿、免、除及赎"的身份刑。

锢,它并不像我们原先想象的那样要关禁闭或施加刑具之类。但是将"锢"解释作"禁锢",则有又欠具体。《说文》:"锢,铸塞也。"引申有阻塞、禁止之义。联系汉初律文的内容作分析,锢,是一种"受禁"的惩罚,但并不是劳役意义上的终身监禁。②"受禁"的具体内容应该就是指"令毋得以爵偿、免、除及赎"、"毋得以爵当、赏免"、"勿令以爵、赏免"。

《汉书·食货志》上说到:"(武帝时)有司请令民得买爵及赎禁锢、免臧罪。"对民而言,有禁锢;禁锢,现在可以买爵为赎。可见,禁锢是一种处罚。如上所述,锢,是一种"受禁"(令毋得以爵偿、免、除及赎),剥夺某些权利的惩罚,是一种身份刑。买爵赎禁锢实质上就是用赎金去除掉加在隶臣妾身上的"令毋得以爵偿、免、除及赎"等的禁令。

《奏谳书》第15案例,案例发生在高祖七年。同样提到"毋得以爵减免赎"的律条却并无"锢"字,"吏盗,当刑者刑,毋得以爵减、免、赎。"其对象是"吏盗",所指的是"当刑者",与隶臣妾所指的身份"毋得以爵

---

① 《史记·孝景本纪》:"四月乙巳,赦天下,赐爵一级。除禁锢。"表明不同时期禁锢身份刑的变化。

② "前令之刑城旦春夷而非禁锢者,如完为城旦春岁数以免。"(《汉书·刑法志》)对此,日本学者滋贺秀山先生认为:"汉代禁锢是剥夺做官的资格。这里的禁锢是与此同义,还是被禁锢者永远服役,或另有所指,姑存疑。"见《日本学者研究中国史论著选译》第八卷,第96页。

减免赎"不同。

不敬、大不敬

《唐律》上说"不敬"之罪名起于汉。如是,汉律中当有"不敬"、"大不敬"罪名。《唐律疏议·名例》上说:"汉制九章,虽并湮没,其不道、不敬之目见存,原夫厥初,盖起诸汉。"

《唐律》将"大不敬"罪视为"十恶"之一:

> 六曰:大不敬。原注:谓盗大祀神御之物,乘舆服御物,盗及伪造御宝,合和御药误不如本方及封题误,若造御膳误犯食禁,御幸舟船误不牢固,指斥乘舆情理切害,及对捍制使,而无人臣之礼。

原注中列出的数项,就目前所见,秦律中未见有"大不敬"罪,在睡虎地秦简中未见,汉初也没有"大不敬"罪名,张家山汉简中亦未见。在目前所能见到的汉律条文中或许有少数属于贼律的条文与之相近,如《二年·贼律》:"伪写皇帝信玺、皇帝行玺,腰斩以徇。"(第9简)同样的,在张家界古人堤遗址出土的简牍中也有此条文目录,"贼律曰伪写皇帝信玺(第一栏)皇帝行玺要(腰)斩以□"。[①] 这与上引"大不敬"原注中的"盗及伪造御宝"内容相近,但是,没有直书"不敬"、"大不敬"罪名者。在《史记·张释之列传》曾有这样一段记载:

> 其后有人盗高庙坐前玉环,捕得,文帝怒,下廷尉治。释之案律盗宗庙服御物者为奏,奏当弃市。上大怒曰:"人而无道,乃盗先帝庙器,吾属廷尉者,欲致之族,而君以法奏之,非吾所以共承宗庙意也。"

---

① 《中国历史文物》2003年第2期,第76页。

"案律盗宗庙服御物者为奏,奏当弃市。"案律为奏,以及"以法奏之",都是文帝时有"盗宗庙服御物者"之律条存在的证据。与《唐律》"大不敬"疏议所云"盗大祀神御之物"差近。但是,也没有出现"不敬"、"大不敬"罪名字样。

沈家本《汉律摭遗》卷三《贼律》中列有"大不敬 不敬"一目,①认为汉律中有此罪名,引以《薛宣传》、《鲍宣传》、《师丹传》为例证。程树德《汉律考》又列出《陈汤传》、《功臣表》等若干条出现"不敬"、"大不敬"罪名字样的历史记载。今可以大家熟知的《史记·张释之列传》做个例证,张释之传中有"劾(太子、梁王)不下公门不敬,奏之"一句,公门,指司马门。这里也出现有"不敬"字样。同样性质,且视此行为为"不敬"罪名的在《外戚恩泽侯表》中有例云:"嗣侯魏宏、嗣侯丙显,甘露元年坐酎宗庙骑至司马门,不敬,削爵一级,为关内侯。"

那么,"不敬"、"大不敬"罪在汉代究竟有没有入律?还难确定。即以"不下公门不敬"而言,只是汉《宫卫令》中的一条:"诸出入殿门公车司马门,乘轺传者皆下。""诸出入殿门公车司马门者皆下,不如令,罚金四两。"②

入令是毫无疑问的,入律还不能肯定。居延简中有云:

　　☐☐使亦大不敬不☐(合校 146·59)

　　☐☐言不敬,谩非大不敬,在第三,卷五十。(新简 EPF22·416)

以上两枚残简留下了"大不敬"、"不敬"字样,表明他们与此罪名有关。上面的一枚缺字多,内容很难推测。而在下面的一枚中,有"谩非"二字,此属欺骗谤议的行为,张斐有言:"违忠欺上谓之谩。"其欺蒙皇上的

---

① 《历代刑法考》第三册,中华书局1985年版,第1427页。
② 《汉书》卷五十《张汤汲郑传》如淳注。中华书局1962年版,第2309页。

行为,罪名实属"大不敬"。《二年·贼律》中规定"诸上书及有言也而
谩,完为城旦舂。"(第12简)①明确列入法律文本中,只是尚未出现"大
不敬"罪名名称。其次,这枚居延简上书有"在第三,卷五十"目录的编
次,如果说它们是法律文本的目录,那么,无疑它就是汉律律条或目录
的残简了。但是,它可能是某律、某令的编次,也可能是诏令目录的编
次,现在很难确定文本的性质。

但无论是律是令还是诏令,"大不敬"、"不敬"罪已列入汉代的法律
范畴,是罪名之一。上面所引《薛宣传》、《鲍宣传》、《师丹传》例证也可
为"大不敬"已入律的证明。不过,薛宣、鲍宣、师丹事均发生在汉哀帝
(前6—前1年)时期。有没有早于哀帝的记载?

居延简中还有这样两枚:

> 月存视其家,赐肉卅斤、酒二石,甚尊宠。郡大守、诸侯相、内
> 史所明智也。不奉诏,当以不敬论。不智(合校126·41,332·
> 23,332·10A、B)

> 不候望利亲奉诏,不谨不敬,以此知而劾,时☐(新简EPT52·
> 222)

从存问家属,赏赐酒肉看,此残简是汉养老令或公令的遗存。《汉书·
何并传》:"《公令》,吏死官,得法赙。"死于官,官府必须按诏令规定予以
抚恤。此一内容的诏令,在史籍上多有记载。地方政府如果不按诏令
办,则按不敬罪论处。此外,我们根据职官名称的变化可以确定此简内
容的时间,诸侯丞相改为相在景帝五年(前152),成帝绥和元年(前32)
省内史。此令大致颁行于公元前152至前32年间,较哀帝为早。如果
我们把《史记·张释之列传》"案律盗宗庙服御物者为奏,奏当弃市。"句

---

① 联系《二年》第十二简的内容,看居延简"☐☐言不敬,谩非大不敬,在第三,卷五十。"
(新简EPF22·416)中的缺字很可能是"上书"二字。

中的"律"直接理解为汉律的"律"字的话,那么就可把"大不敬"、"不敬"罪名的确立在文帝时期就已列入了汉律?当然还有一点值得我们注意的是,"大不敬"、"不敬"罪入律还是入令或诏令,是有所区别的。

虽说"大不敬"、"不敬"罪起之于汉,但内容与后世(唐)对皇权至高无上地位的全方位法律认定有所不同。上述汉代"大不敬"、"不敬"罪名入律或入令,据现在所知,大致涉及这样几种情况:一盗宗庙服御物;二不奉诏不敬;三谩非大不敬。"亏礼废节谓之不敬"、"违忠欺上谓之谩",它们是一个违礼的问题,从中让我们看到皇权的日益膨胀以及儒家礼教融入汉代法制的渐进过程。

《法律答问》与"秦律说"

云梦睡虎地秦墓竹简中的《法律答问》(以下简称《答问》)是我国法律解释学史上的开山之作。《答问》对秦律某些条文、术语以及律文的律意做出解释,为后代的法律解释提供了丰富而宝贵的经验,为我国法律解释学史的发展奠定了坚实基础。

《答问》计简 210 支,内容共 187 条。在竹简整理小组的说明中称:由于竹简已经散乱,整理时就按《法经》的《盗》《贼》《囚》《捕》《杂》《具》六篇的次第排列,简文中可能是秦律律文的文句用双引号标出。而且,整理者认为:《答问》决不会是私人对法律的任意解释,在当时应具有法律效力。

睡虎地秦墓墓主喜在秦始皇时期曾任安陆令史、安陆御史、鄢令史等职务,在鄢还亲自审理过案件。喜是一个从事法律工作的官吏,职位不高,却专事实务。他生前抄录或请人抄录的法律文件都是为了实际应用。的确,无论是所选录的法律条文、法律解释,还是办案实例、司法检验,都具有很高的实用价值。从实用的角度出发,《答问》可看做是对秦律所做的司法实践中的解释。①

---

① 秦墓竹简整理小组在"说明"中称:秦自商鞅变法,实行"权制独断于君",竹简整理者在"说明"中说:"(秦)主张由国君制订统一政令和设置官吏统一解释法令。"此句原文出自于《商君书·修权》。原句为:"人主失守则危,君臣释法任私必乱,故立法明分而不以私害法则治。权制断于君则威,民信其赏则事功成,[不]信其刑则奸无端。"这是针对治国的手段——立"法"、守"信"和用"权"所做的论述,反映了商鞅及其后学者的法家思想。这里说的"权制(独)断于君"有两点值得斟酌:一是即使实指商鞅变法时期所制的律,那也是旧律;尽管秦昭王之后也同样由君王制订统一政令,但这是新律(融合部分旧律),不同于商鞅时期制订的律。二是原句中虽然有"君臣释法任私必乱"一句,但是"释,犹去也。"释法是放弃法制的意思,与解释法律无关。"(独)断"指的是律的制订,也不包括法律解释在内,不能把独断的"断"理解为解释,说"设置官吏统一解释法令"是任意增加了"释"和"断"的内涵。不能断然说秦称王以后的立法机关即当时的官方承担了这项旧律的解释任务。

一、"秦律说"及其特点

李学勤先生认为《答问》类似于汉代的"律说",所以他提出也可以把《答问》看成"秦律说"。这一提法从法律解释的角度看,是合适的。《答问》自有其为法律解释所做出的开山之功。

(一)法律术语的解析

法律术语的解释在《答问》中占有相当大的比重,可见当时对法律解释的重视程度。自第186简至第210简都是术语解释,将术语解释放在答问的最后,很显然这是竹简整理小组按"六法"顺序排列之后,剩下的术语在较难明确归目的情况下所做的变通办法。除这25枚简纯粹是解释法律术语的之外,排列在"六法"内的各条答问中,也有不少涉及法律术语解释的。经粗略统计,《答问》中做了解释的术语共有71条条目。一般在所要解释的术语之前冠以"何谓"一词,提示解答。

当然,我们所说的法律术语其含义是宽泛的。因为从严格意义上来说有些语词并不属于法律术语。例如第176简"何谓夏?欲去秦属是谓夏。"夏,是华夏民族的称呼。第200简"何谓旅人?寄及客是谓旅人。"外来作客,寄居外乡的人统称旅人。较多的则是难以理解的古词和含有特定意义的法律词语。例如第193简中的"集人"、第192简中的"爨人",据此,有人认为这一类古词的法律本文,是更早时期制定的。这类古词不做解释,后人就不易明白。

又如,第76简中的"牧"、第82简中的"提"都包含有确定的法义。"何谓牧?欲贼杀主,未杀而得为牧。"其实,"牧"通谋,是一种企图,是一种尚未实现的阴谋。"拔人发,大何如为提?知以上为提。"说的是斗殴中拔掉了他人的头发,被拔掉头发的人有知觉以上就叫做"提"。看来将这类术语的法义解释清楚对判罪量刑尺度的掌握是十分的关键。

由此可见，法律文本中的术语是必须解释清楚的，即使是一般的日常用语，它们用在法律文本中，其解释也同样重要，以至于对古代法律文本中沿用下来的法律术语和一般语词的解释，从法律的延续性以及把握它的发展变化来说，也不可或缺。

秦律对法律术语解释的高度重视，表明秦人充分认识到法律文本及其表述的重要性；解释语词又能与一般用语的解释相区别，确切反映它们特定的法律含义，从中可以看出秦代人对法律律意的理解是深刻的，其运用且得心应手。它不仅对我国汉语语汇学有重要影响，而且，纵观我国两千年法律解释学的历史发展，《答问》对汉代乃至整个封建时代法律解释的影响则更显广泛而且深入。

（二）准确解析律意

秦律的立法原则可以从《答问》对律意的解释中大致了解到。《答问》的作者是谁，目前还无法考知；分析《答问》的内容也无法确定作答者的身份。一般认为它"决不会是私人对法律的任意解释"，也就是将《答问》的内容看做是官方立法机关所做的解释。法律解释与司法实践密不可分，更多的时候它融会在审查判决的实际操作中。今人做学问，好用自己设定的概念来束缚自己。比如法律解释就有正式的、非正式的，有权解释、无权解释，有官方的、私人的等等，而且把它们绝对化，非此即彼，作茧自缚。汉朝私人解释法律现象是普遍存在的，回看秦朝、秦国又何以非官方解释不可呢？私人对法律的解释也不会全是任意的；优胜劣汰是条普遍规律，郑氏汉律章句的独存就是明证。明清的"集解附例"则是从私人注律发展为官方认可的法律解释著作。《吕氏春秋》是官方的还是私人的著作？二者兼而有之，严格区分是困难的。《答问》大致也存在这种情况。《韩非子·难三》"法者编著之图籍，设之官府，而布之于百姓者也。"《商君书·定分》中说国家的法令"以室藏之"，一藏于天子殿中，一藏于禁室中，"有敢剟定法令，损益一字以上，罪死不赦。"而且有天下吏民欲知法令,皆问郡县法官。法官与吏和民构成互相牵掣的关系。《答问》可能就是吏民问法的记录,一问一答,有问必答。从目前见到的《答问》并无系统的组织结构来看,也许就是针对实际的具体问题来做出解答而造成的。法官有解释法律的权力,但不能对法律有丝毫改动;法官解释有其权威性,但又不是国家明令颁布的文件。

值得我们注意的是:《答问》的另一个侧重点在于作答者分析律意的深刻程度。

《答问》第20简"律曰'与盗同法'。又曰'与同罪'。此二物其同居、典、伍当坐之。云'与同罪'、云'反其罪'者,弗当坐。·人奴妾盗其主之父母,为盗主,且不为?同居者为盗主,不同居不为盗主。"这里明确点出'与盗同法'、'与同罪'是秦律本文,指明犯罪人的连坐对象,判定连坐对象的要件是是否同居(同典、同伍),以及犯诬告罪而反坐的犯罪人的"同居"者不应连坐等都做出明确界定。很显然,它比商鞅时期的法律规定严密了许多。《史记·商君列传》云:"卒定变法之令。令民为什伍,而相牧司连坐。"我们可以从比较中看到"连坐"一法的发展轨迹。

又,第22简"'盗及诸它罪,同居所当坐。'何谓'同居'?·户为'同居'。坐隶,隶不坐户谓也。"不仅对"同居"要做出明确界定,而且必须区分连坐者的不同身份:主人犯罪,奴隶应连坐;奴隶犯罪,主人则不连坐。奴隶时代的烙印很深刻地体现在法律条文中,法律解释准确地揭示出这种人与人之间的关系。

(三)不同解释的共存

在法律解释中将两种或两种以上的不同解释并列共存于官方的法律文件中,在今天,一般说来是不可能的,为的是维护法律解释的权威和统一。但是,在《答问》中就不是这样。如:第122简问"甲有完城旦罪,未断,今甲厉,问甲何以论?"甲犯有应出完城旦的罪,还没有判决,甲患了麻风病,该怎么处断? 在回答中列出了两种不同的理解:一是说"当迁厉所处之",该将他迁徙到麻风病隔离区居住;另一说是"当迁迁所定杀",该将他迁徙到麻风病隔离区去淹死。这样两种不同的解释同时并存。此二说的矛盾焦点在于对患了麻风病的犯人是否能定杀的问题。《答问》列出二说,未作结论。为什么? 我们推测这是时代发展的缘故。在第121简中有律文称"厉者有罪,定杀"一条,既然如此,甲有完城旦罪,又患有麻风病,"当迁迁所定杀",将他迁徙到麻风病隔离区去淹死,合乎律意。但是随着时间的推移,对厉者有罪的"罪"应有所区分,对麻风病患者的医治也变得有了可能,这样一来,根据具体情况,将犯轻罪的麻风病病人迁徙到麻风病隔离区居住(包括医治)就变得合乎情理得多。但是也不能排除后一说,因为那是先前法律所规定了的。应该看到这是法律的进步,是对人自身价值认识上的进步。

再说,第121简解释"定杀"一语,列出了两种不同的理解:一是说"生定杀水中之谓也",意思是活着的时候就把他(犯罪的麻风病人)投入水中淹死;一是说"生埋",活埋的意思。但是作答者对"生埋"的说法做了否定,认为这种说法与律意不合。这表明秦人对"淹杀"与"生埋"做了区别;也可能在先前曾经发生过"生杀"的事,或者说这二者都不曾区分过。但是从法律上来说"淹杀"与"生埋"是应该做出明确的区别的。能注意到这种细微的律意区分是法律解释严密性的体现。

在法律解释中将两种或两种以上的不同解释并列共存于法律文件中,是不是也可以看做为《答问》非官方法律文件的佐证之一? 正如上文所说:法官解释有权威性,有一定的法律效力,但又不是国家明令颁布的文件。

(四) 区分特殊与一般

在《答问》第25简中称:"公祠未阕,盗其具,当赀以下耐为隶臣。"

公室祭祀还没有完毕,就将供品盗了去,即使是应赀罚以下的罪也都应耐为隶臣。在解释这一条时,列出了三种情况:一种是盗了完整的一份供品,虽价值不满一钱,应耐为隶臣;第二种情况是虽然超过一钱,但是盗的不是完整的一份供品,则按一般法律论处;第三种情况说在公室祭祀的地方盗的不是供品,也只能按一般法律论处。对这一款的解释有两个要件必须同时具备:一是供品,二是完整的一份或以上。为了表示对敬神的虔诚,立法者制订了严厉的法律,但是不作一概而论,具体情况具体分析。当然用今人的眼光看其中有漏洞,有不合情理处,但是在秦人看这里明确区分了特殊与一般,最合理不过了。

(五)包容行政法规的解释

秦时的许多行政法规的解释都包含在司法实践的法律解释中。上面我们作为语词解释的第 186 简:"巷相直为院,宇相直不为院。"区分院墙可能是出于房屋纠纷,只是《答问》上没有说明。第 176 简:"臣邦人不安其主长而欲去夏者,勿许。"准许或不准许离开秦国(即"去夏"),这是不是要律做出规定呢? 在当时的特定政治背景之下是有此必要的;但是即使如此,《答问》上也认为没有再做说明的必要。在前面我们已经简略地说明了秦律所具有的综合性特点,第 179 简:"诸侯客来者,以火炎其衡轭。"诸侯国有来客,为什么要用火去熏车前的横木呢? 因为从诸侯国来,马身上生有寄生虫,寄生虫会附着在车前的横木上,所以要用火熏。这应该说是属于行政事务方面的内容,其间是不是有什么触犯刑律的内容不得而知,鉴于此,我们这样认为:在秦时对违犯行政法规行为的处断也包括在司法及司法解释的范畴之内。其实,秦人压根儿就没有将行政事务与刑事法律分开过,法律概念的内涵较现代庞杂,这与当时的社会生产力低下、社会关系简单有关。

此外,我们对照《秦律十八种》、《秦律杂抄》中有关度量衡方面的内容,有关对管理实务官吏失职的处理情况,对这一点的理解就更加清楚了。

二、司法实践中的法律解释

正如上文所说的那样,《答问》中法律解释的主要内容是司法实践中的私家解释。它既是对以往司法实践经验的概括和总结,同时又是对现实生活中法律适用的实践指导,具有极其深广的现实意义。在答问中有不少地方采用了判案成例作比照的办法来做答,这正体现了司法实践中法律解释的操作性特点。从《答问》的内容来说,主要涉及以下几个方面。

(一) 明确刑罚适用

《答问》第1简"害别徼而盗,加罪之。"对"加罪"做了解释,是捕盗者在背地里作盗犯罪,为此处以重刑。根据行盗人数和所盗财物的多少,处以"斩左止"、"黥以为城旦"、"黥劓以为城旦"等不同的刑罚,为什么要加罪处刑呢? 不做说明。这里无须对立法的依据做出说明,而只要指明怎样的罪名需要加罪、如何加法。在这一款中处断明白,分别不同情节做出不同的刑罚处断;这些不同的刑罚与后代的"刑等"相类似。"五人盗,赃一钱以上,斩左止,又黥以为城旦;不盈五人,盗过六百六十钱,黥劓以为城旦;不盈六百六十到二百二十钱,黥为城旦;不盈二百二十以下到一钱,迁之。求盗比此。"分成四种情况,其刑处要件是行盗人数和赃物价值;五人是一条界线,六百六十钱、二百二十钱又是一条界线。说的是"害盗别徼而盗",实际上"求盗比此"一语就点明了对所有捕盗者犯盗窃罪罪处的刑罚适用。

又如:第119简有关"诬告"罪的法律解释:"完城旦,以黥城旦诬人,何论? 当黥。甲贼伤人,吏论以为斗伤人,吏当论不当? 当谇。"前者是对他人的诬害理应受到反坐,后者则是"吏"执法者将杀伤人错判成斗殴伤人罪,重罪轻判,"吏"要不要处罪?应当斥责,用现代的话说就是要予以行政处分。这样就区分了当事人的不同身份,当事人的身份不同法律适用也有所不同。《答问》将这样两条放在一起,为的是要司法者分清诬告与错判的不同性质,处断当然也就不同。

(二)以罪名为判罪的依据

春秋时期,楚国、晋国、郑国都有立法活动。在郑国,围绕公布成文法"铸刑鼎",还曾展开过一场大辩论。直到战国初魏文侯国相李悝,在吸收其他各国立法经验的基础上制订了《法经》,真正完成了由"刑名"向"罪名"分类的转化。

从古代法制的发展而言,至周秦,判罪量刑的依据已从犯罪行为向罪名的确定转化。《答问》所揭示的判断依据主要的正是罪名而不是罪行。例如《答问》第14、15、16简中对丈夫盗钱,其妻藏匿的行为所定的罪有"盗"(盗窃罪)、"收"(收赃罪)、"守赃"(守赃罪)等。又如《答问》第33、34简中司法官吏处断不当的有"失刑罪"(用刑不当罪)、"不直"(处断不公罪)等。而且,秦律中的罪名与刑名又往往同一。例如第117、118、119、120简是有关诬告罪的条款,第117简上说:"当耐司寇而以耐隶臣诬人,何论?当耐为隶臣。"应判处耐司寇的人,以应耐隶臣的罪名诬告他人,如何处断?诬告者应耐为隶臣。第118简上说:"当耐为隶臣以耐司寇诬人,何论?当耐为隶臣,又系城旦六岁。"应判处耐隶臣的人,以应耐司寇的罪名诬告他人,如何处断?诬告者应耐为隶臣并为城旦六年。从中可以看出秦律的量刑尺度,以比自己为重的罪诬告他人,从重处理;相反的情况,以较自己为轻的罪诬告他人,亦从重处理再加刑。在这里"耐司寇"、"耐隶臣"都是刑名,也用作罪名;至于他们为什么犯罪,有哪些具体的犯罪行为,在这里都没有说。又如:第183简"甲诬乙通一钱黥城旦罪,问甲同居、典、老当论不论?不当。"行贿一钱判处黥城旦,与诬告者同伍的人是否要连坐?不应连坐。这里也用罪名(刑名)做了确定;而不是只说行贿一钱;数量与罪名(刑名)同时出现,就更见明确了。

(三) 犯罪动机的论定

在《答问》中常见"端"字,表示故意的意思。秦律已经明确犯罪动机为量罪判刑的依据之一。例如第43简:"甲告乙盗牛若贼伤人,今乙不盗牛、不伤人,问甲何论? 端为,为诬人;不端,为告不审。"甲控告乙,情况不实,对甲要不要处理? 解释是这样的:如果是故意的,作诬告论处;不是故意的,作为控告情况不实处理。此拟案的当事人是普通百姓,而对于执法者的"吏"来说又是怎样呢? 第33、34简中就针对"吏"违反了司法程序而出现误判的情节,司法解释是这样的:"吏为失刑罪;或端为,为不直。"一般的误判是一种过失,以用刑不当论罪;如果是故意的,则以不公论罪。至于具体的刑罚处断尚不清楚,这可能与所误判的案件性质包括罪行的轻重有直接关联;在量刑上是会发生困难的。在第38、39简中在提到控告不实的犯罪时,对故意不实控告者的处罚就存在着分歧,好在《答问》将这种分歧作为司法解释写了下来,使我们对这个问题能看得更清楚一点。原文是这样的:"(告人)盗百,即端盗加十钱,问告者何论? 当赀一盾。赀一盾应律。虽然,廷行事以不审论,赀二甲。"此款说的虽是普通百姓之间的故意不实控告,但对"吏"来说法理是同一的。控告者故意私加十钱,按秦律律文应处罚一盾;但是在以往的实际办案中则处罚二甲。有没有定论? 没有。这个解释权好像是给了司法者了。

《答问》有时又用"欲"、"不欲"来表明当事人的行为动机或犯罪意识。如第30、31简对橛门的盗窃行为就处理得比较严,只要是橛开了门的,不管是否以盗窃为目的,"抉之且欲有盗"、"抉之非欲盗也",都要处以赎黥的刑罚;即使不是去行窃,门也没有橛开,也还要罚以赀二甲。在法律解释中区分犯罪人主观上的故意和过失,是秦律刑罚适用原则之一,它既给司法有灵活掌握的量刑范围,又要求将动机与罪证相结合做出明确的相应处断。

三、法律解释的方法

《答问》在做法律解释的时候采用了哪些行之有效的方法?主要的有下面五种。

(一)问答

《答问》全部采用了问答的形式。例子无须再举。

问答形式的采用针对性强,与司法实践结合紧的特点。例如第80简按法律明文规定"斗决人耳,耐"。但是,在实际生活中斗殴伤人有各种情况,比较难断决的如斗殴撕裂的不是耳朵戴珥的部位,问如何论处?回答很肯定,条文上没有区分耳朵的部位,只说撕裂耳朵,因此"决裂男若女耳,皆当耐"。不管撕裂的是男子的还是女子的耳朵,都应处以耐刑。第81、82、83简等又提出斗殴伤人的不同情况,如斗殴时拔须、拔发、咬人鼻子、咬人耳朵、咬人手指、咬人嘴唇等该怎么处理,《答问》的作者都一一做了解答。很具体,很实用。

相反,法律解释若靠几个人关起门来闭门造车,自作解人,主观释疑,信笔论定,恐怕效果不会太好,难免误导司法。虽然说采用答问还是不采用答问这是一个方法问题、是一个形式问题,但是从实际效果来说采用问答形式更切近实际,更易于为人们所接受。即使是到了今天我们的体会也是这样。可见秦人在做法律解释的时候找到了一个切合人们思维实际的好方法。当然,这与春秋战国时期写作文体的多样化不无关系。

(二)成例比照

用"廷行事"表示成例比照。也就是说,相类的案件在以前曾有发生并已有处断结论,现在判决此同类的案子可据此比照。这是审判程序范围内的方法问题,但用在法律解释中则为解释提供了切实的凭据,显然有判罪合情理,有增强说服力的作用。在《答问》中出现"廷行事"的有第 38、42、56、59、60、66、142、148、149、150、151、152、162 等简。

以上 13 枚简大致可分这样几种情况:

1. 明确结论,言下之意可照此办理。如第 56、66、149、150 四简,或说成例按某罪论处,或说明成例的刑处对象和刑罚。

2. 用成例做具体说明。如第 148 简因债务强行扣押人质的,和双方同意质押的,都做"赀二甲"的处罚,用成例解释说:"廷行事强质人者论,予者不论;和受质者,予者□论。"按成例,强行扣押人质的应论罪,而自愿给人做人质的则不论罪;双方同意作押,自愿去给人做人质的也要论罪。照律本文都做"赀二甲"的处罚,但在成例中则对负债方自愿去给人做人质的则不论罪。不仅做了具体的说明,而且用成例加以补充。

3. 以成例作为定罪量刑的依据。如第 152 简对仓库管理不善的处罚是按鼠洞的多少和大小来量定的,成例已有明确规定。又如第 59、60 两简就是两条"廷行事",没有设问也没有引律,直接将成例列出,显然有可"照此办理"的意思,发挥与律同样的作用。

4. 用作参考。第 38 简对盗窃一百钱,控告他的人故意加了十钱,对控告者如何论处?《法律答问》解释说:"当赀一盾,赀一盾合律。虽然,廷行事以不审论,赀二甲。"两种论处,一依"律",一为成例,没有结论。

由此可见,在《答问》中的"廷行事"可以作为律的补充,与律具有同样的法律效力。这与西方不同,在罗马法系中成例一般不具有法律效力。

(三)举例

律文一般说来都比较概括、原则,给一般读律者乃至司法者理解律意带来困难。为此,《答问》的作者有时采用了假设、举例的方法对律条进行解释,明白晓畅,通俗易懂。如第57、58简是对不能察觉伪造文书者的处罚。举例说:"今咸阳发伪传,弗知,即复封传它县,它县亦传其县次,到关而得。今当独咸阳坐以赀,且它县当尽赀?咸阳及它县弗知者当皆赀。"假定说从咸阳开始查看通行证,是伪造的却没有察觉,一直传递下去,到关口才被查出,那么受罚的只是咸阳,还是其他的县都要受罚?判断是:咸阳与其他开始查看而未能察觉的县都应受罚。这是举例,也不一定发生过;但是用它来具体说明"发伪书,弗知"这五个字就十分清楚了,以点概面,举一反三,对准确无误地理解律意大有帮助。

又如第69、70、80、96、97、125、126、127、128等简也都采用了假设、举例的方法做了具体的说明。值得注意的是,《答问》所举出的例子,具有典型意义。第125、126两简在举例解释了"处隐官"之后指出"它罪比群盗者皆如此",可以据此类推。从这一例可见:《答问》所举出的例子不仅仅是为了说明,而且等同于"廷行事",可作参照类推,俨然是律的一部分了。

(四)比较

将同类性质的犯罪行为放在一起做解释有助于对律意的理解,《答问》有时采用比较方法,特别是从同类性质犯罪行为的比较中做出准确的刑罚适用。例如第93、96、97、103、142、164、166、186、196、201等简根据具体情况从不同的角度做了比较,有的是同类比较,有的是相互对比,也有的是对同一范畴不同情况的罗列说明,统而言之"比较"。第93简中的"不直"和"纵囚"都是审判不公的表现,放在一起加以分析,增强了区分度,论断鲜明。第103简"公室告"与"非公室告",第166简对"已官"与"未官"的区分,起到对比的作用,有利于司法官员更好地掌握量刑尺度。第 164 简是对逃避徭役的论定。一为"逋事"罪,一为"乏徭"罪,区别是逃避在报到前还是报到后,其间的差别是细微的,但是就是这样的细微差别秦人也毫不含糊。

(五)附带说明

在法律解释中将两种或两种以上的不同解释并列共存于官方的法律文件中,在今天,一般说来是不可能的,为的是维护法律解释的权威和统一。但是,在《答问》中就不是这样。在《答问》第 8、44、121、122、168、174、196 等简中都附有另一说,用"或曰"表示。如:第 122 简问"甲有完城旦罪,未断,今甲疠,问甲何以论?"甲犯有应出完城旦的罪,还没有判决,甲患了麻风病,该怎么处断?在回答中列出了两种不同的理解,一是说"当迁疠所处之",该将他迁徙到麻风病隔离区居住;另一说是"当迁迁所定杀"该将他迁徙到麻风病隔离区去淹死。这样两种不同的解释同时并存。此二说的矛盾焦点在于对患了麻风病的犯人是否能定杀的问题。《答问》列出二说,未做结论。为什么?我们推测这是时代发展的缘故。又如在上文"准确解析律意"一小节中提到的第 121 简对"定杀"一语的解释,列出了两种不同的说法,一是说"生定杀水中之谓也",意思是活着的时候就把他(犯罪的麻风病人)投入水中淹死;一是说"生埋",活埋的意思。但是做答者对"生埋"的说法做了否定,认为这种说法与律意不合。这表明秦人对"淹杀"与"生埋"做了区别;也可能在先前曾经发生过"生杀"的事,或者说这二者都不曾区分过。但是从法律上来说"淹杀"与"生埋"是应该做出明确的区别的。能注意到这种细微的律意区分是一种进步。

这里再说一说第 174 简的情况:它所提出的问题是说隶臣死后,隶臣妻将其子从家中分出,意在让其子逃避隶臣身份。该女子应如何论处?一种主张黥为隶妾,一种主张应处以完刑。在这一款的末尾认定"完之当也",结论是处以完刑。按照《答问》的一般写法,不必将不同的意见列出,这里特地列出,然后再下结论,是个特例。其原因恐怕在于刑处过程中有过激烈的争论,意见相左,各不相让。为了一统法制,清平司法,所以先将不同意见列出,然后再下结论,或许正是实际"答问"的记录留下痕迹。当然这是我们的两种推测。

正因为如此,无论如何我们对《答问》中的附带说明是应该引起足够重视的,因为它能够毫无掩盖地将不同的处断意见公开出来,而且并不担心这样做会引起混乱,为什么?是不是《答问》的汇总和编写仅仅是作为司法部门的参考,它并不向社会公开?是不是《答问》的编写是私人所为而顾忌不多?

四、《答问》所揭示的秦律特点

下面,有必要首先对《答问》210枚简、190条问答内容做出说明。

(一)中华法系的最大特点是诸法合体,民刑不分,秦律亦然

秦律,作为我国从奴隶制向封建制转化的春秋战国时期法律制度的一种,更具有这一特点。在《答问》中有关"捕盗"、"斗殴"、"臧律"(?)等刑事方面的内容不少,但是其中对有关民事方面的法律规范或规章制度的解释也占有相当比重。例如第166至第171等简就是有关"婚姻"方面的法律解释,第148至第158等简则是有关"户役"、"仓库"方面的法律解释,还有诸如"借贷"、"工程"方面的内容等。有意思的是第186简对"院"墙都做出了界定:"巷相直为院,宇相直不为院。"在今天看来不属于法律的术语,在当时则很有界定的必要。第179简规定对来客车上横木要用火熏,这可以看做是环保方面的法规。如果我们再看一看《秦律十八种》和《秦律杂抄》所罗列的律目:田律、厩苑律、仓律、金布律、关市、工律、工人程、均工、徭律、司空……和除吏律、游士律、除弟子律、中劳律、臧律等,虽然不是《秦律》的全部,但也已经能够反映出

与当初《法经》六法(尽管已经失传)有很大不同。秦律中民事方面的法律规范或规章制度退一步说也是对《法经》"杂律"的极大丰富,表明法律对时势激烈变动的适应。以至于到了"杂律"无法包容的时候,《汉律》中的"兴律"、"厩律"、"户律"也就必然地要剥离开来,这是法律自身发展的必然,在秦律中已见端倪。请注意:这里我们用了"民刑不分"这个词组,用它替代了以往"以刑为主"的提法,主要出于秦律尚未全部得见,孰主孰次不能贸然下此断语。

(二) 秦时的特权已由法定

在《答问》的解释中对某些特定对象有些优待政策及至特权。如:第107、108、109、110、111、112等简提到的"葆子","葆子"是指任子,《汉仪注》上说:"吏二千石以上,视事满三年,得任同产若子一人为郎。"在第109、110简中规定:葆子案件尚未判决而诬告他人"其罪当刑隶臣,勿刑,行其耐,又系城旦六岁"。对葆子免去肉刑,而改处耐城旦。在第113简中特地对"赎"刑做出解释的时候,对"臣邦真戎君长"即少数民族的头领也有优待的政策。这些优待政策的规定如果说还有它存在的理由的话,那么对"吏"、对"大夫"不一视同仁作同"伍"之人看待,就不是一般的优待了。第155简"吏从事于官府,当坐伍人不当?不当。"官吏在官府服役,同伍的人有罪,"吏"不加连坐。第156简"大夫寡,当伍及人不当?不当。"明确规定"大夫"不与一般百姓合编为"伍"。第185简对宗室子孙还有减刑的规定。这些已经超出了优待的范围,而是一种特权的享有,当然这种特权的生成是与当时的等级制度联系在一起的。第162简在解释"履锦履"的时候虽然只是对什么是"锦履"的问题加以说明,但是这种区分丝织鞋的本身就是以区分不同身份为出发点的。统治者在法律上享有特权是中华法系的另一特点。这一点在秦律中已经有所体现。

(三) 发挥法律的奖励教化功能

以往我们注意得较多的是法律的惩罚警示功能,认为封建统治者为了维护自己的统治采用法律手段来镇压劳动人民,达到巩固统治的目的。从根本上来说,这么认为并不为错,但是,我们也应看到封建统治者也利用并发挥了法律的奖励教化功能。

例如《答问》第125、126简对"捕亡"中能自己捕获或亲友代为捕获的可以凭此免罪。第130简规定捕获了犯耐刑的罪以上的罪犯,捕拿者可以将罪犯所带的钱占为己有。第134、135、136、137、138、139、140、141等简对捕告中的功过都做了明确的规定,达到导民从善的目的。正如秦简中所说:"凡法律令者,以教导民,去其淫僻,除其恶俗,而使之于为善也。"①第102款简值得注意,说的是"免老"(六十岁以上的老人)控告不孝的事,问"谒杀,当三环之不?"要求处死,是否需要经过"三宥"的程序?法律解释说:不需要,"亟执勿失",要立即逮捕,不要让他逃跑了。这个"孝"字出现在法律的文本中,其意义非同小可,影响深远。

(四)秦律给司法解释留有了余地

在司法实践中我们往往为罪行的量化问题所困扰,出于良好的愿望,总希望任何罪行都能够公布出个"量"来,依据数量的多少,确定罪名的轻重。其实,这种愿望虽好但与实际犯罪行为的结果往往产生矛盾;实际生活纷繁复杂,千变万化,无论有多么严密的尺度,也无法穷尽生活中的错综变化,更何况有一些犯罪情节无法量化。《答问》中虽然有不少确定的"量",如用660钱来作为财货的多少,用6尺作为是否成年的标尺。第88简斗殴伤人的伤口大小有"大方一寸、深半寸"等的尺度界限,依据伤口的面积和深度做出轻重不同的处断。第152简中用3个小鼠洞抵1个大鼠洞,要求重视仓库的管理。但是,更多的是"量"

---

① 《睡虎地秦墓竹简·语书》。

的不确定。如第163简征发徭役不按时报到的"笞伍十；未卒岁而得，笞当加不当？当。"不应征报到的应笞打50下，未满一年被抓住了，要不要笞打呢？要。既然要笞打，打多少呢？没有解释。用今天的话来说叫给司法解释留有了余地。

法律条文的解释权掌握在执法者（行政长官）手里，但事实上"刑宪之司，执行殊异。"正因为这个原因，为律文做"答问"、做"注"、做"疏"成为必然。《答问》的产生也成为历史的必然。有人主张称《答问》为"秦律说"，与汉《律说》相应。从法律解释学的发展方面而言，有其历史的合理性。的确，我们理应充分肯定《答问》在法律解释初创阶段所发挥的奠基作用。汉代的《律说》或《汉律》章句是在秦律解释基础上的发展，不过，至今都已不可得见。汉代的法律解释是有过一段繁盛的时期的，百家争鸣，各自立说，但尔后又能归于一尊。"后人生意，各为章句，叔孙宣、郭令卿、马融、郑玄诸儒章句十有余家，家数十万言……天子于是下诏，但用郑氏章句，不得杂用余家。"[1]郑玄所做的汉律章句早已散失，但是郑玄注律对唐代"律疏"体例的形成的影响是直接的，它对我国法律解释学的发展起了承上启下的作用。

《唐律》是我国现存的最早最完备的封建法典。"疏议"是官方对律文所做的解释，"爰造《律疏》，大明典式。"经皇帝批准颁行，与律同样具有法律效力。"疏议"中的设问和答疑共有178处。答问除解决律文中的疑难问题外，更重要的是给司法部门断案以周详的指导。这种"答问"形式的采用与《答问》一脉相承。尽管《律疏》的编撰者并没有看到过秦时的"答问"，但是《汉律》章句、张斐《晋律》注的影响是直接的，他们注律有没有采用"答问"形式也不可知；即使说《唐律》"疏议"中采用

---

[1] 《晋书》卷三十《刑法志》。

的答问形式是唐人的独创,也正好说明这种形式符合法律解释的需要,合乎人们读律解律的思维习惯。在二千多年前秦人就采用了这种答问形式来做法律解释应该说是一个伟大的创举。

"三尺法"与律令简牍

今天我们都把"三尺法"看做是法律的代称,认为古人把法律条文写在三尺长的竹简上,所以称三尺法,简称三尺。古代的律令是不是都写在三尺长的简牍上?近年来地下出土了相当数量的律令简牍,我们依据这些简牍的实物资料想必可以解决这个问题。不过,事与愿违,地下出土的律令简牍绝大多数不是三尺,怎么解释呢?

一、"三尺法"的提出

(一)三尺法,是古之法,还是今之法

把"三尺法"看做是法律的代称,一般都以《史记·酷吏列传》中杜周传所说的"三尺"、"三尺法"为例证。

杜周是张汤的廷尉史,他迎合帝意,时有冤状。当时有人指责杜周说:"君为天子决平,不循三尺法,专以人主意指为狱。狱者固如是乎?"而杜周回答说:"三尺安出哉?前主所是著为律,后主所是疏为令,当时为是,何古之法乎!"《集解》引《汉书音义》注云:"以三尺竹简书法律也。"听杜周的话的意思,他把三尺法指为"古之法"。所谓古之法,就是指汉代之前的法律,大凡指周秦。

另外的一个例子是《汉书·朱博传》。据载:朱博不屑于文学儒吏的奏记称说,他认为"如太守汉吏,奉三尺律令以从事耳。"不必持圣人之道。听朱博的话的意思,他主张按当时(成帝时)的法律办事,三尺律令指的就是汉律令,是今之法。

三尺法,究竟是古之法,还是今之法呢?前辈学者王国维先生在《简牍检署考》中则概而言之,云:"《史记·酷吏列传》称三尺法,《汉书·朱博传》言三尺律令,盖犹沿用周时语也。"是"沿用周时语"①,那应当是指古之法了。

不过,周秦古籍中并没有三尺法的提法。迄今为止,是否有汉代之前的三尺长律令简牍出土? 1987 年湖北荆州包山出土战国楚法律文书,简长 55.2 厘米,折合汉尺约为二尺四寸。汉之二尺四寸相当于周之三尺,此可算是古之三尺法之证?

(二)汉之二尺四寸相当于周之三尺

《简牍检署考》又进一步指出,周尺与汉尺不同:"汉之二尺四寸正当周之三尺,故《盐铁论》言二尺四寸之律。"

的确,在《盐铁论·诏圣》上有这样的记载:"二尺四寸之律,古今一也。"所谓古今一也,也就是说周时律令简与汉时律令简都是写在二尺四寸长的简上的,古今没有什么变化。只是,汉之二尺四寸实际上相当于周之三尺。如果确实是这样的话,那么只是汉尺与周尺的长度比率有所不同罢了,也就是说汉代的尺长,周制的尺短;汉代的一尺相当于周制的 1.25 尺长,或者说周制的一尺只有汉尺的 0.8 尺长。周制,以八寸为一尺。三八二十四,汉二尺四寸,周三尺。

按王氏的说法,自汉之后,汉律令简长二尺四寸,之所以仍然称"三尺律令",是沿用周时语也,沿用旧制,相因成习。② 如《隋书·刑法志》

---

① 《王国维遗书》第九册,上海古籍书店 1983 年影印本。
② 又,朱德熙在《七十年代出土的秦汉简册和帛书》一文中说:"例如在汉代,官府用的正式法律文本用三尺或二尺四寸的简(当时的一尺为 23 厘米左右,相当于现行市尺的十分之七左右)。"认为汉代律令简既有三尺的又有二尺四寸的。见《古文字论集》,中华书局 1995 年版,第 138 页。

称律令依然以三尺名之:"(太宁元年诏)王者所用,唯在赏罚……或有开塞之路,三尺律令,未穷画一之道。"一仍其旧。

很可惜,二尺四寸长的汉律令简,至今未见,很难说明"古今一也"。

(三)三尺简的折算

汉代一尺的长度相当于今天的22.6至24厘米长,或直接相当于23.3厘米长。① 那么,三尺简的长度就相当于今天的67.8至72厘米长,二尺四寸简的长度就相当于今天54.2至57.6厘米长。

纸上文献无法验证律令简牍的长度,验证简牍长度唯一的最可靠的办法是依据地下发掘。经过对地下出土律令简牍的检验,我们可以预测到:解决诸如三尺律令简牍的是否存在,律令简是不是只用三尺或二尺四寸的简,也就是说律令简牍有无定制的问题将成为可能。

二、地下发掘的验证

现在,我们就用地下出土的律令简牍来检验一下。检验以近年出土的秦汉律令简牍为主,分周秦、汉两部分。

(一)周秦时期的律令简牍

假定秦汉尺尺度相同,以一尺为今22.6至24厘米计。青川郝家坪木牍"更修《为田律》"。木牍两件,均长46厘米,合一尺九至二尺长。

睡虎地云梦秦简的长度在23至27.8厘米之间,平均约合一尺至一尺一寸长。出土木牍两件,为家书实物。一件长23.4厘米,约合一尺;一件残长16厘米。

---

① 马先醒《秦汉大尺小尺与出土简牍广袤》:"周大尺24.6厘米,小尺19.7厘米(即夏尺,亦即秦尺)。秦自商鞅变法以后大尺27.65厘米,小尺23.1厘米。前汉大尺27.72厘米,小尺23.1厘米。"转引自李均明、刘军著《简牍文书学》,广西教育出版社1999年版,第95页。

云梦龙岗秦简,长 28 厘米,以一尺为今 22.6 至 24 厘米计,约合一尺二寸长。木牍一枚,长 36.5 厘米,合一尺五至一尺六寸长。

包山楚简中的法律文书竹简简长 55.2 厘米,约二尺三至二尺四寸长。在这里,战国时代各国的尺度长短忽略不计。

江陵荆州王家台秦简《效律》,简长 45 厘米。合一尺九至二尺长。

(二)汉律令简牍

1972 年 4 月山东临沂银雀山汉墓出土的《守法守令十三篇》简长 27.6 厘米。合汉尺一尺二寸长。

张家山 247 号汉墓竹简中的《二年律令》简长 31 厘米,《奏谳书》简长 28.6 至 30.1 厘米。它们的简长与《脉书》、《算数书》等相差无几,大致相同。以一尺为今 22.6 至 24 厘米计,约合汉尺一尺三至一尺四寸长。

居延汉简 2551 号诏令目录 67.5 厘米,约合汉尺三尺。

1959 年 7 月甘肃武威磨嘴子汉墓出土"王杖 10 简",简长 23 至 24 厘米,约合汉尺一尺。

1981 年甘肃武威磨嘴子汉墓出土《王杖诏书令》册,简长 23.2 至 23.7 厘米。约合汉尺一尺。

武威旱滩坡东汉墓御史挈令、兰台挈令、卫尉挈令、尉令、田令等,简长 23 至 24 厘米,约合汉尺一尺。

1978 年青海省大通县上孙家寨 115 号汉墓出土木简残片,较完整的长 25 厘米,约合汉尺一尺一。内容是军事方面的律令。

1978 年江苏省连云港花果山出土木牍,内容涉及有关刑事案件,木牍已残且长短不一,最长的 20 厘米,最短的 2.6 厘米。

1971 年甘肃天水市甘谷县刘家山东汉墓,内容为桓帝延熹元年(159 年)诏书,简长 23 厘米,约合汉尺一尺。

敦煌悬泉汉简,内容有诏书、律令、司法文书等,简长 23.3 厘米,约合汉尺一尺。

为清眉目,制作《律令简牍一览表》如下:

	简牍出土墓葬	内容	长度	折算成汉尺
1	青川郝家坪秦简	《为田律》木牍	46厘米	1.9—2尺
2	睡虎地云梦秦简	秦律十八种等	23—27.8厘米	1—1.1尺
3	云梦龙岗秦简	与禁苑相关的律令、木牍	28厘米、36.5厘米	1.1尺、1.5—1.6尺
4	包山楚简	法律文书	55.2厘米	2.3—2.4尺
5	江陵王家台秦简	效律	45厘米	1.9—2尺
6	临沂银雀山汉简	守法守令十三篇	27.5厘米	1.2尺
7	江陵张家山汉简	律令二十八种简	31厘米	1.3—1.4尺
8	江陵张家山汉简	奏谳书	28.6—30.1厘米	1.3—1.4尺
9	居延汉简2551号	诏令目录	67.5厘米	3尺
10	武威磨嘴子	两汉高年授王杖诏令	23—24厘米	1尺
11	武威磨嘴子征集	王杖诏令册二十六简	23.2—23.7厘米	1尺
12	武威旱滩坡东汉墓	御史挈令、兰台挈令、卫尉挈令、尉令、田令等	23—24厘米	1尺
13	孙家寨115号汉墓	军事方面的律令	25厘米	1.1尺
14	连云港花果山木牍	刑事案件	最长的20厘米	0.9尺
15	天水市甘谷县东汉墓	延熹元年(159年)诏书	23厘米	1尺
16	敦煌悬泉汉简	诏书、律令、司法文书等	23.3厘米	1尺

(三)关于三尺律令简

《居延汉简甲编》2551号简,因为它的木简长67.5厘米,与汉尺三尺相当,所以被中外学者视作"三尺法"的实物证据,特具震慑力。研究汉简的中外学者已将2551号简的内容做了考证,定名为"诏令目录",

或称名"诏书目录"、"令甲目录"。简文如下：

县置三老二　　行水兼兴船十二　　置孝弟力田廿二　　徵吏二千石以苻卅二　　郡国调列侯兵四十二　　年八十及孕朱需颂系五十二

林剑鸣在《简牍概述》一书中较详细地介绍了 2551 号简，他说："在《居延汉简甲编》中的 2551 号简，是迄今发现的最长的一支木札，全长 67.5 厘米。出土时折为四截（甲乙编号为 5·3+10·1+13·8+126·12）。经研究，从木纹及文字上确定为一支简，故在《居延汉简甲编》中缀成一简。""据目前研究：汉一尺当为 23.3 厘米，则 67.5 厘米恰为汉三尺，而这支简所写的又为律令目录，与'三尺法'（《汉书·酷吏传》）的制度相吻合，据此可断定该简为'三尺律'简札。"①

《居延汉简甲编》2551 号简，诏书颁布的时间大致可以确定。据陈梦家的考证，②其排列顺序和颁布的时间为：

第二	高帝二年	公元前 205 年……
第十二	约惠帝时	前 195 至 188 年
第二十二	吕后元年	前 187 年
第卅二	文帝二年	前 178 年
第四十二	约文帝时	
第五十二	景帝后三年	前 141 年

然而，对 2551 号简这样的排列顺序以及把最后一诏书定在景帝末的观点，是存在一些问题的。日本学者大庭脩经过周密的论证提出了不同看法，他认为："按时代顺序排列的假设是有问题的。""很难以景帝末年作为该目录的终结，而且陈梦家也没有提出如此判断的根据。"他

---

① 林剑鸣编译：《简牍概述》，陕西人民出版社 1984 年版，第 61、62 页。
② 陈梦家：《汉简缀述》，中华书局 1980 年版，第 278 页。

列举了有关养老存问的诏书,认为这诏书也可能是"文帝十二年三月'置孝弟力田廿二'诏的细则",尚不可断定。他为此谨慎地下结论说:"在考察了甲2551简所见的令简称并与此相关的文、景、武帝诏书的内容后,可以说它是先帝的第一级之令或曰令甲,恐怕是没有问题的。"2551号简被称之为令甲目录,以此证明他所认为的"(2551号简)即汉尺三尺,相当于《释名》所说的椠,又反映了'三尺律令'之语,是书写律令的长简。"①

即使2551号简是令甲目录,就把2551号简作为"三尺法"——律令写在三尺长的简上的证据,那还只是孤证,何况它更大的可能是诏令目录,不当作令甲目录看。看2551号简的六条目录,与传世的纸上文献相对应的唯有诏书,《汉简缀述》已有详细论证;而目录与张家山出土的汉律律文却无一相应;另外,这六条目录其中没有一条涉及刑处,很大程度上更接近诏书目录,这样说恐怕更符合实际些。举例说,《哀帝纪》"诸王、列侯得名田国中……皆无得过三十顷。"句如淳注云:"名田县道者;《令甲》,诸侯在国,名田他县,罚金二两。"这是"令甲"的表达形式。又如《江充传》如淳注:"《令乙》,骑乘车马行驰道中,已论者,没入车马被具。"《张释之传》如淳注:"《乙令》,跸先至而犯者,罚金四两。"二者都属于卫禁方面的内容。"乙令"很可能是"令乙"之另一称名。以上是"令乙"的表达形式。如果说目录的写法与内容记述不同,这是很自然的,但是作为法律文本的令甲、令乙,一点不涉及刑处,甚至连诸如"论"、"当"、"犯"字都一无触及,②似乎有违常识。

在大庭脩著的《秦汉法制史研究》一书中,他也曾经有过可视为诏

---

① 《汉简研究》,广西师范大学出版社2001年版,第153、157页。
② 简札上有"颂系"一词,似乎不该说一无触及。但是,问题是第五十二的"年八十及孕朱需颂系"条,是份诏令,见《汉书·刑法志》景帝后元三年诏。这不正是称之"诏令目录"的证据吗?

令目录的分析意见。① 只是最近大庭脩把这一分析意见没有保留在他的新著《汉简研究》中。

除此之外再没有见到三尺长的律令简，上表已经表明，律令简有的是一尺，有的是一尺五，有的是二尺，并无定数，如此而已。这说明：所谓三尺不是专指简的长度，而只是取其成数罢了。

三、三尺，非律令简的标准长度

（一）除2551号诏令目录简外，未见三尺律令简

2551号诏令目录简，是诏令，而不是律令，诏令与律令之间不能划上等号，它们还是有区别的；上文引《汉书·酷吏传》杜周所言"后主所是疏为令"，但是诏令最终确定为律令的"令"，还有一个过程。考察《二年律令》"津关令"的内容、制定程序和分门别类的编排，大致可以看清这一点。②

正如上表所示，除2551号诏令目录简是三尺长度的木简外，表中其他的15种律令简都没有这么长，而且长短参差不齐，很不统一。鉴于此，可知：三尺，非律令简的标准长度，即法定的或约定俗成的律令简长度。

（二）律令的抄写，用简长度无定数

我们不妨看一看相同内容的律令简长度是不是有所规定。上面提到青川郝家坪出土木牍"更修《为田律》"。木牍两件，均长46厘米，合

---

① 上海人民出版社1991年版，第230页。书中说："第一，从内容看，大多与地方长官的治政关系密切，因此，这也许是为郡太守编集的诏令集，所谓'太守挈令'的目录。"尽管作者在新书《汉简研究》中放弃了这一分析结果，但从诏令与律令的差别着眼，似乎把它看做诏令目录更切合实际些。

② 参见本书《〈二年律令·津关令〉与汉令之关系考》一文。

秦尺一尺九至二尺长。不过,值得注意的是与青川木牍《为田律》同样内容的条文沿用于《二年律令》"田律"(第 246 至 248 简)中,其简长仅 31 厘米,约一尺三至一尺四寸。

睡虎地秦简"田律"中有"入顷刍槀"条,同样内容的条目在《二年律令》的"田律"中也有,前者简长一尺到一尺一,后者简长是一尺三到一尺四。由此可见,抄写相同内容的律令简并不一定用相同长度的简或牍。

此外,我们再不妨看一看在同一墓葬出土的简牍长度的不同。上面提到 1959 年 7 月甘肃武威磨嘴子汉墓出土"王杖 10 简",简长 23 至 24 厘米,约合汉尺一尺。与此同时,磨嘴子汉墓出土了《仪礼》,《仪礼》有三种不同的本子,一种木简,长 56 厘米;另一种也是木简,长 50 厘米;还有一种是竹简,长约 56 厘米。56 厘米约合汉尺二尺四寸,50 厘米约合汉尺二尺一寸。赐王杖诏令简的长度不及《仪礼》简的一半,用今人的眼光看来对皇上的指示有点大不敬,然而事实就是这样。抄写用简的长短可能并没有绝对的尊卑之分。①

1989 年甘肃武威旱滩坡出土的汉简中,在一份优抚高年老人的诏书残简(东汉建武十九),上有"二尺告刻(劾)"字样。对此,有分析称:"二尺"指告劾之版牍文书,史籍常称"二尺版",如《汉官仪》:"亭长持二尺版以劾贼",《汉官旧仪》作"亭长持三尺板以劾贼",据简文当以"二尺版"为是。② 这里优抚高年老人的诏书是二尺简,而上面相同性质的"王杖 10 简",用的仅是一尺简。两相比较,除了时间上的先后,只能说

---

① 胡平生在《简牍制度新探》一文中对王国维《简牍检署考》等观点做了考评,认为"以策之大小为书之尊卑"是简牍制度的重要定律。又提出"一尺法"的概念,认为"武威所出汉律令简长均 23 厘米许,只有一尺,将诏令与案例混抄混编,甚至将律文摘抄、割裂,证明民间对法律注重实际的运用,而简册之制并非不可改变。"《文物》2000 年第 3 期。

② 李均明、刘军:《武威旱滩坡出土汉简考述》,载《文物》1993 年第 10 期。

明抄写用简并无定制。

(三)"三尺"是个成数

三尺法外,史书中常见有"三尺剑"的说法,如《史记·高祖本纪》:"吾以布衣提三尺剑取天下。"《汉书》上也写作"三尺"。三,谓多数,凡一二不能尽者则约言为三。地下出土的秦剑、楚剑、巴人剑长短不一,巴人剑仅相当于今尺的一尺长。有名的吴王夫差剑一约 40 厘米,一约 53.7 厘米(剑身长 44 厘米),都不足三尺,而约言之而已。后世还有"三尺水"、"三尺桐"、"三尺喙"等说法。

三尺剑、三尺法的提法只是对剑或简长度的约称;三,是泛指长度,取其成数。此后,照《盐铁论》的说法,汉代律令的实际用简长度是"二尺四寸",而仍以"三尺"称之,也同样是举其成数而已。

(四)用简制度的存在

在上文的叙述中我们特别加了"抄写"二字。如果我们用抄写用简的情况来衡量官方的用简制度是会出现问题的。当然,并不能因为抄写用简长度有随意性,就否定官方严肃用简制度的存在。如《后汉书·光武帝纪》注引《汉制度》云:"帝之下书有四:一曰策书,二曰制书,三曰诏书,四曰诫敕。策书者,编简也,其简长二尺,短者半之。……三公以罪免亦赐策,而以隶书,用尺一木,两行,唯此为异也。"

蔡邕《独断》中也提到与之内容相同的用简制度。

这里有个实际的例子可供参考。在《二年律令》的"田律"中提到了简牒的尺寸,"官各以二尺牒疏书一岁马、牛它物用稟数。"(第 256 简)这里是指官物消耗情况的官府记录,指定用简牒的尺寸,这是说明不同的用途得用不同尺码的简? 还是作为地方政府上报必须按规定长度的简牒?《汉书·元帝纪》有"通籍"一语,应劭注云:"籍者,为二尺竹牒,记其年纪名字物色,悬之宫门,案省相应,乃得入也。"由此看来,名籍用二尺简,记录牲畜数量的簿籍也用二尺简。

与张家山汉简《二年律令》同时出土的《算数书》书中有"程竹"二则例题:"竹大八寸者为三尺简百八十三,今以九寸竹为简,简当几何?""八寸竹一箇为尺五寸简三百六十六。今欲以此竹为尺六寸简,简当几何?"[①]不管如何计算,这里提到的三尺简、尺五寸简、尺六寸简,恐怕不完全是虚拟。至少可以证明在汉初三尺简、尺五寸简、尺六寸简可能为日常生活所常用。当然,除此之外其他尺码的简不会不存在。

不过,官方用简制度究竟是怎样的,还需求证。胡平生在《简牍制度新探》一文中说:律令册大概与历谱的情况相似,也有几种性质不尽相同的"版本","一种是中央政府直接颁布下达的律令册,长三尺;一种是郡国以下各级官府或个人转发或为了使用的方便根据前者抄录的册书,长度与一般文书简册相同。"[②]这可能就是大庭脩所说的第一级,乃至有第二、第三级的存在。只是我们今天已经无法确定哪些是中央政府直接颁布下达的,哪些是郡国以下各级官府或个人转发的,哪些是后人辗转抄录的,而是凭借现在见到的简牍,然后再倒推上去确定哪是中央政府哪是地方各级官府,恐怕难免其中夹有较多的主观因素。

用简制度是存在的,但并不是说在民间或地方吏员的实际运用中,比如誊录、抄存法律条文、保存法律文书资料、抄录典型案例以备参考等等,用简就不能没有丝毫的自由。对诏令简牍有一定的规范;对律令简也可能早先有一定的规范,但是随着法律功能的日益发挥,律令简的抄写会突破规范的约束,而规范对之又无能为力,这种趋势将无法逆转。

四、与简牍制度相关的几个问题

考察古代的简牍制度以及简牍的长度,还有些与之相关的问题:

---

① 《张家山汉墓竹简(247 号墓)》,文物出版社 2001 年版,第 258 页。
② 《文物》2000 年第 3 期。

(一)简牍形制主要视用途而定

略举数种:

1. 策书类。"《汉制度》曰,帝之下书有四:一曰策书,二曰制书,三曰诏书,四曰诫敕。策书者,编简也。其制长二尺,短者半之。篆书。起年月日,称皇帝,以命诸侯王。三公以罪免亦赐策,而以隶书,用尺一木[寸],两行,唯此为异也。"(《后汉书·光武帝纪》注)策书,也写作敕书。长者二尺,短者一尺;赐策,一尺一,双行书写等。

2. 檄类。檄,用二尺长的简。《说文》释"檄"为"二尺书"。

3. 文书类。下移文书,用一尺简,称之尺籍。《汉书·冯唐传》有"尺籍伍符"一语,如淳注:"汉军法曰,吏卒斩首,以尺籍书下县移郡。"王先谦补注云:"尺籍者,谓书其斩首之功于一尺之板。"作记录军法内容的下移文书用。上文提到的1978年青海省大通县上孙家寨115号汉墓出土木简残片,内容是军事方面的律令。较完整的长25厘米,约合汉尺一尺一。青海大通县孙家寨115号汉墓木简第307简:"尺籍籍书首",与传世文献记载基本相合。

4. 名籍、符信类。再说名籍、符信。上文引《汉书·元帝纪》有"通籍"一语,应劭注云:"籍者,为二尺竹牒,记其年纪名字物色,悬之宫门,案省相应,乃得入也。"这段话在晋崔豹《古今注》的"问答释义第八"中记载云:

> 牛亭问曰:"籍者,何也?"答曰:"籍者,尺二竹牒,记人之年名字物色,县之官门,案省相应,乃得入也。"又,程雅问曰:"凡传者,何也?"答曰:"凡传皆以木为之,长尺五寸,书符信于上,又以一版封之,皆封以御史印章,所以为信也,如今之过所也。"

此段文字同时见载于五代马缟所撰《中华古今注》卷中。

王国维在《简牍检署考》中把"长尺五寸"看做"长五寸",所据此说"此最短之牍也。"认为它是通行之信,与尺五寸的乘传之信相区别。认为"秦汉简牍之长短,皆有比例存乎其间。"符,《说文》:"符,信也。汉制以竹长六寸,分而相合。"段注:"按许云六寸,《汉书》注作五寸,未知孰是。"所云五寸是指《汉书·文帝纪》应劭注。所见出土简牍有《龙岗秦简》"六寸符皆传□□□□"(第14简),居延简有"□金关为出入六寸符□　□从事"(合校11·8)等。无疑,六寸符可为定说。

5.书籍类。古代书籍写在竹木缯帛上,《墨子·明鬼下》上说:"书之竹帛,传遗后世子孙。"据史籍记载,根据书写内容,简牍的长度有所不同。

儒家经典用简有一定的规格要求。贾公彦《仪礼·聘礼》疏引郑玄《论语》序中说:"易、诗、书、礼、乐、春秋策长尺二寸(阮元认为当作二尺四寸);孝经谦半之;论语八寸策,三分居一,又谦焉。"古代的经典著作形式有一定的规格要求,当然它是与儒学地位的日益提升相适应的。特别是有关礼仪方面的书得用二尺四寸长的简。《后汉书·曹褒传》上说:"(褒)撰次天子至于庶人冠婚吉凶终始制度,以为百五十篇,写以二尺四寸简。"《后汉书·周磐传》上也说:"若命终之日……编二尺四寸简,写《尧典》一篇,并刀笔各一,以置棺前,示不忘圣道。"上文第三部分中说到:磨嘴子汉墓出土了《仪礼》,《仪礼》有三种不同的本子,一种木简,长56厘米;另一种也是木简,长50厘米;还有一种是竹简,长约56厘米。56厘米约合汉尺二尺四寸,50厘米约合汉尺二尺一寸。地下发掘与传世文献上的记载相吻合。

诸子的书则用一尺长的简。《论衡·书解》:"诸子尺书"。《论衡·谢短》:"汉事载于经,各为尺籍短书。"又,《论衡·量知》云:"大者为经,小者为传记。"经与传记也略有不同。

(二)同类性质的简牍大小并非一成不变

上面说诏令目录简用的是三尺简,但是在敦煌悬泉汉简中的诏书用的是23.3厘米长的简,合汉简一尺。

檄,用二尺长的简。但也有说用一尺二的。《汉书·高帝纪》师古注则云:"檄者,以木简为书,长尺二寸,用征召也。"《文心雕龙·檄移》:"张仪檄楚,书以尺二。"一说二尺,一说一尺二寸。其不同可能视檄的不同功用而定。居延新简F16.1—17候史广德坐不循行部檄,是出土简牍中最长的简,简长82厘米,相当于汉尺三尺五,与《说文》所记二尺书又不合。①

籍者,为二尺竹牒。簿籍,如《居延新简》出入簿简有22.1厘米长者,仅合一尺。书籍,如上文提到的郭店楚简《老子》就有三个本子,分别是32.3、30.6、26.5厘米长,约合一尺四、一尺三、一尺一,尺码各不相同。还有《缁衣》32.5厘米,《说之道》、《父之恶》、《物由望生》、《名数》四种短简分别是15.1、17.7、17.4、15.2厘米,短简只有七至八寸长,也各不相同。

有认为主之尊卑决定简牍的长短。从大体而言可以这么说,但也不是绝对的。问题是主之简牍并非一种,多种不同性质的简牍放在一起,不都是同一尺码。即使是同一种书籍的简牍也有不同的尺寸,如上面的例子所揭示的那样。另外,还有个如何判定身份与大小的关系问题。例如江陵望山1号墓、2号墓其遣策分别是52.1和64.1厘米,1号墓墓主身份是楚国王族,2号墓墓主是贵族邵氏家族成员,他们的身份显然是前者尊后者卑,后人为之所制遣策前者反而比后者短,什么原因?又如,广西贵县罗泊湾汉墓的遣策木牍有三种尺寸,分别是38、29、25.2厘米,合一尺六、一尺三、一尺一长其差别还是比较大的,这也就无法证明简牍的大小是由主之尊卑决定的这一点了。

(三)不同时期简牍有不同的尺码标准

---

① 有说它与"檄"无关,名不副实。但相关制度尚待考证。见胡平生《简牍制度新探》一文。

前面说到过古之尺、今之尺的问题。其实,这也就是说明一点:简牍的形制,不同时期有不同时期的尺码标准,不能一概而论。

秦汉的尺码有没有不同呢?现在我们一般都认为秦汉的尺码没有差别。秦时的尺码是不是能笼统地说,秦如同汉之于周,二尺四寸之当三尺?这里恐怕是存在一点问题的。秦统一度量衡,尺的标准毫无疑问也在规范之列。

有一例可供思考:睡虎地秦简上的标准布幅宽度是二尺五,秦简《秦律十八种》"金布律"上说:"布袤八尺,幅广二尺五寸。"而到了汉初,《二年律令》中的标准布幅宽度是二尺二,"□市律"上说:"贩卖缯布幅不盈二尺二寸者,没入之。"(第258简)在张家山汉简《算数书》中得到证实,"缯幅广廿二寸,袤十寸。"①一宽二尺五,一宽二尺二,②什么原因?布幅改变了宽度,还是布幅并没有改变而是尺的标准改变了?笔者的意见倾向于后者。布幅宽度改变了的话,会牵涉到制作的改变,会牵涉到币值的改变。而标准尺的改变,就如同16两制改成10两制那样,牵涉面相对要小。是这样吗?

很可能是秦汉尺度起了变化。尽管差别不大,往往为人们忽略不计,但是这种差别是客观存在的。

(四)材质不同,是竹简,是木牍,有所区别

东汉刘熙《释名》:"版长三尺谓之椠。"《说文》"椠"为"牍朴也"。三尺约合70厘米,再说《居延汉简甲编》中第2551号简,简文所记乃诏令目录,长67.8厘米;这个计算方法可能会有些问题的,照上文的说法"汉之二尺四寸正当周之三尺",那么就只能依二尺四寸来计算,结果只有55.2厘米,即使是作为典型的诏令简"诏令目录",其长67.8厘米,

---

① 彭浩:《张家山汉简〈算数书〉注释》,科学出版社2001年版,第66页。
② 《汉书·食货志》上说:"(太公为周立)布帛广二尺二寸为幅,长四丈为匹。"对照秦简上的说法,所谓"太公为周立",大可怀疑。

也与二尺四寸不符。

与睡虎地秦简同时出土木牍两件,为家书实物。其中一件长23.4厘米。敦煌汉简书信简24至24.7厘米长。材质不同,形制也不同。

(五)实际的抄写简与原简会有所不同,或长或短无定式

如诸子的书用一尺长的简。《论衡·书解》:"诸子尺书"。临沂银雀山汉简《孙子兵法》27厘米长、《晏子》27.2—27.5厘米长,约合一尺二,郭店楚简《老子》有三个本子,分别是32.3、30.6、26.5厘米长,约合一尺四、一尺三、一尺一。地下发掘与文献记载有所不同,大都是因时因地的不同,是抄写者所用简的随意性决定的。

古人的用简情况是复杂的,它与用途、身份、时间、材质等都有关系,因素是多方面的,所以我们必须综合地看待它。① 了解古代简牍制度,把握诸如"三尺法"之类的律令简牍,对我们研究出土文献与秦汉法制的历史来说都必不可少,无论是理论的还是实践的相关知识。

---

① 薛英群《居延汉简通论》:"但事实上正如下文之叙述,汉代用简记事、录文、奏报,只有简式之不同,而无长短严格之规定。""我们这里要讲清楚的是,当时一无严格规定,二未认真执行,三是民间多从习惯。"甘肃教育出版社1991年版,第99页。

"如律令"的再认识

前辈史学家曾注意到"如律令"问题,最具代表性的是王国维在《流沙坠简》中对"如律令"所做的颇为详尽的考证,他认为:"汉时行下诏书,或曰如诏书,或曰如律令。苟一事为律令所未具而以诏书定之者,则曰如诏书……苟为律令所已定而但以诏书督促之者,则曰如律令,《三王世家》所载元狩六年诏书是也。……如者,谓如诏书行事也。如律令一语,不独诏书,凡上告下之文皆得用之。《朱博传》博告姑蔑令丞永初讨羌檄及此简皆是。"①日本学者大庭脩在《汉简研究》一书中又对这一观点做了申述,他说:"'诏后行下之辞'的结尾,为'如律令'……'如诏令'则用于律令尚未规定而需要诏书规定的情况。""……据此可判断出前面文书的性质。"②

然而,如是结论未能得到学界的一致认同,研讨一直未曾断绝。最近,读日本学者鹰取祐司的《居延汉简劾状册书的复原》一文,在这篇文章里提到"如律令"的作用,他说:"'如律令'仅仅是催促执行命令。"并加了长注,对王国维的观点提出了自己的看法:"自王国维《流沙坠简》以来,'如律令'被解释为'根据律令的规定从事',但全部有关'如律令'的下达文书内容,是否在律令中都有具体的规定呢?"他认为"'如律令'不仅仅具有执行命令词句以上的意思……(对'如府记律令'句)并不认

---

① 王国维:《流沙坠简》,1993年版,第106页。也可见《观堂集林》卷十七《敦煌汉简跋四》。

② 大庭脩:《汉简研究》,广西师范大学出版社2001年版,第6页、第34页。

为'记'的内容和律令的规定有关系。"①

"如律令"究竟包含了什么意义和作用,是"根据律令的规定从事"还是"仅仅是催促执行命令"的作用?本文将回顾历代史家的评论,联系近年来出土文献中频繁出现的"如律令"、"它如律令"等字样,做些考察和辨析,提出自己的看法。

一、史家的看法

"如律令"三个字古人早就注意到了,但是看法并不全同。主要有以下三种看法:

(一)"如律令"中的律令是指法令,要求照此办理

所指法令,又有两种说法:一指现行的法令;一指旧法令。

1. 指现行的法令。

在《史记·三王世家》所载元狩六年(前117年)的制书云"御史大夫汤下丞相,丞相下中二千石,二千石下郡太守、诸侯相,丞书从事下当用者。如律令。"按法令规定的法律程序办。在《汉书·朱博传》中朱博的口占檄文末尾也用了"如律令"三个字;颜师古做了注解,云:"游徼职主捕盗贼,故云如律令。"《汉律摭遗》加按语云:"文云如律令,似律令有此明文矣。然律文不可考,……今但采诸书所引之明著律文数条,余不具。"②沈氏在这里加了个"似"字,有不确定的意思。因为汉律律文大多散佚,但基本上持同意师古注的看法。王国维在《敦煌汉简跋四》中则更明确地指出"如律令"与诏书的关系:"苟为律令所已定而但以诏书督促之者,则曰如律令,《三王世家》所载元狩六年诏书是也。"③如律令,与确实而具体的律令相应,并付诸实践。

---

① 《简帛研究二〇〇一》,广西师范大学出版社,2001年版,第750页。
② 沈家本:《历代刑法考》第三册,中华书局1985年版,第1728页。
③ 《观堂集林》卷十七《敦煌汉简跋四》,《观堂集林》第三册,第846页。

2.“它如律令”中的律令，是指除新颁律令之外的旧法令。

《汉书·儒林传》中公孙弘奏请的末尾有"它如律令"字样，师古注云："此外并如旧律令。"照此说法，"如律令"有遵照旧律令办的意思；旧律令，就是指此前已经制定的成文法令。加上了一个"它"字，意思是在新制订的法令范围之外。

(二)上行下公文的习用语，是官府文书的一种常用格式

在《文选》卷44中选有陈孔璋写的两篇檄文，一篇是《为袁绍檄豫州》，另一篇是《檄吴将校部曲文》。在这两篇檄文中都有"如律令"、"如诏律令"①字样出现。唐李善为"如律令"加注，引了应劭《风俗通》上的说法，云："汉书著甲令，夫吏者始也。当先自正，然后正人，故文书下如律令。言当履绳墨，动不失律令也。"意思是说，文书下达必须像颁发律令那样，迅速传达并严格执行；对下达檄文的官吏来说，必须首先遵守律令的规定。②

陈直在《居延汉简解要》中认为："如律令为汉代上行下公牍尾句之习俗语。"③裘锡圭也认为："汉简所见文书的'如律令'收尾者，数不胜数。我们不能因此就把这些文书看做律令……'如御史书律令'之语，这只能说明这份文书可以称为'御史书'，并不说明这份文书是'律令'。"李均明《古代简牍》也认为："简牍所见皇室诏书皆由下行转发文逐级传抄下发。凡下行文，无论是下行始发文还是转发文，文末皆具命令语气'如律令'……"④

---

① 五臣本《文选》作"诏如律令"。古书中只作"如律令"、"如诏书"，而无"诏如律令"；恐传抄致误。又，"如诏律令"中当缺一"书"字。

② 在今存四部丛刊本《风俗通》上没有这段文字，看来它是《风俗通》的佚文。又见《艺文类聚》卷54《刑法部》，"履绳墨"作"承宪履绳"。

③ 陈直：《居延汉简研究》，天津古籍出版社1986年版，第171页。

④ 裘锡圭：《古文字论集》，中华书局1992年版，第624页。《古代简牍》，文物出版社2003年版，第167页。在汪桂海《汉代官文书制度》一书中曾加分析说："苟一事为律令所未具而以诏书定之者，则曰'如诏书'、'如诏律令'、'如府书律令'、'如莫府书律令'等，这些用语皆只出现于转下诏书、府书、莫府书等上级下达的文书时的行下之辞里，若是官府直接对上级、平级、下级行文，则言'如律令'或'如书'。"在这里加上了上移和平移，不同与一般认为的只是下移的观点。广西教育出版社1999年版，第105页。

(三)符咒用语

宋代,李济翁在《资暇集》卷中说,在符咒之后往往写有"急急如律令",他认为"律令是雷边捷鬼,学者岂不知之?此鬼善走,与雷相疾速,故云如此鬼之疾走也。"①这一观点马上遭到程大昌的批评,程大昌在《考古编》中认为这种说法是错误的,对这种唯心解释做了否定,他引了《风俗通》上的材料,明确提出:在符咒之后写上"急急如律令"这几个字,正是符咒仿效了官府文书的写法。其后,宋人叶大庆在他的《考古质疑》一书中特地写了《急急如律令》一篇,对程氏的说法予以支持,他说:"盖律者,所以禁其所不得为;令者,所以令其所当为。如律令者,谓如律令不得违也。道家符咒,正是效官府文书为之。"这样,他不仅把这个问题"澄清"了,而且把"律"与"令"的不同功能大致也讲清楚了。当然不尽然。

纵览目前学术界对"如律令"的看法,比较多的支持第二种看法,认为它是汉代固定的一种下行文书用语,与具体的法令无关。

二、悬泉竹简中的"如律令"

敦煌出土的悬泉汉简,经专家整理,最近出版了《敦煌悬泉汉简释粹》一书。② 此书收录的主要是诏书、律令、司法文书等,在这些诏书、律令、司法文书中出现有"如律令"字样,凡40处。

《敦煌悬泉汉简释粹》一书中收录的诏书、律令、司法文书,它们大

---

① 李济翁在《资暇集》卷中云:"符祝之类,末句'急急如律令'者,人皆以为如饮酒之律令,速去不得滞也。一说汉朝每行下文书皆云'急急如律令',言非律非令之文书行下,当亦如律令,故符祝之类,末句有'如律令'之言,并非之也。……律令是雷边捷鬼,学者岂不知之? 此鬼善走,与雷相疾速,故云如此鬼之疾走也。"在这段话中,除称说符祝用语外,其实也讲到了"如律令"是"文书行下"的常用格式问题。

② 《敦煌悬泉汉简释粹》,上海古籍出版社2001年版。

约是西汉武帝元鼎元年（前111年）至东汉安帝永初元年（107年）期间的历史遗存。在敦煌悬泉简牍中的"如律令"有多种不同的表述方式。经粗略统计，在书中所收的汉简中出现："如律令"27处、"它如律令"1处、"从者如律令"11处、"严报如律令"1处和"如××律令"等。另外，我们还应注意到这样的情况：与"如律令"相类的"如诏书"6处、与"它如律令"相类的"它如爱书"3处。

我们先从3处"它如爱书"说起。悬泉简牍第二十二件，是建昭元年（前38年）的一份"爱书"，[①]在报告完病马死亡验证的结果之后，最后写上了"它如爱书"四字。既然是一份爱书，而且已经将爱书的内容都已交代清楚了，怎么还要说"它如爱书"呢？编者在注解中说："它如爱书：此外并如爱书所述。"并且用颜师古注《汉书·儒林传》公孙弘传为旁证，"它如律令"颜注："此外并如旧律令"。编者似乎是主张本文第一部分中的第一种看法的。但是，问题是颜注中有个"旧"字，而建昭爱书注中则没有这个"旧"字，二者不能通解。有无"旧"字的区别在于下行文书督办的依据有所不同：前者就此爱书而言，后者却并不指现行律令。这怎么解释呢？编者在注中又引了参考的文章名，又好像有称它是汉代书佐、文书用语的意思。把握不准。

另外2处"它如爱书"的情况又怎样？一处是第二三件，一处是第一四一件，[②]与上述的建昭爱书的文书格式完全相同，也同样会产生这样的疑问：既然是一份爱书，而且已经将爱书的内容都已经交代清楚了，怎么还要说"它如爱书"呢？

如果说"它如律令"中的律令指的是旧律令，而"它如爱书"中的爱书指的是目前的爱书的话，二者显然有矛盾了。

---

① 《敦煌悬泉汉简释粹》，上海古籍出版社2001年版，第24页。
② 见《敦煌悬泉汉简释粹》，上海古籍出版社2001年版，第26页、第107页。事分别在五凤二年（前56年）和甘露元年（前53年）。

"它如爰书",是不是应该做这样的解释:遇上与此同类的事也照此爰书办?至于"它如律令"是不是也可以做这样的解释:遇上与此同类的事照此律令办?既然如此把"它如律令"中的律令理解为旧律令,那就不恰当了;若要做这样的解释,那得加上一个"旧"或"前"字才行。《史记》中有个例子可以做旁证:《史记·三王世家》上记载,丞相青翟等27人议请立皇子为诸侯王,有言:"臣请令史官择吉日,具礼仪上,御史奏舆地图,他皆如前故事。"他皆如前故事,说的是除此而外,其他一切事项都按照惯例办。这样的句型跟"它如律令"、"它如爰书"十分相似,不同的只是有了那个"前"字。不过,《敦煌悬泉汉简释粹》一书的编撰者在二六《失亡传信册》中,又加注云:"如律令:按照律令办。汉代下行文书之习用语。"[1]按照律令办,必定有可供依据的法令存在;说是汉代下行文书之习用语,则仅指文书的形式。二者必取其一。由此看来,编撰者实际上是主张本文第一部分中的第二种看法的。应该说"它如爰书"与之相同,也只是下行文书之习用语,并没有实际的内容。因为它们的载体不同,用语也有所不同;"它如爰书"的载体是爰书,有别于诏书、律令。

再说,书中"如律令"有27处,"从者如律令"11处,"严报如律令"1处,合在一起看,大约有40处的"如律令"。这40处的"如律令"用法绝大部分是相近的,都只是下行文书中的习用语,没有实质性的内容,因此我们没有必要做逐一的剖析。这也印证了上文所引日本学者鹰取祐司的说法,"仅仅是催促执行命令"的作用。问题是我们能够在时间上对它们有个区分。40处"如律令"中出现最早的是在神爵元年(前61年),这是不是表明在《敦煌悬泉汉简释粹》的汉简中,神爵元年(前61年)之后,诏书、律令、司法文书中的"如律令"习用语形式已经形成,并

---

[1] 《敦煌悬泉汉简释粹》,上海古籍出版社2001年版,第31页注5。

为下行文书所习用,而与具体内容相系连的成分在减弱,甚或可以说已不具有实际内容的指向。

在这里我们提到了时间的界定问题,其动因是我们想追本溯源,从源头上找一下"如律令"的本意及其用法。

三、居延汉简中的"如律令"

上文第一部分中《史记》、《汉书》所引诏书、檄文末尾的"如律令"字样,上限是元狩六年,即公元前117年。这是不是说明在汉武帝时期就在政令和军事文书中得以应用,还有实在的指向,其后则逐步形成一种固定的文书格式。直至用于陈琳写的两篇檄文中,沿习时间几近三百年。

居延汉简中的"如律令"用法也不乏其例,如:"自致张掖逢过津关,如律令"(合校37·2)"谓甲渠候官写移书到,会五月旦,毋失期。如律令 /掾云、守属延、书佐定世"(合校42·20A)"正月丁未,甲沟鄣守候君写移间田狱,如律令"(合校95·4)等,其中的"如律令"都置于移文之末,成为移文文书的惯用形式,并不表明本移文是律令。

居延汉简中的"如诏书",如"元康五年二月癸丑朔癸亥,御史大夫吉下丞相,承书从事,下当 用者,如诏书"(合校10·33)这里当指诏书的下达;如诏书,即按诏书办。

比较特殊的情况是"如诏书律令",如:"□到令遣害郡县以其行止□如诏书律令。书到言/丞相史□"(合校65·18)"匿界中,书到遣都吏与县令以下,逐捕搜索部界中,听亡人所隐匿处,以必得为故,诏所名捕重事,事当奏闻,毋留。如诏书律令"(合校179·9)木简中所说"诏所名捕",是指目前颁发的诏令;而追捕逃犯,汉律中有明文规定。因此,这里的"如诏书律令"均有实指的内容。

还有"如治所书律令"、"如府檄书"、"如大守府牒律令"、"如府书律令"等多种不同的形式。如:"十一月丙戌,宣德将军张掖大守苞、长史丞旗,告督邮掾□□□□□都尉官□,写移书到,扁书乡亭市里显见处,令民尽知之,商□起察,有无四时言,如治所书律令"(合校 16·4A)"□□如府檄书□"(觚)(合校 111·5A)"写传,如守府书律令"(合校 203·44)"□□张掖居延都尉博城骑千人　行丞事谓官写移,书到,务如大守府牒律令"(新简 E.P.T43·12)"□将兵护民田官居延□□大守府书律令□"(新简 E.P.T57·9A)等。都有"治所书"、"府檄书"、"大守府牒"的实指内容,大庭脩所说"……据此可判断出前面文书的性质。"是对的。诚然它们都只是地方性文书,不是律令,然而为强调它们的重要性、权威性,将它们视同律令,照办不误。如果把这些"治所书"、"府檄书"、"大守府牒"地方性文书的名称删去,直接写成"如律令"行吗?不行,因为它们毕竟不是律令,或律令中并未规定有这方面的权利。这样看来,"如××律令"就只是移文文书的固定格式而已。

无须再举很多例子,已经可以看到:武帝之后,有关"如律令"句型已基本形成固定的移文文书格式,它的实在意义在逐渐减弱,而逐步形成定式。而在"如律令"格式上加了诸如"诏书"、"治所书"、"大守府牒"等有具体指向的内容后,其重心在实指,具有很强的指向性。不过要说明的是,有实际内容与徒具文书形式之间,二者在实际的应用中往往是交错的,渐变的,不可能划出截然的界线。

四、张家山汉简中的"它如律令"

武帝之前,在汉初"如律令"的用法又如何?

张家山汉简《二年律令》和《奏谳书》中都用有"它如律令"句型。在讨论"它如律令"句型之前,我们得先看一看《二年律令》和《奏谳书》中的"如律"、"如令"、"它如×"等的用法。

(一)"如律"、"如令"用法

先说"如律"用法。如《二年·盗律》:"徼外人来入为盗者,腰斩。吏所兴能捕若斩一人,拜爵一级。不欲拜爵及非吏所兴,购如律。"(第61简)按照法律规定,像这样捕斩一人当按法律规定予以奖赏。同样内容的又如《捕律》:"其斩一人若爵过大夫及不当拜爵者,皆购之如律"(第149简)在《盗律》第63简中还有"赏如捕斩"一语,联系上面两句中的"购如律"和"购之如律",它们所依据的律条内容是:捕斩。至于购赏的赏金多少,在本条律文中没有明确标出,其原因无外乎在其他律条中已经明示,无须重复。汉初购赏的赏金是根据捕斩对象的身份来决定的,比如说,在《捕律》中有条文云:"亡人、略妻、略卖人、强奸、伪写印者弃市罪一人,购金十两。刑城旦舂罪,购金四两。完城□二两。"(第137、138简)购之如律的"如律"所指,与这种追捕罪犯的购赏办法一样,由实际的捕斩对象的身份决定。以致后来还下过《捕斩单于令》的特别法令,见《陈汤传》。

据此,诸如《二年·钱律》中的"赏如律"(第205简)、《捕律》中的"赎如律"(第153简)、《捕律》中的"置后如律"(第142简)、《传食律》中的"食马如律"(第233简)等,无论是奖赏,还是赎罪、置后,毫无疑问这些都跟上面的"购如律"一样在律文中有相对应的量化数额或具体规定。如果没有量化数额和具体规定,"如律"前用于区分的"赏"、"赎"、"置后"、"食马"就变得没有意义了。可以再看一下《捕律》中的"(追捕盗贼)死事者,置后如律。"一条,其中的"置后"在《二年·置后律》中就有明确规定:"……皆为死事者,令子男袭其爵。毋爵者,其后为公士……"(第369、370简)很显然,"置后"也得根据置后对象的身份来决定。

再说"如令"用法。如:《传食律》"诸吏乘车以上及宦皇帝者,归休若罢官而有传者,县舍食人、马如令。"(第 237 简)要按照"令"文的规定供人和马的吃住,即"如令"。由此推测,汉令中有传食方面包括饭食、饲料数量在内的补充规定,而且很可能有"传食令"或"金布令"令目。在《二年·金布律》中倒确有方面的律文规定:"传马、使马、都厩马日匹蓟(?)一斗半升。"(第 425 简)马的饲料有不同的规格,人的吃住当然也有不同的规格。在"律"中没有规定的,在"令"中会有所补充。①

(二)"它如×"用法

《奏谳书》中用有"它如劾"、"它如辞"、"它如书"、"它如狱"、"它如前"等,我们将它们统括为"它如×"句式。如"它如劾":"诚知种无[名]数,舍匿之,罪,它如劾。"(第 64 简)、如"它如辞":"平爵五大夫,居安乐和众里,属安陆相,它如辞。"(第 64 简)"恢盗赃过六百六十钱,石亡不讯,它如辞。"(第 71 简)"苍……赘……丙,五大夫,广德里,皆故楚爵,属汉以比士,非诸侯子。布、余及它当坐者,县论,它如辞。"(第 90 简)如"它如书":"恢……令舍人士伍兴、义与石卖,得金六斤三两、钱万五千五十,罪,它如书。"(第 71 简)如"它如狱"、"它如前":"十一月不尽可三日,与讲盗牛,识捕而复纵之,它如狱。·讲曰:十月不尽八日为走马魁都佣,与偕之咸阳,入十一月一日来,即践更,它如前。"(第 110、111 简)等。

由此看来,"它如×"已成为一种表述的惯用形式,用它能起到避免重复的作用。"它如×"中的"×",无论是劾、辞、书、狱、前等都能在文书中找得到它的具体指向及其内容,而不是一种单纯的与实际内容无关的形式。假如是一种形式的话,那就无须要改换"×"为劾、辞、书、

---

① 居延简中有"如律"字样者,见《新简》EPT56·115、《新简》EPT68·34。有"如令"字样者,见《合校》264·20A,《合校》537·1。若回溯至秦,在睡虎地四号墓出土的木牍(家信两通)中,有"闻新地城多空不实者,且令故民有为不如令者实"句,很显然,"不如令"为实指。

狱、前等字了。

除"它如×"用法外,在实际的律文中还用有"它如令"字样。如《津关令》"丞相上鲁御史书,请鲁中大夫谒者得私买马关中,鲁御史为书告津关,它如令。丞相、御史以闻,制曰:可。"(第521简)等。这里的"它如令"与上引的"如令"有两点不同:一是指"它",除此令中所请"私买马关中"外,其他都按令的规定办;二是它本身就是"令"而不是律。

(三)"它如律令"句型的用法

张家山汉简《二年·户律》中有"它如律令"句型:

> 诸不为户,有田宅,附令人名及为人名田宅者,皆令以卒戍边二岁,没入田宅县官。为人名田宅,能先告,除其罪,又畀之所名田宅,它如律令。(第323、324简)

《户律》规定不能私自占田,或附名在他人的田宅上,都将受到法律的惩处。如果能告发,那么不仅不处罪,反而给予田宅的登记。除此而外,按律令处理。前面"附令人名及为人名田宅者"当然是律的内容,其他的与之相关的律令内容也当包括在"它如律令"的律令之内。

又比如,张家山汉简《二年·津关令》中有:

> 议,禁民毋得私买马以出扞关、郧关……诸乘私马入而复以出,若出而当复入者,出,它如律令。(第506、507、508简)

"它如律令",除了让私乘马者入而复出之外,其他都要按律令规定的去做。这里特别指出的是"入而复以出",只允许先"入"后出,因为《津关令》规定禁止私人买马出关。其余的,诸如本条内所规定的记录下马的匹数、印记,"为致告津关,津关谨以籍久案阅,出。"本条令文上的规定外,还有可能是《津关律》甚或其他律令中的有关法律规定,都得照办。这就是"它如律令"在本条中的意义和用法。

这表明"如律令"、"它如律令"句型至少在汉初就已经出现。在"如律令"前加了个"它"字,排除了某些特殊情况。尽管在张家山汉简中仅此数见,但它足以说明此种文书表达方式的实际需要。当然,这与后代由此形成的文书格式的性质是不一样的。"如律令"、"它如律令"中的律和令以及"它",都有确实的内容指向,而不是单纯的形式。

又,《奏谳书》第3案例"胡状、丞憙所谳案"的案件经过是这样的:临淄狱史阑叫女子南戴上繳冠,假装生病躺在车子里,用大夫虞的过关通行证,企图蒙混出关。南是齐国的贵族田氏,迁居在长安。阑娶她为妻,跟她一起回临淄。还没有出关就被抓住了。

按法律规定,禁止引诱诸侯国来的人,不能娶诸侯国的人为妻。阑虽然不是故意,但事实上是引诱诸侯国来的人。认为是阑对南的引诱和奸淫,南是逃亡的诸侯,阑把她藏匿起来,跟她一起回临淄。

当时有两种意见:一种意见认为阑与成案"婢清亡之诸侯"性质相同,可按"从诸侯来诱"论处;另一种意见认为可以按奸淫和藏匿黥舂罪罪人论处。

此案审结在高祖十年(前197年)八月。此案的末尾有云:

谓胡啬夫谳狱史阑,谳固有审,廷以闻,阑当黥为城旦,它如律令。

结果阑被判黥为城旦。除此而外,其他的人该如何处理?女子南、大夫虞当按律令做另案处理。这就是案例末尾做"它如律令"的意思。

考察张家山汉简中的"它如律令"、"如律令"等的意义和用法,我们能够比较清楚地看到:汉初,律令中时用"如律"、"如令"、"它如×"、"它如律令"、"如律令"等的表达形式,都有其实际的内容。符合本文第一部分中说的第一种情况。

五、秦简中的"它如律令"

(一)秦简中"如律令"、"它如律"用法

其实,早在秦简中已经出现"如律令"字样,见秦墓竹简《秦律十八种·仓律》:"栎阳二万石一积,咸阳十万一积,其出入禾、增积,如律令。"① 在这里"如律令"的用法是清楚的,说:其出仓、入仓和堆积的手续都按上述律文规定办。的确,在上述律文中有"入禾仓"、"出禾"、"增积"的具体规定;此外,可能还有有关"入禾仓"、"出禾"、"增积"等方面的令,这令或许就叫"仓令"。如果说把"其出入禾、增积,如律令"中"如律令"说成是催促办理的话,那就等于说要求赶快出仓,赶快入仓,赶快堆积,这就说不通了。

在秦简中也用有"它如律"句型,见秦墓竹简《秦律十八种·效》:"故吏弗效,新吏居之未盈岁,去者与居吏坐之,新吏弗坐;其盈岁,虽弗效,新吏与居吏坐之,去者弗坐。它如律。"② 除此而外,其余都依此类推,依法处理。如律,指《效律》,也指其他律文中与之相关的法律规定。又如《法律答问》第 90 简"如赀布,入赀钱如律。"依法交钱的意思。这里没有"令"字,因为这方面的令从没颁发过。

秦简《法律答问》:"卜、史当耐者皆耐以为卜、史隶。●后更其律如它"③ 后来已修改律文,那么就按照修改后的律文处理。修改后的律文就是指的"它"。

(二) 里耶秦简中的"它如律令"

湖南龙山里耶秦代古城址发掘报告最近公布,里耶共出土简牍 36000 余枚。其中秦简均为木质,最多见的长 23 厘米。它们是当时的官署档案。

在发掘报告所摘登的简牍档案释文中,几乎每则材料中都用到"以

---

① 《睡虎地秦墓竹简》,文物出版社 1978 年版,第 36 页。
② 《睡虎地秦墓竹简》,文物出版社 1978 年版,第 96 页。
③ 《睡虎地秦墓竹简》,文物出版社 1978 年版,第 234 页。整理小组译:"后来已修改律文,与其他人同样处理。"

律令从事"、"它如律令"的表达形式。如：

　　卅五年四月己未朔乙丑。洞庭假尉觿谓迁陵丞，阳陵卒署迁陵，以律令从事，报之。嘉手。●以洞庭司马印行事　　敬手
J1⑨6背面

　　二月丙辰。迁陵丞欧敢告尉、告乡司空、仓主：前书已下，重，听书从事。尉别都乡司空、司空传仓，都乡别启陵、贰春，皆弗留脱。它如律令。釦手。丙辰水下四刻，隶臣尚行。三月癸丑水下尽，□阳陵士□匄以来。邪手。七月癸卯水十一刻下九，求盗簪裛阳成辰以来。羽手。　　　如手　　J1(16)5背面①

　　这里引录的都是木简的背面。上面一则木简的正面说的是始皇卅三年四月有关居赀赎债的事。上造(爵级第二级)徐赘钱2688，他去了洞庭郡戍守。为此，阳陵县发文催办抵偿赀赎债务的有关事宜。在睡虎地秦简《秦律十八种·司空》上规定："有罪以赀赎及有债于公"，可以用劳作来抵偿，每劳作一天能抵偿八钱。又规定：在别一官府劳作抵偿赀赎债务而距离原计账官府路远的，应在八月底分别把劳作天数和领衣数通知原计账官府，在九月底前都要送到。② 此则文书说的大致就是这类事。但是一年过后此事还拖着未办，于是在卅四年八月阳陵县又加催促。背面就是洞庭郡下达文书至迁陵，督办此事。文书中用了"以律令从事"一语，明确要求按照律令所规定的办。也就是说按"司空律"规定的办。

　　下面一则木简正面说的是始皇二十七年二月洞庭郡兴徭的事。洞

———————
① 《文物》2003年第1期，第20、33页。
② 《秦律十八种·司空》上规定："有罪以赀赎及有债于公……以今日居之，日居八钱。""官作居赀赎债而远其计所官者，尽八月各以其作日及衣数告其计所官，毋过九月而毕到其官。"又，《金布律》规定："有债于公及赀赎者居它县，辄移居县责之。公有债百姓未偿，亦移其县，县偿。"

庭郡下达文书要求征发城旦舂、隶臣妾、居赀赎债的人去运送武器装备。但是,在文书中特别强调"田时也,不欲兴黔首。"在农忙时不能征发民众去干这些劳役,不能影响农时;督促卒史、尉检查落实。于是,迁陵县再次向下传达、检查,如果有该征调的不征调,不该征调的却被征去运送武器装备了,就要按律令论处,即"皆弗留脱,它如律令"。为此,木简背面上清楚地列出了被征调的隶臣尚等的名单和时间,表明按上级指示办了。在张家山汉简《二年·徭律》中规定:"若擅兴车牛,及徭不当徭使者,罚金各四两。"(第415简)这一律文大致在秦时也存在,上面说的留脱实际上指的就是"徭不当徭使者"的现象,恐怕也就是"它如律令"之所指了。"它如律令"与"以律令从事"表达的是同一意思。

由此可见,"它如律令"已在秦国和秦皇时期郡县档案的下行文书中经常出现,有没有实在的意义呢?应该说跟"以律令从事"一样具有实际内容,并不是文书格式;当然,这种形式在文书档案中的经常出现和应用,又为文书定式的形成起了铺垫。以前认为汉文书中方始有的"它如律令"形式,事实上在秦时已经常用,汉承秦制于此亦可见一斑。

六、"如律令"的应用

综上所述,从秦至汉初,律令中时用"如律"、"如律令"等的表达形式,都有其实际的内容。但是"如律令"逐步形成为一种固定的文书格式。如悬泉、居延等汉简中的"如律令"就是如此,其时间大致在汉武帝前后,《史记·三王世家》所载元狩六年(前117年)的制书是个证明。又比如:

在《甘露二年丞相御史书》中,第二牍有"传、会重事,当奏闻,必谨容之,毋留,如律令。""写移书到,趣报,如御史律令。"第三牍有"毋有?以书言,会二十日。如律令""毋[有]?以书言,会月十五日诣报府。毋

□[忽],如律令"

此文书发自汉宣帝甘露二年(前52年)。是汉代中央政府发布的文告。其内容指向逐步消失,而成为一种固定的表述形式。属于本文第一部分中说的第二种情况。这是法律文书某种固定表述形式的发展轨迹,是法律文书学上的典型一例。

总的说来,"如律令"固定表述形式广泛应用在:

(一)诏令。例证见上文。

(二)律令。例证见上文。

(三)下行文书。例证见上文。

(四)檄文。例证见上文,如所引《文选·为袁绍檄豫州》。

(五)通行证,例证见上文,如所引居延《合校》37·2简。

(六)买地券、告地书。

"如律令"虽然说逐步形成为一种固定的文书格式,但是在实际生活中还时有变化。如古人建造坟墓,预设买地契文,然后刻石为券,放在坟圹中。这种带有地契性质的"买山莂"就采用了"如律令"格式,例如太康五年(284年)在洛中出土的晋杨绍买地莂,地莂文字如下:

> 大男杨绍,从土公买冢地一邱,东极阚泽,西极黄滕,南极山背,北极于湖,直钱四百万,即日交毕,日月为证,四时为任。泰康五年九月廿九日,对共破莂,民有私约,如律令。①

还有这样一份在江苏邗江胡场5号墓出土的"告地书",说的是:

> 四十七年十二月丙子朔辛卯。广陵宫司空长前、丞□敢告土主:广陵石里男子王奉世有狱事,事已,复故郡乡里,遣自致移诣穴。四十八年,狱计,承书从事,如律令。②

---

① 转引自朱剑心《金石学》,文物出版社1981年版,第181页。又见王国维《二牖轩随录》。

② 《文物》1981年第11期。

此事当发生在本始三年（前71年）。

（七）符咒。

从《道藏》中选《太上正一咒鬼语》之一节："天师曰，今日甲辰野道不神，今日甲戌野道悉出……今日甲巳杀野道弃市。天师神咒急急如律令。"①可见咒语大致面貌。符咒每小节的末尾都有"急急如律令"一语。

直到清朝，在有清一代的钱币中，有一种道教的《雷霆符咒钱》，钱文是咒语28字："雷霆，雷霆，杀鬼降精，斩妖辟邪，永保神清，奉太上老君，急急如律令鬼雷。"还有《天罡符咒钱》、《太上咒钱》等，符咒末尾也都有"急急如律令"一语。②

陈直在《居延汉简解要》中对"如律令"做了如下说明："如律令为汉代上行下公牍尾句之习俗语。……在碑刻见于韩仁铭云：（见《金石萃编》汉十七）'会月卅日，如律令。'居延木简亦有变文者，有'受报如律令'、'书到如律令'、'如诏书律令'、'写传如第府书律令'是也。东汉以来，又转化为朱书陶瓶，及买地券末尾之习俗语。见于刘伯平及钟仲游妻镇墓券（见《贞松堂集古遗文》卷十五、三十一至三十三页）。魏晋以来，更演变为道家符箓之术语，迄至近世不废。"可以说这是对"如律令"的应用及其演化状况的一个小结。

---

① 《道藏》第28册，第369页。
② 朱活《古钱新典》（上）三秦出版社，第507页。

有关契券的几个问题

冯谖为孟尝君收债于薛,这是一则家喻户晓的故事。《战国策·齐策四》上说,冯谖"约车治装,载券契而行。"所谓券契,就是今天所说的借据凭证之类。券契也称契券。契券是用竹木等材料制成的;放债多,所以体积庞大,得用车子载行。到了薛地,冯谖就把贷款的民众叫来,"悉来合券。券徧合。"券契,借贷双方各执其半,看它们是否相合,以辨明真伪。①

今读张家山汉简《奏谳书》和《二年律令》,书中都提到契券的事,增加了我们对古代契券形制、功用和种类以及契约法律规范等方面的认识。

一、契券的名称、种类和功用

券,《说文》:"券,契也。""券别之书,以刀判契其旁,故曰契券。"由此可见,称之为券者,必有"契";有契,方成"券"。它是我国古代主要用于经济活动中的契约凭据。《正字通》:"约,契券也。"这说的是主要方面,也有的契券并不与经济活动有关,如符致,它则是一种通行凭证。

(一)契券的名称

它的名称,古人称券、券书,也称券契。比如:《管子·小匡》:"称贷之家皆折其券而削其书,发其积藏,出其财物,以赈贫病。"《商君书·定

---

① 有认为"券契,是我国古代的一种重要的法律形式。这种法律形式至迟可以追溯到西周时期,而新发现的石刻史料中的券契以在山西侯马春秋晋国遗址出土的盟书为最早。"见《出土文物法律史料考述》一文,《中国社会科学》1987年第5期。

分》:"即后有物故,以券书从事。"《管子·轻重乙》云"君直币之轻重以决其数,使无券契之责,则积藏囷窌之粟皆归于君矣。"还有称"别券"、"别契"、"傅别"的,如《管子·问》:"问人之贷粟米、有别券者几何家。"《周礼·天官·小宰》:"听称责以傅别",傅,著也。别,分也。引郑司农注云:"傅别,谓券书也。"郑玄注云:"傅别,谓大手书于札中而别之也。"也有称"判书"的,《周礼·秋官·朝士》上说:"凡有责者有判书以治,则听。"郑玄注云"判,半分而合者。"前此,也称作"析"、"析券",西周伯格簋上有"格伯受良马乘倗生,厥贮卅田,则析。"句,说的就是土地转让中双方持有的契券。杨树达先生指出"格伯付四匹良马于倗生,必书券契而中分之,两人各执其一,故云析也。"①

(二)契券的形制

契券由竹木制成。其长度不一,有长一尺的,如居延新简EPT51·409"出临木部吏九月奉钱六千……"上部右旁侧还留有刻齿。有尺半的,如《奏谳书》"刺婢案"中的契券。走马楼吴简租税券书大木简长二尺有余。时代不同,地域有别,用途各异,契券的长度也无定制。债务双方各执其半,"分刻其旁,使可两合以为信。"作为凭证。契券上有券齿,如"刺婢案"中的券齿百一十尺等。

在张家山汉简《奏谳书》中提到一种叫"荆券"的,从刺婢案发现荆券者的口气中,可以体会到契券的材质特殊,有荆券,必有非荆券的;其用途也会有所不同。②

(三)契券的种类和功用

契券的功用,主要是作为经济交易、租借、债务以及遗产分割等方面的契约凭证;它能起凭据、校核、防止作伪等作用。《左传·文公六

---

① 《积微居金文说》,中华书局版,第27页。
② 《考工记》说到弓人制弓,取干材料的优劣有七种,荆居六,竹为下。可作契券用材的参考。

年》"由质要"句,杜预注:"由,用也。质要,契券也。"《管子·轻重丁》有云:"而决四方子息之数,使无券契之责。"责,债也。从秦汉间的商业、农业以及手工业的经济活动看,契券的种类有多种。

1.契约,有贾人券、缯中券等。在张家山汉简《奏谳书》中就提到过有贾人券、缯中券等新名词。贾人券,是用作商业活动中的契约凭证。缯中券,顾名思义它用于纺织品的交易过程中,这无疑表明契券在商业活动中的分类已经细化。有缯中券,是不是还会有粮中券、皮中券之类呢?大致相当于今天的商业合同。

又如居延简中有关田地买卖的契约:"囗置长乐里乐奴卅五畞,贾钱九百。钱毕已,丈田即不足,计畞数环钱。旁人淳于次孺、王充、郑少卿,古酒旁二斗,皆饮之。"(合校557·4)这是土地买卖的券书。旁人,证人。环钱,还钱。此简左侧有一个刻齿。

此类契约性质的券书由来已久,古称约剂。如《周礼》"司约"中有注云:"剂,谓券书也。"又,"约剂者,其贰在司盟。"句疏云:"此谓司约副写一通,来入司盟,检后相违约勘之。"

2.租券。张家山汉简《算数书》中有:租券,用于"税田"。如有这样一道算数题:"租吴(误)券 田一亩租之十步一斗,凡租二石四斗。今误券二石五斗,欲益奭其步数,问益奭几何?"说的是误券,按正常的情况说,租券所记的租数与应收的数量是一致的。

3.责(债)券。如居延简:"七月十日,鄣卒张中功贳买皁布章单衣一领,直三百五十。三堆史张君长所,钱约至十二月尽毕已,旁人临桐史解子房知券囗囗"(合校262·29)旁人,即为保证人,或称任人。据考,此简左侧有三个刻齿。①

---

① 谢桂华:《汉简和汉代的取庸代戍制度》,载《秦汉简牍论文集》甘肃人民出版社1989年版,第100页。

4. 钱校券。在湘西里耶秦简的索讨欠资文书中常用"今为钱校券一"一语,此钱校券,是一种由地方官府发出的、上面写明有钱款数额的凭证。这文书上只是注明为钱校券一,这里的"一"字可能只指发出的一份钱校券。是不是还有与之相契合的一份或多份留作存根,起日后校核的作用?没有。这里的"一"仅仅是随文书附上的一份"钱校券";既然有文书在,也就没有必要为它保留存根了。有没有券齿?虽然没有说明,我们推测应该是有的,因为它能起到防伪的作用。①

5. 先令券书,即遗嘱。②

6. "问法令券"。这个名称是笔者给加上去的,从它的功用着眼,主要用于吏民之间的法令问答。《商君书·定分》"即以左券予吏之问法令者,主法令之吏谨藏其右券木柙,以室藏之。"从核验凭证的作用言,这里所说的左券、右券与上述的契券功能是一样的。但是它们是问罪用的符信,与凭据、债券等商业活动中的钱物交易无关,其功能有所不同。朱师辙加注云:"符信也。以竹为之,剖为二,相合以为契验。告吏民所问之法令,书于尺六寸之符,并注明年月日时,以左券与之。若主法令之吏不告,问法令者犯罪,则以所问之罪名反坐主法令之吏。"与符的功能相同。这是一种出现较早的特殊契券。

还有一种"莂"也可属于契券一类。"莂,别也。"《长沙走马楼吴简》中有"嘉禾吏民田家莂",是契约文书。③ 也有的是缴钱简,"……从中

---

① 《湘西里耶秦代简牍选释》一文中为"校券"作注,云:"同出的简牍中有一种形制特殊的简,正面削成两坡状,两侧刻齿,以示数量,再前后剖开,可能是符券。"见《中国历史文物》2003年第1期,第15页注6。笔者以为,既然有数量就不当是符券。两侧虽然都刻了齿但是并不一定就表示数量。

② 参见本书《"先令券书"简解析》一文。

③ 李均明在《古代简牍》中介绍:"《嘉禾吏民田家莂》凡2141枚大木简。莂是可剖分的契约文书,一式两份或多份。今见田家莂皆于上端大书'同'字(或其变形形态),一侧或两侧有被剖分的痕迹,与《释名·释书契》所云'莂,别也,大书中央破莂之也',义同。"

间剖开,成为二枚窄简,一枚给缴钱人作为收据,一枚留在官府作为档案。"①是缴款的凭证,即收据。

还有"符"。如出入符,居延简中有"始元七年闰月甲辰,居延与金关为出入六寸符,券齿百,从第一至千。左居官,右移金关。符合以从事。●第八"(合校65·7)等。《周礼·司关》"有节符"郑注:"传,如今移过所文书。"相传成为定制。居延简中也见有"过所"简,如《合校》39·2;102·6;218·1;218·2诸简。

二、《奏谳书》"刺婢案"中的契券

张家山汉简《奏谳书》第22案例"刺婢案"中,一奴婢被人刺伤,1200钱被劫走,却在奴婢倒地处发现了一枚一尺五寸长的荆券,荆券上的齿跟商人用的券相似。奴婢说她没有过这种券。

后来,狱史拿了奴婢倒地处发现的荆券去市场上叫商人们辨别,说这种荆券跟缯中券相似。再去让贩卖缯的人辨别,贩卖缯的人说:这种券齿百一十尺,一尺180钱,合1980钱,跟缯中券相似。问其他一些贩卖缯的人,都说没有用过这种券。狱史尽力去寻找券的另一半(左券),却一直没有找到。

原来罪犯抢钱刺伤人之后,还制造了虚假的作案现场。他故意把价值1980钱的荆券放在受伤的奴婢的一旁,让官吏弄不明白。

为什么官吏会弄不明白?这里就涉及这种荆券的用处了。它无疑是一种契券,契券分左右两半,买卖人或债务债权人之间各执其半。官吏在婢倒地的地方看到这样一枚价值1980钱的契据,是右券,按一般情况应该由债权人持有。留下了右券,发现的人十之八九会这么想:这

---

① 《长沙走马楼简牍整理的新收获》,《文物》1999年第5期。

一定是一桩债权纠纷案,奴婢欠债不还,债主追讨不着,抢夺了奴婢身上的1200钱,留下了右券凭据而去。

由此可见,罪犯的抢劫早有预谋。

荆券,是用荆木制作的契券,"荆,楚木也。"它与缯中券相似;缯中券是贾人券中的一种。但是它不符合规范的缯中券,贩卖缯的人都没有用过这种券,问题可能出在荆券并不合乎规范的契券木质。

值得注意的是,荆券的长度为一尺五寸,这也就表明一般的缯中券的长度是一尺五寸左右。荆券券齿百一十尺,一尺180钱,合1980钱。这又表明缯中券的券齿也有一定的表示法,当时是一尺180钱,或许是以券齿的距离长短表示钱数的多少。正如《管子·轻重甲》所言"与之定其券契之齿"。约定俗成,或双方约定。《列子·说符》上记载有宋人得遗契而数其齿的事。

三、关于左右券

古代券契中剖为左右两半。左券、右券的功能是不一样的。《史记·平原君虞卿列传》王伯祥选本注云:"右券,上契,债权者所执。"古代尊崇右,所以以右为上。《战国策·韩策》注云:"左契,待合而已。右券,可以责取。"债权者执右券,债务人执左券。《奏谳书》第22案例"刺婢案"中,留在奴婢身旁的是右券,应该是债权人持有,因此,"琼求其左,弗得。"尽力寻找左券,想找到破案的线索。

在睡虎地秦简《法律答问》中有云:"何谓'亡券而害'?亡校券右为害。"(第179简)注中说,右券起核验凭证的作用,如《商君书·定分》"即以左券予吏之问法令者,主法令之吏谨藏其右券木柙,以室藏之"。

在这里不能不提到"稳操胜券"这个 成语,有时也称"稳操左券"。一般对它做这样的解释,说:古代契约分为左右两联,双方各执一联;左券就是左联,常用为索偿的凭证。① 对照上文的考察,把左券说成是索偿的凭证似乎与实际情况不符。作为索偿的凭证应该是右券,而不是左券。既然这样,那么为什么会有"稳操左券"这个成语呢? 其实,这里的左券是指符券,《史记·田敬仲完世家》"公常执左券以责于秦韩。"《史记》的《正义》《索隐》却认为"左券下,右券上也。""言我以右执其左而责之。"此说还是有道理的。从句型分析,可以把它看做与老子《道德经》第 79 章所云"圣人执左券而不责于人。"句为同一句式。也可以把它看做是成语"稳操左券"的出处。② 陆游《禽言》诗云:"人生为农最可愿,得饱正如操左券。"

不过,也有认为作为出入符券的左右契,究竟是主左契还是主右契,并无定制。这是很有可能的。因为它毕竟不像债务中的左右券那样有个偿还的问题,相互关系颠倒不得。由此看来,对于契券主左还是主右的问题,这要视契券的不同功能而定,不能简单的把它说成左主或是右主。

其实,从契券不同功能的角度看,契券也可以做这样的划分:单枚券,双枚券和多枚券。单枚券,如官府发出的索讨欠赀券、钱校券;双枚券,如贾人券、缯中券等;多枚券,如参辨券、先令券书等。这种划分法可以使我们看到契券制作的多样性、不同的功能及其关系。

由契券主左还是主右,涉及到券齿的刻齿制作问题。通常的说法是分析为左右两半;如果是参辨券,那就要一分为三。另外,就是前后剖开成两片。如果是剖开成两片的,刻齿则在剖析之前。至于刻齿,有的表示数量,有的只是用作校验的符号,它可能与不同功能有关。

---

① 甘肃师范大学中文系编:《汉语成语词典》,上海教育出版社 1978 年版。
② 马王堆帛书《老子》甲本作"是故圣右介(契)而不以责于人。"乙本作"是以圣人执左芥(契)而不以责于人。"左右不分,很可能是汉时抄写者擅自改动所致。成语"稳操左券"中的"左"字是不是也能作"证左"解?《说文》"左,手相左助也。"段注"左者,今之佐字"。

四、关于券齿

以往认为"券契之齿",是把竹简制作成契据,分成两半,每半旁都有齿数,二者齿迹相吻合,据此契据有效;现代纸质单据上的存根齿痕就是古代券契的遗存。《列子》上所说"密数其齿。"以往认为齿的作用在"相与合齿",以证其实。在这些看法中有两点可能与上面所说的不符。契券的制作材料不止竹,还有木,荆券即是。另外,齿痕作为分辨真伪的凭证只是它功能的一方面,另一方面也是主要的功能它是契据标价的标识,汉初贾人券一尺180钱。这两点是《奏谳书》第22案例提供的新信息。

今对照《奏谳书》第22案例,可以得出"券齿的长短表示钱数的多少"的肯定结论?因为没有可能见到贾人券的实物,所以恐怕现在还不能做出肯定的答案。

首先需要说明的是,古代人在竹木上所做的标识不可能像我们今天这样细密,一分一厘一毫分得清清楚楚;加之契券在地下日久,挤压变形,出土后又伸缩碳化,这些都会给度量带来误差,不可能是很准确的数据。

其次,券齿的作用,一个重要方面是用作凭证,用于合符,就如同我们今天开出的支票联与存根联之间有齿痕那样,起到验证的作用。如《荀子·君道》所言:"合符节,别契券者,所以为信也。"即以符为例,《说文》汉制以竹,长六寸,分而相合。出入符(非兵符),须出钱买而出入,并经官府办理封符手续。多至千。如居延简:"□寸符,券齿百,从第一至千。左居"(合校221·17),"符"有券齿,有确切的时间"始元七年闰月甲辰"(合校65·9),有编号"从第一至千",似并不记姓名,但从"券齿百"所示,析之,分有左右。

又如居延简中的出入簿:"入　　布一匹直四百　　凡直八百　　始元　　絓絮二斤八两直四百　　给始元四年三月四月奉四☐"(合校308·7)这枚简右侧有齿七。又如"入糜六石四斗二升征和☐"(合校308·16)这枚简右侧有齿六。这些刻齿主要用作凭信。

另一方面,券齿的确有表示数量的作用。上文有称,宋人得遗契而数其齿,以及"与之定其券契之齿"的记载,说明契券齿数的多少及券齿的确定都是有一定的规则的。《奏谳书》刺婢案中,荆券券齿百一十尺,一尺180钱,合1980钱。百一十尺是什么意思? 110尺,也就是11丈,太长了,不可能在尺半长的荆券上刻划出这样的券齿来;如果把"百一十尺"作百分之十"尺"解释,也就是一寸,又太短少了。按照一尺180钱,合1980钱来倒推的话,也应该是11尺,或110寸似乎才合理。但是11尺在券上又怎么反映得出来? 这是道不易索解的难题。再看《奏谳书》的图版,很不巧,第204简上的"券齿百一十尺"几个字的字迹很模糊,有无误抄或误释的可能? 又很难说。在这种情况下,笔者只能作主观的推导,可能是"券齿百一十寸"之误。

也有认为,"券齿百"可能指在"券齿"中加上"百"字样,以防作伪。如在六寸符的券齿上加一个"百"字,见居延简"☐出入六寸符,券齿百,从一至　　☐☐卅三"(合校11·26)"☐寸符,券齿百,从第一至千。左居"(合校221·17)

契券齿数的多少和券齿的确定都是有一定的规则,是怎样的一定规则? 日本学者籾山明在《刻齿简牍初探》一文中详细地求证了契券的刻齿规律。[①]

[①] 中国社会科学院简帛研究中心编:《简帛研究译丛》第二辑,湖南人民出版社1998年版,第147页。

此前对券齿也曾有过讨论,如李均明先生在《居延汉简债务文书述略》一文中提到了三个例子。一是赊买袭衣一件,值钱 750。此原简"左侧有三道刻痕,第一道刻痕距木简上端 4.5 厘米,第二道刻痕距第一道刻痕 0.8 厘米,第三道刻痕距第二道刻痕 0.7 厘米。"二是赊买单衣一件,值钱 353。此原简"左侧有三道刻痕,第一道刻痕距木简上端 5.8 厘米,第二道刻痕距第一道刻痕 1 厘米,第三道刻痕距第二道刻痕 1.4 厘米。"三是疏流河流域出土的 170 号汉简,卖布袍"贾钱千二百",其原简右侧"有二道刻痕,第一道刻痕距木简上端 8.4 厘米,第二道刻痕距第一道刻痕 1.8 厘米。"这些券齿表示什么,李文未有结论。① 但是如果按照籾山氏求证出的规则当是:第一例值钱 750,[→]7 十[∠]1。第二例值钱 353,[→]3 十[∠]1 十[一]1。第三例贾钱千二百,[彡]1 十[→]2。第一例有三道刻痕,而照规则推算应有刻齿 7 处。第二例有三道刻痕,而照规则推算应有刻齿 5 处。第三例有二道刻痕,而照规则推算应有刻齿 3 处。均与实物不合。对上述推算方法,看来李氏实际上没有予以认同。

另外还有一种说法(指走马楼吴简),认为双方的标记起到竹节的作用。②

在《算数书》中有"误券"一语。注云:"券,券书。误券,指租券所记租数与应收数有误。"租券,表明契券的另一个重要用途是用作租税的凭据。而误券是指租券本身有误,与实际不符;还是另有一种有误的契

---

① 《文物》1986 年第 11 期。又见李均明、刘军:《简牍文书学》,广西教育出版社 1999 年版,第 425 页。书中说:"关于符券刻齿的作用,除用于合符外,或有以下三种可能:一表示数量,日本学者籾山明先生曾做过归纳。二表示指节,如张传玺先生在《秦汉问题研究》一书中所云:'"汉建始二年欧敞卖袭契"在契文末的"旁人杜君隽"下外侧画有三横,是画两个指节的痕迹'。三逐日刻齿表示日数,如《汉晋西陲木简汇编》所引巡逻券有二十个刻齿,当是逐日会界上刻券而致。上述三种可能,尚待深入探讨,才能归纳出明确的结论。"

② 宋少华:《大音希声》,《中国书法》1998 年第 1 期。

券?"租吴(误)券"指的可能就是前者。这种租券上的券齿是按容积的单位来标识的,如《算数书》上说的"以券斗为一"(第93简)、"券之升为一"(第95简)、"今误券二石五斗"(第96简)等。

从目前所掌握的材料及有关这方面研讨的分歧情况看,用刻齿表示数量的方法可能不止一种,不同地域,不同时期,不同用途,甚至不同的用材,所采用的刻齿规则会有所不同。

五、契券的法律效力

契券的主要功能有二:一核验凭证作用;二具有法律效力。《二年·户律》云:"有争者,以券书从事;无券书,勿听。"遇上遗产纠纷,以有无先令券书为凭;遇上诸如债务纠纷之类,也当如此。《周礼·天官·小宰》有注云:"听讼责者以券书决之。傅,傅著约束于文书;别,别为两,两家各得一也。"作为债务凭证的券书具有法律的约束力。同样,作为遗嘱的券书也是这样,汉初法律规定对"留难先令、弗为券书,罚金一两。"保证了遗产正当分割的实施。上文提到的秦简《法律答问》所云:"何谓'亡券而害'?亡校券右为害。"保存契券而不丢失,其目的就是为了维护自己的合法权益。

在上文我们还提到"质者勿与券",抵押不给券。为什么抵押不给券呢?

按秦律规定"百姓有债,勿敢擅强质,擅强质及和受质者,皆赀二甲。"按汉《二年》规定"诸有债而敢强质者,罚金四两。"强行债务人以物或人为抵押,这为秦汉法律所禁止;违犯者,处以罚金。

古代契券在清偿后则可"折券",《管子·山国轨》有"归公折券"一语。又如《史记·高祖本纪》上所说"折券弃责",亦是。

附:"参辨券"小识

参辨券,秦汉时期一种用竹木材料制作而成的凭据。参,即"叁";段玉裁《说文解字》"辨"字条注云:"《小宰》'傅别',故书作'傅辨';《朝士》'判书',故书'判'为'辨',大郑'辨'读为'别'。古'辨、判、别'三字义同也。"参辨券,即一分为三的竹木券。其用途有多种,主要用于各类经济活动中。如:

一、交纳赔款的凭证。见睡虎地秦简《秦律十八种·金布律》:"县、都官坐效、计以负偿者,已论,啬夫即以其值钱分负其官长及冗吏,而人与参辨券,以效少内,少内以收责之。其人赢者,亦官与辨券,入之。"参辨券,可以分成三份的木券,据整理小组推测这种木券由啬夫、少内和赔偿的人各执一份,作为交纳赔款的凭证。

二、用于劳务费、租金、户赋等官府的收入凭证。参辨券是作务者劳务费的凭证。《二年律令·金布律》:"官为作务,市及受租、质钱,皆为缿封以令、丞印而入,与参辨券之,辄入钱缿中,上中辨其廷。"(第429简)只是按法律规定:"质者勿与券",抵押不给券。

三、收据。《龙岗汉简》中还有写作"去辨□"的,是指参辨券的一辨,说是前方死者送回故乡,使用参辨券,右券留官府,中券交太守府,左券与回乡物品清单编为一封。① 在居延汉简中有"□寿王敢言之。戍卒巨鹿郡广阿临利里疾温不幸死,谨与 □□椟楼,参絮坚约,刻书名县爵里椟敦,参辨券书其衣器所以收"(合校7·31)守边的戍卒病死后,他的遗物就用参辨券作登记清单,一分为三,以便存档和交家属收验。其作用与上引《龙岗汉简》"去辨□"相同。

四、先令券书。《二年·户律》上规定:"民欲先令相分田宅、奴婢、

---

① 《龙岗汉简》,文物出版社2001年版,第131页。

财产,乡部啬夫身听其令,皆参辨券书之,辄上如户籍。有争者,以券书从事;毋券书,勿听。所分田宅,不分户,得有之,至八月书户;留难先令、弗为券书,罚金一两。"(第334、335、336简)[①]遗嘱继承采用参辨券,有乡部啬夫等作证人,具有法律效力。

五、出入证。在《龙岗秦简》中有"于禁苑中者,吏与参辨券"一条,编者认为:这是一式三份的券书,一份存档备考,一份交门卫,一份交进入禁苑的人。[②] 如是,则与"符传"的作用相同。不过一式三份的提法容易造成误解,好像是同样的抄写了三份,与其如此,还是说"一分为三"更贴切些。

由此看来,"参辨券"的功用不止一种。它是由官府出具的凭证性质,无论是交纳赔款的凭证、赔款凭证、收入凭证、遗嘱,还是具有符传性质的辨券,都得由官府参与,并且用作为官署的存档。

正因为它是"一分为三",分析而成,因此它有凭照验证,防伪的作用。那么,参辨券是不是刻有券齿?从"一分为三"本身具有的验证作用看,无须一定要再作券齿了;说不一定,是因为有用券齿来表明数额的情况。

[①] 《张家山汉墓竹简》,文物出版社2001年版,第178页。
[②] 《龙岗秦简》编者校证云:"参辨券和一分为二式的券书性质是相同的,其适用于禁苑管理或其他行政管理事务,是没有疑问的。"并以《周礼·天官》和敦煌悬泉置汉简资料为证。文物出版社2001年版,第76页。

银雀山汉简《田法》二题

1972年4月在山东临沂银雀山汉墓出土《孙膑兵法》、《孙子》、《尉缭子》等书册外,还有《守法、守令等十三篇》,它们属于佚书一类,世无遗存。此佚书简长27.6厘米,相当于汉尺一尺二。简上一般书写35个字左右,篇末多有计数。《田法》是十三篇中的重要篇章。①

银雀山汉墓1号墓下葬时间在公元前140—前118年之间,西汉早期。据考证,银雀山《守法、守令等十三篇》(以下简称《银雀》)当成书于商鞅变法之前。因为十三篇简文的名称中用的是"法"而不用"律"字,守法、李法、库法、王法、委法之类,表明它成书在商鞅"改法为律"之前。其佐证还有2449号简简文中的"工帀"一词,"工帀"一词常见于战国铜器铭文上。② 可能也不尽然,齐国的情况有与秦不同的地方,不能

---

① 《守法、守令等十三篇》篇名的确定,依据的是银雀山1号墓出土的木牍所示。据出土记载:木牍断裂为二,缀合后完整无缺。长22.9厘米,宽4.6厘米。所书十三篇篇名共分三栏,释文及其排列如下:
　守法　守令　兵令
　要言　李法　上篇
　库法　王法　下篇
　王兵　委法　凡十三　□□□
　市法　田法
据介绍,《守法、守令等十三篇》的内容是丰富的,《守法》《守令》记守城之法(与《墨子》的《备城门》、《号令》等篇相似);《要言》多韵语,是格言汇集;《田法》记土地分配和赋税之法;《库法》记库藏之法;《市法》记市廛之法;《王兵》内容散见于《管子》的《参患》、《七法》、《兵法》、《地图》等篇;《兵令》与传本《尉缭子》中的《兵令》篇相合,等等。

② 吴九龙:《银雀山汉简释文》,文物出版社1985年版。

一概而论。

银雀山汉简《田法》①是十三篇中的第九篇。从竹简面世至今已有30年,竹简残损严重,对它的研究相对较少。今笔者在阅读近年来出土文献的同时,整理出银雀山汉简读书札记二则。

公 人 与 刑 处

在《田法》中有这样一段文字:

……赋,②余食不入于上,皆藏于民也。卒岁田入少入五十斗者,□之。卒岁少入百斗者,罚为公人一岁。卒岁少入二百斗者,罚为公人二岁。出之=岁[□□□□]□者,以为公人终身。卒岁少入三百斗者,黥刑以为公人。叔(菽)其民得用之稟(廩)民得用其什一,人甈一斗皆藏于民。上家畜一豕、一狗、鸡一雄雌,诸以令畜者,皆藏其本,费其息,得用之。中家以下不能……

在这段文字中出现了"公人"新概念,对完不成田赋的农户做出了惩处规定。

(一)公人与"作官府偿日者"

《银雀·田法》有云岁收:"中田小亩亩廿[四?]斗,中岁也。上田亩廿七斗,下田亩十三斗。太上与太下,相复以为率。"据此推算:按百亩田地计,上田年产量为2700斗,什一而税,交纳赋税270斗。中田年产量为2400斗,什一而税,交纳赋税240斗。下田年产量为2000斗,什一而税,交纳赋税200斗。以种植百亩下田的为例,年终少交了百斗,

---

① 银雀山汉墓竹简整理小组:《银雀山竹书〈守法〉、〈守令〉等十三篇》,《文物》1985年第4期。

② 首字"赋",在《银雀山汉简释文》中原作"岁"。当作赋,是征收田赋的规定。可惜的是"赋"字之前是些什么字无法补出。

那么就要被罚在公家服役一年时间,即"卒岁少入百斗者,罚为公人一岁"。

公人,无偿为官府服劳役的人。有称之"隶臣",如在秦。

在张家山汉墓《二年律令》"具律"中有"其当系城旦舂,作官府偿日者,罚岁金八两。"①作官府偿日,也就是在官府服劳役以抵偿刑期。这与《田法》中的"公人"很相似,都是为官府服劳役。不同的是:一是农户,是惩罚,没有可能买赎,但有的有期限;一是犯人,是抵罪,还可以用罚金抵偿。

前者在战国的齐国,后者是汉初;汉初"作官府偿日者"很可能由早先的"公人"之制发展而来。

(二)公人不同于被收孥者

由此联系到秦国的"收孥",公人与"收孥"是不是一回事?秦孝公任用商鞅变法,《史记·商君列传》云:"怠而贫者举以为收孥"。在《睡虎地秦墓竹简》中多处提到"收",如"(夫盗千钱,妻)不知,为收。""子小未可别,令从母为收。""隶臣将城旦,亡之,完为城旦,收其外妻、子。"②在张家山汉墓《二年》中还有"收律"一目,它是关于收孥的法律规定。汉初,"收律"当是先秦收孥之法的延续。收,即收孥,他们的身分从自由人变为了官奴隶。③

公人,与秦律中的被收孥者相仿佛。它们的共同点是都被罚作官府的奴隶,失去人身自由;尽管《田法》没有像秦律那样称隶臣妾,而称之"公人",名称不同,本质上没有差别。但是,它们之间又有很大不同:前者是处罚完不成赋税的农户,后者收孥对象是被处以"完城旦、鬼薪

---

① 《张家山汉墓竹简》,文物出版社 2001 年版,第 147 页。此句简文的联缀可商,参见本书《〈二年律令〉编联札记》一文。

② 见《睡虎地秦墓竹简》,文物出版社 1978 年版,第 157、201、201 页。

③ 对"收"的详细考察,可参见本书《秦汉律中的"收律"考述》一文。

以上,及坐奸腐者"等的罪人的妻子儿女,是对罪人的家室的惩罚方式;前者分出轻重,有罚作期限,后者无期限。

(三)对完不成田赋农户的刑处

从"公人"一节的引文中可知,对完不成田赋的农户有个处罚的规定:"卒岁入少入五十斗者,□之。卒岁少入百斗者,罚为公人一岁。卒岁少入二百斗者,罚为公人二岁。出之之岁[□□□□]□者,以为公人终身。卒岁少入三百斗者,黥刑以为公人。"其中"出之之岁",整理小组加注云:"疑指刑满归家之岁。"缺文可能是"少入□百斗"。

在上面的规定中有明确的罚则,依此为:□之、(罚)公人三月、① 为公人一岁、为公人二岁、为公人终身、黥刑以为公人。其中,有罚作,有刑处,此二者在当时的惩处中往往没有明确的界限,《银雀·田法》所制定的罚则就是这样,为公人终身可以理解为在官府为隶臣妾,即终身没为奴隶,没有人身自由;黥刑以为公人就是处以肉刑并在官府为隶臣妾,与秦律中"黥为臣妾"相同。《封诊式》中"黥妾"一则虽说是事出当事人强悍而被谒黥,表明肉刑黥是相对较重的刑处。

(四)其他刑处

在《银雀·李法》一节中除"□[罚]为公人一□[岁]"外,还有"为公人三月"(第1819简),②在官府无偿地劳动三月,这处罚就轻得多了;还有"罚□国城一岁"(第1458简)大概是罚作守都城一年,与"城旦"同义,只是期限不同;还有"斩"刑,"啬夫与地吏斩,所"(第1948简),这是在《银雀》中见到的最重刑罚。

除此之外,第1665号简"擅出令者,斩。官无纪",这里处斩刑,很大可能是军法的内容,如《银雀·守法》中有"行者吏□□当尽斩之"、

---

① 《银雀·李法》中有云:"□公人三月李主法罚为公人一□[岁]……"。(守·六)
② 竹简编号据吴九龙《银雀山汉简释文》。

"去其署者身斩"等。不过,它与上面《李法》对官吏(啬夫与地吏)的处"斩"刑性质不同。第3425号简"必施刑右罪",不知此属何篇,实施怎样的刑罚也不清楚。

此外,在刑名的表述上,与秦律有相类的句式特点。如"罪死不赦",说明赦免刑罚在战国齐国也同样存在。

作　务

(一)"作务"释义

"作务"一词在《银雀·田法》中有4见,如:"□示民明(萌)以作务□□□"(第2374简)"民/之作务固□□□之。/民之作务之器皆□"(第2554、1383简)等。但是,依据仅见的数枚作务简还无法联缀成文。

在对"作务"一词做解释的时候,一般引用《墨子·非儒下》:"贪于饮食,惰于作务"句为例证,或者再引《汉书·尹赏传》:"无市籍商贩作务。"王先谦《补注》引周寿昌云:"作务,作业工技之流。"以此来做补充说明,认为这里的"作务"是指从事手工业的劳作。

但是,也有人认为这样理解"作务",偏狭了点。认为"作务"只注为"从事手工业",或偏于狭义,似应包括各种生产活动和工作。①《辞源》对"作务"的词义解释,作操作,干活讲。②

究竟是狭了还是宽了?我们必须对"作务"的有关材料做出分析。

(二)"作务"者的工作

1. 作务者在为官府劳作。在睡虎地秦简《秦律十八种·关市》中有"为作务及官府市,受钱必辄入其钱缿中。"句,很显然,这里是在为官府作务,

---

① 《龙岗秦简》校证,文物出版社2001年版,第75页。
② 《辞源》第一册,商务印书馆1979年版,第195页。用的书证是《百喻经》四《诈称眼盲喻》:"昔有工匠师,为王作务,不堪其苦。诈言眼盲,便得脱苦。"

作务制作出产品后还替官府出售,因此要求收钱后把钱投入缿里,让买的人看到你投入。作务者不是为自己而是在为官府劳作,受到严格的监控。

2. 作务者与欠债的商人同列。秦简《秦律十八种·司空》有"居赀赎债欲代者,耆弱相当,许之。作务及贾而负债者,不得代。"句,作务的工作与商人欠了债的都不允许他人替代或代为偿还。

3. 参辨券是作者劳务费的凭证。《二年·金布律》:"官为作务,市及受租、质钱,皆为缿封以令、丞印而入,与参辨券之,辄入钱缿中,上中辨其廷。"(第429简)这条规定与《秦律十八种·关市》中的一条(见上文所引)属于同一内容,只是更加具体。上面说"为作务",这里说"官为作务",都是以官府的名义对外作务,因此就有受钱入缿的事;作务者的劳务费就用参辨券作为凭证。① 参辨券,是一种析成三份的木券;若是赔偿用参辨券,据整理小组推测这种木券由啬夫、少内和赔偿的人各执一份,作为交纳赔款的凭证。参辨券在汉简《二年》的"户律"、"金布律"中也提到过,它用于户籍登记,用于遗嘱、劳务费、租金、户赋等官府的收入。这里"作务"用的参辨券具有劳务费性质。

《龙岗秦简》有"其田及□作务"(第10简)编者认为,此句之后可能与"于禁苑中者,吏与参辨券"相联缀。② 编者认为:这是一式三份的券书,一份存档备考,一份交门卫,一份交进入禁苑的人。③ 如是,则与"符传"的作用相同,意思是即使是在禁苑作务的人出入禁苑也必须凭证。笔者以为这里的参辨券,指的可能还是劳务费的凭证。

4. 作务是集体的劳作。《龙岗秦简》有"得刜,及为作务群它

---

① 参见本书《有关契券的几个问题》一文。
② 中国文物研究所、湖北省文物考古研究所编《龙岗秦简》,中华书局2001年版,第131、75页。"其田及□作务"中的缺字,依据简牍中同样句式比照,可补一"为"字。
③ 《龙岗秦简》编者校证云:"参辨券和一分为二式的券书性质是相同的,其适用于禁苑管理或其他行政管理事务,是没有疑问的。"并以《周礼·天官》和敦煌悬泉置汉简资料为证。文物出版社2001年版,第76页。

□[物]"(第90简)这里是在禁苑作务；群它物，指其他各种东西。说是有各种野兽干扰作务，可见单独在禁苑作务是危险的，不太可能。此外，《银雀·田法》上说："□明示民，乃为分职之数，齐其食饮之量，均其作务之业。"(第357简)简中一个"均"字表明作务并不是个体劳动，而正如有的注称之为"作坊"是也。在作坊里有不同的分工，按工种分配口粮等。在这种作坊式的集体劳作中，根据他们高低不同的技术水平，安排工种或职务。《银雀·田法》上说："有技巧者为之，其余皆以所长短官职之。"(第328简)

桓谭《新论》云："少府所领园地作务之八十三万万。"(又见《太平御览》卷627所引)，少府，掌山泽陂池之税，名曰禁钱，以供私养。《汉官仪》)作务人数的数额巨大，所作出的劳动价值也是巨大的，所以少府收入之巨，令人瞠目。

5. 作务有具体的程课要求。作务者的劳作有定额工作量，包括人数、时间、质量、数量等都有一定的额定要求，即所谓"人程"、"员程"。秦简中有"工人程"关于生产定额的法律规定。秦简《为吏之道》有"作务员程"句。1977年安徽阜阳双古堆汉早期墓出土有"作务员程"①。员程，亦见《汉书·尹翁归传》："责以员程，不得取代。不中程，辄笞督。"师古注："员，数也。计其人及日数为功程。"

从作务是集体的作坊式劳作、作务有具体的程课要求几方面看来，作务，称之为手工业者的作业，比较合乎实际。

(三)"作务"者的身份

1. "作务"者不是官奴。作务者是自由人还是官奴？虽然作务者在为官府做工，但这种做工不同于在官府服劳役；服劳役者是戴罪的人或被收孥者等。睡虎地秦简、《银雀·田法》、《龙岗秦简》和汉简《二年》中

---

① 员程，《淮南子·说山》作员呈。《龙岗秦简》也写作"园程"(第200简)。

虽都提到"作务"，但均未提到过作务者有什么官奴身份。虽然不是官奴，但是正如上面所述，作务者的身份与商人同列。这种比较低的社会地位由来已久，《史记·商君列传》所谓："事末利及怠而贫者，举以为收孥。"事末利者，指的就是工商业者，包括手工业。

2. 作为工匠的"工"，也可视为"作务"者。秦简《秦律十八种·工人程》"隶臣、下吏、城旦与工从事者冬作……"这里的"工"指工匠。尽管它与隶臣、下吏、城旦并提，但其地位与隶臣、工隶臣等有所不同。工为自由人，计工上的差别很大："冗隶妾二人当工一人，更隶妾四人当工〔一〕人，小隶臣妾可使者五人当工一人。"工匠的劳动价值非隶妾可比，其原因是他们有专门技术。从这个意义上来说，从事手工业劳作的工匠之"工"，也可以看做为"作务"者。为便于管理，有工室，管理官营手工业的机构；西安相家巷出土秦封泥中有"少府工室"、"属邦工室"、"咸阳工室丞"等。还有"工帀"，即"工师"，手工业工匠中的师傅。或称主管百工之官，《月令》郑注："工师，工官之长。"工师具有一定的职位，如库工帀，就是管理库所属工徒的官吏。"工师"一词还见于铜器铭文。除此之外，还有《工律》，制定有管理官营手工业的法律。

3. 作为奴隶的"工隶臣"。秦简《军爵律》："工隶臣斩首及人为斩首以免者，皆令为工。"做工的奴隶"工隶臣"要免除了奴隶的身份后才能成为工匠之"工"。

4. 关于"输作所官"。处刑在隶臣以上者，在官府服劳役，即"输作所官"，与上述的"作官府"、"内作"、"官为作务"的意思大致相近。见《二年》"亡律"："司寇、隐官坐亡罪隶臣以上，输作所官。"（第158简）；"输作"一词，汉史籍多见。如《汉书·庞参传》："坐法输作若卢。"若卢，主治库兵、将相大臣。① 《汉书·李膺传》"输作左校"，左校，执掌工徒

---

① 《汉旧仪》："若卢狱令，主治库兵、将相大臣。"

的官。《后汉书·章帝纪》"系囚鬼薪白粲已上,皆减本罪各一等,输司寇作。"《后汉书·张皓传》"帝乃悟,减腾(赵腾)死罪一等,余皆司寇。"李贤注"输作司寇,因以名焉。"由此可见,"输作所官"的情况多种多样,其中虽然也是作"工"者,但与工匠的"工"和作务者又有所不同。

在官府服劳役刑者,为隶臣妾;也有称之内臣妾的,如《汉书·司马相如传》上所说"多欲愿为内臣妾"。但是在官府做工的不都是隶臣妾,也不都是服刑,而有的是惩罚,用劳作作抵偿。如损坏官物的人,则采取罚作佣工来赔偿。① 又,《二年》"亡律"上规定"(吏民亡)公士、公士妻以上作官府,皆偿亡日。"(第157简)逃亡多少天,抓回来以后,就在官府劳作多少天以抵偿逃亡的天数,当然这不是隶臣妾,也可能指有爵级者。对刑徒有称罚作、复作。如《史记》张释之传中有言"削其爵,罚作之。"《汉官仪》云:"(秦时)男为戍罚作,女为复作,皆一岁到三月。"②

其他的情况要用在官府劳作来抵偿诸如城旦舂之类的劳役刑,就得罚金。如《二年》"具律"规定"其当系城旦舂,作官府偿日者,罚岁金八两。"(第93简)上文所述"为公人一岁"、"为公人二岁"与此大致是同样情况。

---

① 《管子·山至数篇》:"苟从责者,乡决州决,故曰:就庸一日而决。"按郭沫若的解释:言民借用官物而有损坏者,则服佣一日而解决。

② 《汉官六种》,中华书局1990年版,第85页。但是,复作是否一定是女性刑徒? 居延简有云:"☐山,鑙得二人送囚昭武。☐☐四月旦,见徒复作三百七十九人"(合校34·9)379人全是女性? 又如,"夫以主领徒复作为职,居延荾徒、髡钳城旦大男厮殿署作,府中寺舍"(合校560·2A)旧注有将复作看做为弛刑徒的,可聊备一说。

《盗跖》篇与盗、贼律

　　1988 年湖北江陵张家山 136 号汉墓出土竹简有《庄子·盗跖》篇，它的全文至今还没有发表。在张家山汉墓出土竹简的报告中说，"内容为孔子见盗跖"，"内容完整，与现存版本文字内容基本一致。"报道中又说：江陵张家山 136 号墓的墓主可能拥有五大夫以上的爵位，从墓中出土的大量汉简律令来看，其生前可能为吏，是江陵或南郡府中从事文书类工作的属吏。① 表明了墓主与治狱文书的关系。

　　本文无意对《盗跖》篇作全面的考察，而只是想从法的角度，探讨一下《庄子·盗跖》篇的有关史料以及与秦汉律中盗、贼律的关系。

一、关于《盗跖》和跖

　　对《庄子·盗跖》篇的研究其实是很早的。章太炎先生早就在上世纪 30 年代作有《广论语骈枝·微子篇》。② 黄云眉为此还写有《读广论语骈枝微子篇质章太炎先生》一文③，引起了学术界对《庄子·盗跖》篇的关注。

　　（一）《盗跖》是篇寓言

---

① 荆江地区博物馆：《江陵张家山两座汉墓出土大批竹简》，《文物》1992 年第 9 期。
② 文中有云："跖所过大国守城，小国人保。惠为士师，则追胥纠守，是其专职。数黜而复起者，鲁人畏跖，欲藉惠以解兔耳。"又在《检论·儒侠》中充分肯定了跖的所作为。
③ 1934 年《金陵学报》第 4 卷第 2 期。见《史学杂稿订存》。

《盗跖》是篇寓言,是为公论,即所谓庄子"著书十余万言,大抵率寓言也。"寓言,有所寄托之言也。但是,正如这篇寓言中的孔子为真人名一样,跖也并非向壁虚拟的人物。只是《盗跖》篇作者借孔子和跖的大名,演绎故事,抨击孔学,宣扬破除名利的思想而已。《庄子·盗跖》上说,孔子与柳下季为友,盗跖为柳下季之弟。事实上这不可能。钟泰近著《庄子发微》有云:"杂篇《盗跖》以跖为柳下季之弟,盖托言,非事实。《音义》引李奇《汉书注》曰'跖,秦之大盗也。'奇之说当有所本。既为秦人,其非柳下之弟明矣。而后之言跖者,遂强以跖为柳下氏,过矣。'东陵'亦秦地,召平为东陵侯,可证。"[①]盗跖不可能与孔子同时,而且否定了盗跖为柳下季之弟的说法。

(二)盗跖大致出现在战国之初

盗跖之名见于《庄子》外,还见于《商君书》、《孟子》、《荀子》、《韩非子》、《吕氏春秋》、《史记》等古籍。但是,盗跖之名不见于战国之前的先秦著作,如《左传》、《论语》、《墨子》均未见有记载。然而,在《左传》、《论语》、《墨子》中有关"盗"的记录却并不少见:"鲁多盗"(《左传·襄公二十一年》)、晋国"寇盗充斥"(《左传·襄公三十一年》)、郑国又"多盗,聚人于萑苻之泽"(《左传·昭公二十年》)、"季康子患盗,问于孔子。"(《论语·颜渊》)、"子曰'色厉而内荏,譬诸小人,其犹穿窬之盗也与!'"(《论语·阳货》)、"民之为淫暴寇乱盗贼,以兵刃、毒药、水火,退(一作迡)无罪人乎道路率径,夺人车马衣裘以自利者,并作由此始,是以天下乱。"(《墨子·明鬼下》)等。只记盗而不及"名声若日月"的盗跖,不合常理。鉴此,盗跖这个人物大致出现在春秋战国之交,或战国之初。

盗跖是个影响很大的人物。《荀子·不苟》上说:"盗跖吟口,名声

[①] 《庄子发微》,上海古籍出版社2002年版,第193页。文革中有称盗跖为柳下跖者,钟泰所说"强以跖为柳下氏"者,即指此。一说盗跖为黄帝时人;一说为鲁国人。有称东陵,山名,即泰山,在齐州界。

若日月,与舜禹俱传而不息,然而君子不贵者,非礼义之中也。"吟口,杨倞注"吟咏,长在人口也。"说明盗跖的事迹在人民中间广为传诵,而且用日月来比喻他的影响,评价极高。①《论语·子张》上孔子有道:"日月也,无得而踰焉。"

盗跖所带领的队伍声势浩大。《史记·伯夷列传》:"盗跖日杀不辜,肝人之肉,暴戾恣睢,聚党数千人,横行天下,竟以寿终。"去除其中失实夸大的成分,可以看到当时盗跖所带领的队伍已有相当规模,一人倡导,万人响应。《庄子·盗跖》上具体说"从卒九千人"。以至于盗跖的队伍所到之处,"大国守城,小国入保",为各国统治者所恐惧。

(三)盗跖并非柳下季之弟

无独有偶。张家山第247号汉墓竹简《奏谳书》中有一则"柳下季为鲁君治狱"的案例(第20例),案例的主角就是这个"柳下季"。柳下季何许人也?鲁君,是哪一位鲁君?整理小组注云:"柳下季即鲁国的柳下惠,或称展禽。""柳下季,即鲁大夫展禽,封于柳下,字季,谥惠,故又称柳下惠,见《论语·微子》、《左传·僖公二十六年》等。"②这条注明确指出展禽与柳下惠、柳下季是同一人。

《论语·微子》:"柳下惠为士师,三黜。"孔传:"士师,典狱之官。"《左传·僖公二十六年》:"公使展禽犒齐师,使受命于展禽。"杜预注云:"展禽即柳下惠。"根据上面两则材料还不能说明柳下季与展禽、柳下惠是同一人。还得看《国语·鲁语》上的记载,《鲁语》记载了展禽讥臧文仲祀海鸟爰居的事,韦昭注"柳下,展禽之邑。季,字也。"在《国语·鲁语》齐孝公来乏鲁一节中,韦昭注:"展禽,鲁大夫,无骇之后,柳下惠也,字展禽也。"认为臧文仲闻柳下季之言,是展禽与柳下惠、柳下季为

---

① 于省吾在《"盗跖"和有关史料的几点解释》一文中说:"吟口"即"唅口",谓闭口不言。
② 分别见:张家山汉墓竹简整理小组《江陵张家山汉墓概述》,《文物》1985年第1期;《张家山汉墓竹简》文物出版社2001年版第227页注四。

同一人。①

根据《左传》,展禽是鲁僖公、文公时人。柳下季则不可能与孔子为友,更无法说明他是盗跖之兄。盗跖为柳下季之弟的说法,史无实证。《汉书·贾谊传》师古注:"庄周云,盗跖,柳下惠之弟,盖寓言也。"

二、《庄子·盗跖》篇的研究

对《庄子》一书以及《盗跖》篇和盗跖其人其事的研究其实很早,也不少;但是,有些问题一直争论不休。张家山汉简《庄子·盗跖》篇全部公布之后可能会更引起读者研究的兴趣,有些悬而难决的问题可能会有所突破。为让读者更多地了解研究的基本资料和早期的学术研究动态,我把学术界关于《庄子·盗跖》篇的主要文章及观点简要地介绍如下(为避免思想混乱,文革期间的有关篇目不录):

1. 吴则虞《盗跖探原》(1961年9月7日《光明日报》)主要观点是:(1)盗跖是"流寇"的通称,但又是春秋时代某个具体人物的专称。(2)声势浩大,"声名若日月"。(3)传统中的精神武器和英雄。

2. 于省吾《"盗跖"和有关史料的几点解释》(1962年《学术月刊》第3期)针对吴则虞《盗跖探原》中的说法,从文字学的角度考察了"盗跖"二字的形、音、义。

3. 洪家义《中国最早的农民革命家》(1961年9月22日《光明日报》)认为其思想伟大:(1)彻底批判了当时居于显要地位的儒家学说,

---

① 《左传·文公二年》同样记有展禽讥臧文仲祀海鸟爰居的事,杜注:"展禽,柳下惠也。"未及柳下季。但是韦昭注本身前后有矛盾,一说字展禽,一说字季。可证韦昭在无法解释《国语》中出现的柳下季时,也就作一人之异名看。孔颖达《左传正义》:季,五十岁之字;禽,二十岁之字。家有大柳,树惠德,因号柳下惠。此恐为牵强附会之说,无征可言。柳下惠的事迹另外有多处可见:《论语·微子》、《论语·卫灵公》、《孟子·公孙丑》、《孟子·万章》、《战国策·燕策》等。但是均无一处兼称他之为柳下季者。姑且存疑。

而创立了革命的理论。(2)对尔后农民革命斗争的影响,以及对于战国时代的思想家和政治家的推动。

4.《盗跖及其起义的探讨》(1961年11月12日《光明日报》来稿综述)

5.张心澂《庄子盗跖篇探索》(1961年12月15日《光明日报》)分别从学术派别、思想、所用的名称、文章的做法和时代五个方面,探索盗跖是什么人、《盗跖》是什么时候做的。张心澂《庄子盗跖篇再探》(1962年12月6日《广西日报》)

6.邬蒙《"盗跖"考辨》,载《历史研究》1977年第2期。指出"盗跖"的寓言性质,认为:跖是战国初、中期的农民起义领袖。

以上诸文主要的观点及其分歧有:(1)对"盗跖"二字音、形、义的辨析:有说跖含蹶起、逃跑义,有说跖借为"彻",有说跖为徒跣行走等;(2)盗跖是黄帝时人,还是秦人或鲁人?(3)盗跖起义的性质,是奴隶起义还是农民革命,或平民起义,或游侠集团?(4)对"盗跖"篇本身的研究,包括作者、作品、思想等。①

相隔较长时间的沉寂之后,最近《文史》第四十五辑发表有廖名春的《庄子盗跖篇探原》一文,他将出土竹简报告中所提供的第10号、第11号简的释文跟今本《庄子·盗跖》篇做了对照和分析,认为它是今本的第一章,内容与现存版本文字并非基本一致。在他的文章中主要论证了这样几个基本问题:(1)今本《庄子·盗跖》篇并非《庄子·盗跖》篇的原貌;(2)《庄子·盗跖》篇著成的时间,其上限定在公元前256年之后,其下限不会晚于公元前239年左右;(3)《庄子·盗跖》篇的作者是"非六王、五伯"的备说,此人姓备名说,与荀子同时,是庄子的学生。②

---

① 《庄子〈外杂篇〉初探》:"《盗跖》是战国末具有纵欲倾向的杨朱后学一派所作。"《庄子哲学讨论集》,中华书局1962年版,第94页。

② 《文史》第四十五辑,中华书局1998年出版,第49页至59页。

三、史籍中有关盗跖的记载

除庄周(约前365—前290)《庄子·盗跖》外,史籍中出现盗跖之名的篇章还有:《庄子》骈拇、胠箧、在宥、天地4篇,《商君书》画策、禁使2篇,《孟子》尽心、滕文公下2篇,《荀子》劝学、不苟、儒效、王制、议兵、性恶、赋7篇,《韩非子》五蠹、守道、用人、忠孝4篇,《吕氏春秋》异用、当务2篇,《史记》伯夷列传、李斯列传、淮阴侯列传、屈贾列传、邹阳列传、游侠列传6篇等,对有关盗跖的史料做粗略统计,资料不可算少,但是真正可以作为盗跖其人其事的较为可靠的史料并不多。

(一)汉代之前的思想家大多借用盗跖之名说理

先秦史籍中有关盗跖的记载,大多是借用盗跖之名说理。它们出自不同的思想家之口,从各自的立场出发,借助盗跖的影响,多数采用将盗跖与圣贤相对举的方式,来阐发儒、法、道等学派的思想。如舜与跖、桀跖与曾史、伯夷与盗跖对举。这些方面的思想阐发尽管不少,但是,它们并不是盗跖其人其事的记录,反映不出盗跖的较为真实的面貌。

(二)与法有关的记载

对史籍中盗跖材料做一番梳理,选读与法有关的记载,可以得到以下几方面的启示:

1.产生盗的背景

春秋战国之交,深重的阶级压迫和严重的阶级对立是产生盗的主要原因。《墨子·节葬下》上说:"是以僻淫邪行之民,出则无衣,入则无食也……并为淫暴而不可胜禁也。是故盗贼众而治者寡。"当时贫富悬殊,存在着严重的阶级对立状况,如《孟子·梁惠王上》上所描绘的那样:"庖有肥肉,厩有肥马;民有饥色,野有饿莩。此率兽而食人也。"

在秦简《语书》中提到法律的制订,制订法律的目的是"凡法律令者,以教导民,去其淫僻,除其恶俗,而使之之于为善也。"实际上,要去除的淫僻恶俗,其所指就是墨子所说的"出则无衣,入则无食"所谓的僻淫邪行之民,墨子所说的众盗贼也就成了统治者禁淫暴的对象。

《商君书·画策》上说:"势不能为奸,虽跖可信也;势得为奸,虽伯夷可疑也。"《商君书·禁使》又说:"故曰,其势难匿者,虽跖不为非焉。故先王贵势。"这里强调了一个形势的"势"字,是客观形势,是社会环境。从掌权者的角度来说,势则是权力;法家更主张以刑去刑,虽重刑可也,是以法为基础的地位和权力之势。

秦兼天下,却出现了"犯法滋众,盗贼不胜"的状况,以"至于赭衣塞路,群盗满山,卒以乱亡。"(《汉书·吾丘寿王传》)出现这样的结局,其原因是"赋敛无度,竭民财力,百姓散亡,不得从耕织之业",结果"群盗并起"。(《汉书·董仲舒传》)

《老子》57章上说:"法令滋章,盗贼多有。"[①]诚然,老子这样说的目的是宣扬他反对礼、法的绝圣弃智思想,所以,他又说:"绝巧弃利,盗贼无有。"(《老子》19章)虽然说老子是在宣扬他反对礼、法的这些思想,但是我们从中也可以看到老子的立论是以盗贼的有无为着眼点的,盗贼四起是当时不可掉以轻心的客观现状,也是贵势者主张"以刑去刑,虽重刑可也"的原因所在。当然,盗贼的有无与法令制订之间并不存在必然的因果联系。

2. 所谓"盗亦有道"

《庄子·胠箧》上说:"故跖之徒问于跖曰:'盗亦有道乎?'跖曰:'何适而无有道邪?夫妄意室中之藏,圣也;入先,勇也;出后,义也;知可否,知也;分均,仁也。五者不备而能成大盗者,天下未之有也。'由此观

---

① 郭店楚简《老子》甲本作"人多智,而奇物滋起,乏物滋章,盗贼多有。"

之,善人不得圣人之道不立,跖不得圣人之道不行。"①

与此相类,在《孟子·公孙丑上》这样一段话:"恻隐之心,仁之端也;羞恶之心,义之端也;辞让之心,礼之端也;是非之心,智之端也。人之有是四端也,犹其有四体也。有是四端而自谓不能者,自贼者也;谓其君不能君,贼其君者也。"

将《孟子·公孙丑上》与《庄子·胠箧》两段文字对照着看,它们各自从不同的立场出发来理解仁、义、礼(圣)、智,自然会得出不同的结论。庄子所宣扬的圣人之道,其中心思想是绝圣弃智,无论是善人之道还是盗跖之道,它们的存在都与寡欲清静、无为而治格格不入。

其中特别要提到对"分均"的分析理解,杨宽先生认为"分均"有鼓动作用,有摧毁作用,"但是不符合历史发展的要求,因而他的起义就不能得到成功。"孔子所说的"不患贫而患不均"是局限在奴隶主贵族利益的范围内的。

3.宣扬孝道与法并行不悖

《庄子·盗跖》中说"(盗跖)贪得忘亲,不顾父母兄弟,不祭先祖。"此外,还有这样一段关于处理人伦关系的对话:孔子为柳下季曰"夫为人父者,必能诏其子;为人兄者,必能教其弟。若父不能诏其子,兄不能教其弟,则无贵父子兄弟之亲矣。今先生,世之才士也,弟为盗跖,为天下害,而弗能教也,丘窃为先生羞之。丘请为先生往说之。"借虚构的与柳下季的对话宣扬孔子倡导的孝悌观念,以维护宗法等级关系。《荀子·议兵》上也说:"人之情,虽桀跖,岂又肯为其所恶、贼其所好者哉!是犹使人之子孙自贼其父母也,彼必将来告之,夫又何可诈也。"

在秦汉律中,对不孝之罪也是严惩不贷的,不予宽宥。如,秦简《法

---

① "夫妄意室中之藏"句,《吕氏春秋·当务》中写作"夫妄意关内中藏",《淮南子·道应训》写作"意而中藏者"。

律答问》:"免老告人以为不孝,谒杀,当三环之不?不当环,亟执勿失。"(第102简)三环,指三次原宥;不当环,对不孝之罪不应原宥,要立即拘捕。《二年律令·贼律》:"年七十以上告子不孝,必三环之。三环之各不同日而尚告,乃听之。教人不孝,黥为城旦舂。"(第36、37简)在秦汉律的文本中将不孝之罪列入"贼律",且给以不轻的刑处,这与儒家所提倡的孝悌宗法等级观念是一致的。

4. 主张严刑峻法

《韩非子·五蠹》:"故明王峭其法,而严其行也。布帛寻常,庸人不释;铄金百溢,盗跖不掇。不必害则不释寻常,必害乎则不掇百溢,故明主必其诛也。"这句话在《史记》中也照录了下来,史迁分析后得出结论说:"搏,必随乎刑,则盗跖不搏百镒。"①王充在《论衡·非韩》也说:"以此言之,法明,民不敢犯也。"都主张严刑峻法。其目的是针对盗跖这一类人的,是为巩固自己包括庸主在内的统治地位。正如《韩非子·守道》上说:"立法非所以备曾史也,所以使庸主能止盗跖也。"

此外,《淮南子·主术训》上还说:"明分以示之,则跖跻之奸止矣。"严刑峻法要能得以执行,必须"明分",必须辅以严格的宗族等级制度。

(三)汉之后的盗跖资料

汉之后基本上没有新的盗跖史料出现,但是在史籍、史家评论、地方志、诗词戏剧以及笔记小说中时常又提到盗跖,甚至出现了一些文艺性的东西,如戏剧《十八国临潼斗宝》、《后七国》等。其中绝大多数是传统思想的延续。然而,反传统的东西,包括对盗跖的推崇和纪念在内,也能保存下来,这些文化现象同样值得我们思考。

---

① 见《史记·李斯列传》,中华书局1959年版,第2555页。"盗跖不掇"的"掇",在《史记》中作"搏"。

1. 对《盗跖》篇评论

在对《庄子》一书的众多评论中,评论者的主要着眼点是:《盗跖》篇是否为庄子所作,以及《盗跖》篇的文字优劣,极少涉及盗跖其人其事。①

2. 对盗跖事迹时有演绎,却多被艺术化了(例证从略)

3. 诗人借助盗跖抒情(例证从略)

4. 后人用不同形式纪念盗跖

据史载,很多地方有盗跖的坟冢,如张华《博物志》上记载:"盗跖冢在大阳县西。"②段成式《酉阳杂俎》卷九《盗侠》记载:"高唐县有鲜卑城。城旁有盗跖冢。冢极高大,贼盗尝私祈焉。《皇览》云'盗跖冢在河东。'按盗跖死于东陵,此地古名东平陵,疑此近之。"盗跖的坟冢建造得很高大,很多人还偷偷地去墓地祭拜,可见盗跖在民众心目中并不如史书上所记载的"日杀不辜,肝人之肉,暴戾恣睢"的嗜杀人者。不仅如此,其后很多地方都说有盗跖遗迹,如明嘉靖《太原县志》上有"柳盗跖宅"的记载,③《嘉靖江阴县志》卷二"古迹"目下有"盗城",为"据《宋志》在县南三十里。相传盗跖曾居此。"如上所记,很多地方有盗跖坟冢、盗跖遗迹,这说明盗跖有值得纪念的地方,还可说明盗跖并不一定

---

① 有认为《盗跖》篇是伪作的,如《东坡全集·庄子祠堂记》"其正言盖无几,至于诋訾孔子,未尝不微见其意。"怀疑《盗跖》篇为伪。宋濂《诸子辨》:"《盗跖》等四篇不类前后文,疑后人剿入。"有认为是汉人的作品的,如郑瑗《井观琐言》:"《盗跖》之文,非惟不类先秦文,亦不类两汉人文字。"也有的并不同意上述看法,认为是战国时人所作,如胡文英《庄子独见》:"孔子岂说客耶?其为战国时人所记无疑。"(转引自张心澂《庄子盗跖篇探索》,《光明日报》1961年12月15日)对于《盗跖》篇的文字,多数认为与庄子文风相去甚远。而王安石则不然,他认为:"《盗跖》篇语锋略与《史记·日者列传》相似,其文肆而逸。"

② 又见《史记·伯夷列传》集解引《皇览》:"盗跖冢在河东大阳,临河曲,直弘农华阴山潼乡。"又正义:"又今齐州平陵县有盗跖冢,未详也。"

③ 《文物》1974年第9期。

是确指某个个人,而可以看做是"流寇"的通称。① 此话也印证《汉书·游侠传》所说:"……盗跖而居民间者耳,曷足道哉!"说的是游侠,盗跖本身又未尝不是如此。

此外,《历代名画记》卷四魏"少帝曹髦"条下注有"盗跖图"。今天无法知道图的具体内容,但是从以盗跖为画题,想必隐含有推崇、纪念的用意。

5. 对后代农民革命的影响

盗跖对后代的农民革命有所影响。这是庄子作《盗跖》篇始料不及的事。如周密在《癸辛杂识》"宋江三十六赞序"中云:

> 余尝以江之所为,虽不得自齿,然其识性超卓有过人者,立号既不僭侈,名称俨然犹循轨辙,虽托之记载可也。古称柳盗跖为盗贼之圣,以其守壹至于极处,能出类而拔萃。若江者,其殆庶几乎!

周密在称道宋江的同时,也极赞盗跖为圣者。极赞盗跖能"守壹至于极处,能出类而拔萃"!另外,在明末,崇祯初年,"岁大凶,民多从贼",陈奇瑜派遣副将去讨伐、斩杀"盗贼",被斩杀的中间就有称名截山虎、柳盗跖、金翅鹏的。② "柳盗跖",以盗跖之名为号召,光明磊落,无所畏惧。真可谓盗跖名声若日月,影响我国两千年。

四、《盗跖》篇与盗、贼律

(一) 王者之政莫急于盗贼

---

① 吴则虞:《盗跖探原》,《光明日报》1961年9月7日。又见《史记·伯夷列传》集解引《皇览》:"盗跖冢在河东大阳,临河曲,直弘农华阴山潼乡。"又,正义:"又今齐州平陵县有盗跖冢,未详也。"

② 参见《明史·陈奇瑜传》,中华书局1974年版,第6729页。然而,王纲著《明末农民起义名号考录》一书未录"柳盗跖"之名,四川社科院出版社1984年版。

《晋书·刑法志》上说:"魏文侯师李悝,悝撰次诸国法,著《法经》。"李悝(约前455—前395年)著《法经》六法,首列盗法和贼法。桓谭《新论》云:"魏文侯师李悝,著《法经》,以为王者之政莫急于盗贼,故其律始于盗贼。"君王执政没有比消灭盗贼更为紧迫、更为重要的事情了。无论是倡导"王道",还是主张"霸道",面对"盗贼公行而夭厉不戒"(《左传·襄公三十一年》)的政治局势,任何一个当政者都不会等闲视之;相反,一定是把它当作头等大事来抓,是当务之急。"子产闻盗,为门者庀群司,闭府库,慎闭藏,完守备,成列而后出。"(《左传·襄公十年》)结果用兵车十七乘攻盗,盗寡不敌众,全部战死。史籍记载颇详,真实地反映了这一历史时期民众的反抗斗争和动荡的政治局面。在成文法典中首列盗法和贼法,抓住了要害,顺理成章,与当时诸侯国之间的政治、军事、经济形势相适应。

《墨子·明鬼下》上说:"民之为淫暴寇乱盗贼,以兵刃、毒药、水火,迋无罪人乎道路率(术)经,夺人车马衣裘以自利者,并作。"晋国士文伯指出其原因是:政治纷乱,刑罚不中,"敝邑以政刑之不修,寇盗充斥。"(《左传·襄公三十一年》)正说明《法经》首列盗法和贼法的必要和及时。以致为其后两千年各朝法典所沿用,成为封建刑律的核心:王者之政莫急于盗贼。

盗跖"从卒九千人,横行天下,侵暴诸侯。穴室枢户,驱人牛马,取人妇女。"读《盗跖》,联系秦汉律中的盗、贼律,大致可知古代刑律的重心所在。

(二) 重在群盗

秦简《法律答问》计简210支,内容187条,"据《晋书·刑法志》和《唐律疏议》等书,商鞅制订的秦法系以李悝《法经》为蓝本,分盗、贼、囚、捕、杂、具六篇。《答问》解释的范围,与这六篇大体相符。由于竹简已经散乱，整理时就按六篇的次第试加排列。"①粗略统计，有盗法的条文有 41 条，简 50 支，约占四分之一。《二年律令》竹简共 526 支，按整理小组编排，首列"贼律"，凡 41 条。次列"盗律"凡 18 条。凡 81 支，占有了很大比重。如果加上"捕律"、"亡律"、"津关令"等条文则更见其重。《盗跖》篇上说，盗跖 带领人马有 9000 人，有相当规模，"相当于一个国家的兵力。斯巴达也只万人。"②盗跖的队伍已经超出了群盗的概念了，它在《唐律》中被列入贼盗律，视为叛逆不道之罪。当然，若是流动的小股人马也是会看做是群盗的。

以前按照《晋书·刑法志》上的说法，解释群盗为三人以上，这不符合秦汉律的法律规定。在"盗律"中，五人以上为群盗，汉简《二年》"盗五人以上相与攻盗，为群盗。"（第 62 简）群盗，《汉书·袁盎传》师古注："群盗者，群众相随而为盗也。"法律规定五人以上为群盗，显然它与"民为什伍"、"什伍连坐"的制度有关。

在"盗律"中，对群盗的处刑最为严酷。如：秦简《答问》："五人盗，赃一钱以上，斩左止，又黥以为城旦。"（第 1 简）五人以上共同作案，赃值在一钱以上就要处以截去左趾，在额头上刺刻涂墨的刑罚；而五人以下，"（赃）不盈二百廿以下到一钱，迁之。"（第 2 简）仅处以流放。同样的盗赃数值，相比之下，对五人盗加重了刑处。

在汉律中对群盗的刑处较秦为重、且细密：汉简《二年》："群盗及亡从群盗……恐猲人以求钱财，盗杀伤人，盗发冢，略卖人若已略未卖，矫相以为吏，自以为吏以盗，皆磔。"（第 65、66 简）只要是群盗或逃亡后加入者，恐吓求钱、杀伤人、盗墓、贩卖人口等一律都处以死刑，实行严厉的镇压。"知人为群盗而通饮食馈遗之，与同罪。"（第 63 简）提供群盗

---

① 《睡虎地秦墓竹简》，文物出版社 1978 年版，第 149 页。
② 吴则虞：《盗跖探原》，《光明日报》1961 年 9 月 7 日。

方便者,同居、里典、伍人连坐。

（三）处理群盗的法律程序

《封诊式》有一则"群盗"文书程式,此案的案情大意是这样的:

> 某里士伍丁和某里士伍戊、己、庚、辛一起结伙抢劫,盗钱一万。某亭校长甲率领乙、丙等追捕到山里,抓住了丁,斩杀了戊,并缴获弓弩两具、箭二十支。而另外三人己、庚、辛逃跑了。当时,戊用弩射乙,于是被杀,取来了首级。因山险不能把戊的躯体运出山来,因此只检验首级而不验躯体。据查,丁、戊都没有其他过犯。

究竟如何处断,文书上没有做出判决,也可能考虑到同案在逃。其文书内容有对群盗案件的查证、检验、审讯等方面的程序要求:要求记录清楚人数,去向,作案工具;要求记录案情经过;要求检验被斩杀者的尸体,即使无法把躯体运回,也要及时汇报并得到上司的认可;要求审讯清楚此前有无犯罪的记录等等。可见秦汉之际对群盗即民众的武装反抗给予了特别的关注。整理小组在《封诊式》的前言中对此评论道:"(案例中)《盗跖》所反映的农民的武装反抗,对于进一步研究封建社会早期的阶级关系和阶级斗争,都有重要的价值。"

（四）剿灭群盗不遗余力

《荀子·赋》上说:"跖以穿室",穿室,与《黄帝李法》上所说"穿窬不由路"①中的穿窬同义。《正字通》"窬,穴墙曰窬。"挖墙打洞的是小偷。而盗跖并不是挖墙打洞的小偷,用韩非的说法是"犯刑赴难,罚不足以禁。""毁廉求财,犯刑趋利,忘身之死者。"②跖是带领9000人队伍的"大盗";尽管9000人也可能是个夸大了的虚数,但他们能冒着生命危险,横行天下,侵暴诸侯,当不能与荀子所说的穿室小偷等量齐观。

---

① 《汉书·胡建传》:"《黄帝李法》曰,壁垒已定,穿窬不由路,是谓奸人,奸人者杀。"师古注:"窬,小窦也。"

② 《韩非子》卷二〇《忠孝》。

1. 对群盗的捕杀

除贼律、盗律中有对群盗的收捕内容外,在秦简中《捕盗律》为单列律目,虽只抄存一条,但它表明《捕盗律》的存在,且与《法经》六法"捕法"相承袭,"盗贼须劾捕,故著《网》、《捕》二篇。"(《晋书·刑法志》)网罗、劾捕的主要对象是盗。在秦律《法律答问》中也有"捕盗律"的内容,如:"求盗追捕罪人,罪人格杀求盗,问杀人者为贼杀人,且斗杀?斗杀人,廷行事为贼。"(第66简)求盗,亭中专司捕盗的人员。罪犯击杀求盗,按斗杀人论处,还是按贼杀人论处?无论是斗杀还是贼杀,都将处以重刑。

秦律《答问》:"群盗赦为庶人,将盗械囚刑罪以上,亡,以故罪论,斩左止为城旦;后自捕所亡,是谓'处隐官'。"(第125、126简)群盗带领肉刑以上罪人逃亡,处以断去左趾为城旦的刑罚。《二年·盗律》"劫人、谋劫人求钱财,虽未得若未劫,皆磔之。"(第68简)"相与谋劫人、劫人……"(第71简)捕亡,收捕群盗。

2. 严守津关

《津关令》,关于出入津关的法律规定。《二年》中唯一保存下来的"令"就是津关令。《津关令》的第一条是关于"越塞阑关"的法令。"诸未有□情阑出入塞之津关,黥为城旦舂;越塞,斩左趾为城旦。"阑关,就是没有凭证而出入津关。阑,无符传出入为阑。对越塞阑关者都处以肉刑,刑不轻,相当于盗赃660钱以上的罪(《二年》第55简)。在秦简《法律答问》有"阑亡"一语,"有秩吏捕阑亡者,以畀乙,令诣,约分购。"(第139简)又如"臣邦人不安其主长而欲去夏者,勿许。"(第176简)规定秦的少数民族的人不许离开秦国国境。

《二年·津关令》有规定:"相国、御史请缘关塞县道,群盗、盗贼及亡人越关、垣篱、格堑、封刊;出入塞界,吏卒追逐者得随出入服迹穷追捕。令将吏为吏卒出入者名籍,伍人阅具,上籍副县廷。事已,得道出入所。出入盈五日不返,伍人弗言将吏,将吏弗劾,皆以越塞令论之。"(第494、495简)按越塞令论处,也就是与上小节所说的,对越塞阑关者都按相当于盗赃660钱以上的罪论处,处以肉刑,刑不轻。所谓"越关、垣篱、格堑、封刊",就是说超越了边界线上的藩篱、壕沟、作标记的树木都将被视作越塞的行为;对群盗必须穷追不舍,派出追捕的吏卒也要登记上报备案;而且以五日为限,什伍相保等。以往比喻唐律"密如凝脂",如今读《二年》可以体会到汉律令之密,于此可见一斑。

3. 对群盗捕告者的赏罚

管理盗贼的官吏有校长、宪盗(或作害盗)、求盗等。校长,是有关兵戎盗贼之事的主管。宪盗和求盗,都是以收捕盗贼为职的官吏。法律明文规定对捕告、捕亡者予以特别奖赏,如秦简《法律答问》"夫、妻、子五人共盗,皆当刑城旦,今甲尽捕告之,问甲当购○几何?人购二两。"(第136简)"夫、妻、子十人共盗,当刑城旦,亡,今甲捕得其八人,问甲当购几何?当购人二两。"(第137简)黄金二两,奖赏不轻。《二年·捕律》中的购赏规定更具体。"能产捕群盗一人若斩二人,拜爵一级,其斩一人若爵过大夫及不当拜爵者,皆购之如律。"(第148简)等。

《二年·捕律》对群盗的追捕刻不容缓,对追捕不力者的刑处也同样不轻。其中包括戍边、夺爵、罚金、免职等"吏将徒,追求盗贼,必伍之,盗贼以短兵杀伤其将及伍人,而弗能捕得,皆戍边二岁。三十日中能得其半以上,尽除其罪;得不能半,得者独除;死事者置后如律。……留畏愞弗敢就,夺其将爵一级,免之,毋爵者戍边二岁;而罚其所将吏徒以卒戍边各一岁。"(第141、142、143简)"令、丞、尉弗不觉知……令、丞、尉罚金各四两。"(第144简)"令、丞、尉所不觉知三发以上,皆为不胜任,免之。"(第145简)等以至于到了武帝的时候还颁布了"沈命法",它是督责缉捕盗贼主管官吏的法令。"群盗起不发觉,发觉而弗捕"(《史记·酷吏列传》)不论官职大小,一律处死。他们的缉捕对象的确是针对群盗的。宣帝时,勃海、胶东盗起,"敞(张敞)到胶东,明设购赏,开群盗令相捕斩除罪。"叫群盗自相残杀,手段狠毒。

4.剿灭群盗的典型案例

秦汉之交的历史背景和政治形势都决定了群盗存在的严重性以及对之严加剿灭的必然性。《奏谳书》案例 18 就是这样一则镇压叛乱群盗而屡遭挫折的实例。①

这是剿灭群盗作乱的典型案例。利乡发生了群盗作乱,县里就派刚归顺入秦的民众前去攻打。这些民众在秦时称之"黔首",实际上这些"黔首"就是刚归顺入秦户籍的当地人,官府采用了所谓以夷制夷的做法,前两次失败、"黔首"们逃入山中,原因恐怕就在于此。秦《令》的规定也能证明这一点:"所取荆新地,多群盗"是指故楚国的地方,攸县利乡当属故楚地;"吏所兴",地方官吏能征集到的兵力,恐怕就只能是故楚国刚归顺入秦的黔首了。显而易见,利乡作乱的群盗就是那些不愿归顺入秦的乡民。

此案议罪过程的主角是地方长官雇。当时,带领前去征剿的义等

---

① 案情经过概述如下:这个案子发生在始皇二十七年(前 220)。雇当初刚任攸县县令。利乡发生了群盗作乱,县里就派刚归入秦的民众(黔首)前去攻打。刚归入秦的民众不善作战,都害怕起来,拿起从官府借领来的兵器跑到距离很远的地方去了,躲进山里。官府诱使他们归顺,都动摇恐惧,十分不安。这一次领头去攻打作乱群盗的是义等,义等率领吏卒袭击叛乱者,却没有预先侦察,结果大败,义等也在战斗中被打死了。攸县再派遣更多的刚入秦的民众去攻打。一共去了三批,打败了叛乱者。赿一直是主管刚归入秦民众的名籍的。应当把前两批打了败仗而逃跑的人抓起来,但是他们的名籍都附在一起放在同一个竹箱里,赿逃跑了,得不到他们的名籍,又没有其他办法可以知道这些应当抓起来的人的名单。有人认为:雇攻打叛乱群盗,安而不动,应该按法律处罪;而且报说他要上书,这是雇想要放纵罪人。雇说,他上书报告,是想要皇上能够下一份诏书来招抚他们,使这里得到安定,不是放纵罪人。按照秦《令》的规定:"所取荆新地,多群盗,吏所兴与群盗遇,去北,以儋乏不斗律论。"秦《律》又规定:"儋乏不斗,斩。篡遂纵囚,死罪囚,黥为城旦,上造以上耐为鬼薪。"据此给雇判罪,判处雇耐为鬼薪。雇被拘系。被传讯的有七个人,其中一人拘系,六人不拘押。没有点到名的都不审讯。

被战死了,管理刚归顺入秦民众户籍的鈺逃跑了,死的死,跑的跑,责任全落在了雁的身上。面对两次失败,刚归顺入秦的黔首又逃跑进了山,他无法辞其咎。最后被拘系,被判处耐为鬼薪。按秦《律》规定:"儋乏不斗,斩。篡遂纵囚,死罪囚,黥为城旦,上造以上耐为鬼薪。"之所以雁没有被处斩,可能是他上书要皇上下诏书的理由成立,不作儋乏不斗论;结果又没有被处以黥为城旦,则是因为他的爵级在上造以上。

从剿灭利乡群盗的经过以及对攸县县令雁的处刑全过程看,群盗作乱,为时势所迫;官府对群盗的镇压则不遗余力。剿灭群盗的典型案例具有成案性质,对其后相类案例有参照作用。

盗跖不是文化人,十之八九是斗大的字不识一个的人或人们;古书上的许多有关他或他们的记载,也都不能看做是他们的代言。由此可知,想要获得盗跖的一手资料几乎等于零,想要从文人学士的借题发挥中获取盗跖的真实可靠的传记,也势必叫人失望。对张家山汉简《庄子》盗跖篇的公布,期望值看来也不能太高。

最近读了日本学者吉川幸次郎(1904—1980)《我的留学记》一书,书中提到了中国历史上的农民起义,他说:

> 这样的农民起义猖獗数年、十数年、数十年的并不稀少,有的甚至成为颠覆当时政府的重要原因。但数年、十数年、数十年之后,一切归于平静也是常事。即使得以颠覆一个政府,也同样被其次建立起来的以"读书人"为中心、以城市为中心的政府所平定。饥荒状况的缓和,也是平定的原因,但最有力的原因,在于其他。过去的中国文化,主要是城市文化,农村的人在此文化之外,所以也就在文化生活之外。没有文化的人没有组织能力,因此,掌握一个持续性的组织也是困难的,只能支持掌握"武器的知识"的最初阶段。

因此,农民起义几度兴起,又几度云散雾消,表现为一种徒劳的反复。

但这果真只是徒劳无益的反复吗？不，我认为是像螺旋的循环那样，看上去是在同样的地方反复，而事实上随着时代的前进，也在做缓慢的渐渐的上升。①

他把缺乏文化看做是中国农民（当包括奴隶）起义失败最有力的原因，应该说这只是中国农民革命所受阶级和历史局限性的一个重要方面而已。鉴于此，姑且用这段话作为本文的结尾吧。

---

① 《我的留学记》，光明日报出版社1999年版，第143至144页。

附录：出土法律文献简表

出土时间	地　点	与法律文献相关的内容	备　注
1907	敦煌	汉文文书	《流沙坠简》、《敦煌汉简》
1914	吐鲁番	唐官府文案	《吐鲁番出土文书》
1959	甘肃武威磨嘴子	王杖十简	《考古》1960年第9期、《武威汉简》
1965	山西侯马晋城	东周盟书	《侯马盟书》、《文物》1966年第2期、1972年3、4期。
1972	山东临沂银雀山	西汉《守法》《守令》等十三篇	《银雀山汉简释文》
1973—1974	居延新简	律令文书《甘露二年丞相御史书》《侯粟君所责寇恩事》	《居延新简》、《居延汉简释文合校》、《文物》1978年第1期、《考古》1980年第2期
1975	湖北云梦睡虎地	秦《语书》《秦律十八种》《秦律杂抄》《法律答问》《封诊式》等	《睡虎地秦墓竹简》
1977	安徽阜阳双古堆	西汉早期《刑德》、《庄子·杂篇》残简、《作务员程》等	
1978/7	江苏连云港花果山	西汉晚 刑案	《考古》1982年第5期

续表

1979/1	四川青川县郝家坪	秦 更修田律木牍	《文物》1982年第1期
1981	甘肃武威磨嘴子	西汉晚 《王杖诏书令》	《考古》1996年第9期
1983/12	湖北江陵张家山	西汉早期 《奏谳书》《二年律令》	《张家山汉墓竹简》、《文物》1993年第8期、1995年第3期
1986	甘肃天水放马滩	秦 《墓主记》	
1987	湖南张家界	贼律 盗、贼律目录	《中国历史文物》2003年第2期
1987	湖北荆门包山	战国《疋狱》等	《包山楚简》
1989年冬	湖北云梦龙岗	秦《秦律》	《龙岗秦简》
1991	敦煌悬泉	西汉、东汉 诏书、律令	《敦煌悬泉月令诏条》、《敦煌悬泉汉简释粹》
1993	湖北江陵荆州镇郢北村	秦《效律》	
1996/10	湖北长沙走马楼	吴文书	《文物》1999年第5期、《长沙走马楼三国吴简·嘉禾吏民田家莂》
2002/4	湖南龙山里耶	官文书	《文物》2003年第1期
2003	额济纳旗	王莽登基诏书残简 律令	尚未出版

后　记

　　本书着眼于出土法律文献的整理和研究，但不止于法律，它涉及的面很广，与古代历史、政治、经济及传统文化都有着密切的联系。

　　本书研究的对象是出土简牍，近年来"简牍学"几乎成了一门热门的学科，走到了历史文献研究的前沿。简牍的不断出土推动着传统学术研究的"推陈出新"，而且其势头有增无减。《出土法律文献研究》在这样的背景之下出版，适逢其时，幸运能得到同仁们的更多关注和帮助。

　　《出土法律文献研究》，也可以说是我的一本读史笔记，书中有些看法还不很成熟，大有商榷的余地。

　　书名为"出土法律文献研究"。我们狭义地去理解出土文献，可以把它界定在先秦到魏晋时期的文字载体——简牍上。[①] 在这中间再加上"法律"二字，本意是想把研讨的范围确定在与古代法律相关的框架之内，为此自认为无论是银雀山汉简，还是睡虎地秦简都可以囊括其中。然而几位同行教授先生为之踌躇，他们理解的出土文献的范围可能还要宽广得多，他们认为书中内容比较多的与秦汉法制有关，最好能把书名和内容搞得更契合一些。

---

　　① "'出土文献'一词，可以由广义或狭义去理解。广义的'出土文献'，覆盖面很广，连甲骨文、金文等都包括在内。……狭义的'出土文献'，主要指地下发现的古代书籍，具体讲即简帛佚书之类。"见李学勤《出土佚书的三点贡献》，载《出土文献与中国文学研究》，北京广播学院出版社2000年版，第1页。

曾经写过一本题名为《法律文献学》的书，出版后有同志对书名提出意见，有说可以在它的前面加上"古代"二字，避免以偏盖全；有说可以在它的后面加上"概论"二字，力求名实相符。意见是诚恳的，是可以考虑的。因为有了前一次教训，对这本书的书名不得不斟酌再三，集思广益，以求内容与形式的一致。

其实，即使加上"秦汉"二字，还可能有一个秦汉的秦与战国秦国的区分问题。想个题目就遇上了这么些困难，由表及里，可想而知在书中还会不时出现不能为你接受的鄙陋之见，见笑于大方之家。望诸位批评指正。

几位同行教授是：上海社科院法学所的费成康、华友根、尤俊意，复旦大学法学院的郭建，华东政法学院法律史研究中心的徐永康、杨师群。他们还对书稿提出了许多具体的修改意见，在此诚表谢意。

在写作过程中自始至终得到上海市哲学社会科学规划办公室、华东政法学院科研处、华东政法学院法律史研究中心的关心和帮助，在此表示感谢。

张 伯 元
于华院小区求己斋
2004 年 7 月 20 日

Postscript

This book is devoted to study on disentombed legal documents. Besides laws, it extends to a broader area and reflects its close relationship with areas such as the ancient history, politics, economy and traditional culture.

The area of subject is centered on disentombed bamboo slips. In recent year, the study of bamboo slips has become more and more popular and stands in the forefront of the research of historical documents. The constantly unearthed bamboo slips have pushed the traditional academic research a higher level. This has become an upward trend with a great momentum. *Study on Disentombed Legal Documents* is published right at this moment. And it is honorable that this book has received kind concern and insightful comments from fellow professors.

Study on Disentombed Legal Documents can be deemed as a notebook in which I wrote down my understandings of the Chinese history. It is possible that parts of this book may not work satisfactorily, and some minor details require to be deliberately considered.

This book is entitled as *study on the disentombed legal documents*. In a narrow sense, bamboo slips can be understood during the period before the Qin Dynasty to the Wei and Jin Dynasty. The supplement of "Legal" in the middle of the name of the book intends to frame the discussion within legal systems in ancient China. In view of this, both Yinqueshan Jian and Shuihudi Jian can be included in this category. However, some experts are reluctant to share the same view with me. They explained a broader definition of disentombed documents[①]. Since they considered that most parts of the book explicated the legal systems in the Qin and Han Dynasties, thus they advised to refine the name based on its actual contents.

A few years ago, I wrote a book named *Study on Legal Documents*. After publishing, some experts suggested to amend the title as *study on ancient legal documents* to avoid one-sided explanations. Others advised to use "brief study on legal documents" as the title so as to be more fit in with the contents of the book. All these suggestions are pertinent and worthy to be weighed upon. So this time, I have to cautiously consider the name of the book, brainstorm ideas to be more faithful to the actual content.

As a matter of fact, even though the book is named as *study on disentombed documents in the Qin and Han Dynasties*, misunderstandings will still arise between the "Qin" of the Qin and Han Dynasties, and the "Qin" of the Warring States. Weighing upon a proper name for the book has encountered difficulties, so it is possible

---

① "disentombed documents" can be understood from a narrow or broad sense. Broadly, "disentombed documents have a wide coverage which includes oracle inscriptions on tortoiseshells and inscriptions on ancient bronze objects and tablets. Narrowly, "disentombed documents" mainly refers to ancient books discovered underground. In a nutshell, it involves bamboo slips and silk manuscripts. Referring to Mr. Li Xueqing, article of "3 points in contributing to the disentombed documents" in *Disentombed Documents and Chinese Literature Research*, published in 2000 by Beijing Broadcasting Institute, page 1.

that many other rooms may need to be further improved, hence any corrections are highly welcomed.

I would like to extend my warmest appreciation to some experts for their insightful advises on some modifications of this book. They are Mr. Fei Chengkang, Mr. Hua Yougen, Mr. You Junyi from Law institute of Shanghai Social and Scientific Academy, Mr. Guo Jian from Law school of Fudan University, and Mr. Xu Yongkang, Mr. Yang Shiqun from Research center of law history in East China University of Politics and Law.

Also many thanks go to some organizations for their earnest help and kind concern. They are Shanghai Philosophical, Social and Scientific Planning office, Scientific and Research center of East China University of Politics and Law, Research center of law history in East China University of Politics and Law.

Zhang Boyuan

In Qiu Ji Zhai

July 20, 2004